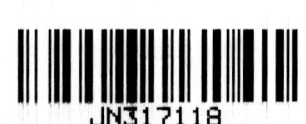

中高生のための
ブックガイド

佐藤理絵 監修

進路・将来を考える

日外アソシエーツ

Guide to Books for Junior and Senior High School Students

Thinking about the Future and Dreams

Compiled by

Nichigai Associates,Inc.

本書はディジタルデータでご利用いただくことができます。詳細はお問い合わせください。

●編集担当●立木 茉梨
装 丁：赤田 麻衣子

まえがき

現行の大学入試センター試験に代わり、新テスト「大学入学希望者学力評価テスト（仮称）」の導入が2020年度に予定されています。先ごろ、文部科学省より入試改革の目玉となる記述式の問題例が公表されました。従来の「知識偏重型」から「多面的総合型」入試への転換が柱となり、思考力や判断力、表現力を問うのが特徴です。一例を挙げると、国語では公共図書館の現状と課題が記された新聞記事1400字を読み、①今後の公共図書館の役割とは、②もし自分が図書館員なら①の解答からどのような企画を考えるか、について300字以内で記述することが求められています。同様に数学でも解法を発想する力が問われ、英語は自分の考えを英文で表現するなど多面的な学力が試されます。

今回の大学入試改革の趣旨は、高校までの学校教育、大学入試、大学教育を一体的に見直そうとすることにあります。学習指導要領でも、新しい時代に必要な資質・能力を「個別の知識・技能」「思考力・判断力・表現力」「人間性や主体的に学ぶ力」と定め、アクティブ・ラーニングの導入に重点が置かれています。

では、今なぜ入試にこうした方向性が求められるのでしょうか。それは、私たちが生きる世界は正解のない問いに立ち向かう国際社会だからです。急速なグローバル化により、さまざまな問題が複雑化して解決が困難を極めるものが少なくありません。だからこそ、課題を見出し、考え、表現する力を得ることは人生の選択肢を広げ、より豊かな世界をつくり出す原動力となるでしょう。そのためには良い文章と出会い、自らの言葉で論じ、書く経験を積むことが大切です。

本書は、中高生が将来を考える上で役立つ本をテーマ別に紹介したブックガイドです。日々の学校生活や部活動に関するものから、志望学科と将来の職業との関連性を探るものや大学入試の小論文対策まで「中高生に薦めたい本」を精選しました。巻末には書名索引のほか、さまざまなキーワードから検索を可能にするキーワード索引を付し、主要図書には書影を添えるなどビジュアルにも配慮しています。また、限られた掲載冊数をより有効に生かすため、監修者の勤務する学校図書館で貸出利用の多い資料を優先させていただきました（なお、本企画は本校が伝統的に取り組んできた以下の読書指導資料が参考となっています：国語科が独自に選定した推薦図書リスト「シオンの100冊」、大学入試小論文対策ガイド「小論文ハンドブック」、全部活動と協同で作成した「部活動ブックリスト」)。好奇心旺盛な現役中高生たちが必要とする本は、いつも彼らが喜んで教えてくれます。図書館に集う生徒たちに感謝しつつ、全国の中高生が本書で紹介された本を手に取って喜ぶ姿を思い浮かべながら行う編集作業は、この上なく楽しいものでした。

また、本書は中学校高等学校の読書指導・進路指導だけでなく、大学・公共図書館等のレファレンス・ツールとして幅広く利用されることを目指しています。少しでも多くの教育現場でご活用いただけたら幸いです。

最後に本務ご多忙のなか、初版発行に携わりました諸氏に深甚の謝意を表します。特に、茨城県高等学校教育研究会図書館部の柏秀子氏（茨城県立水戸桜ノ牧高等学校）のご推薦により、監修の機会に恵まれました。本企画から出版にいたるまで、日外アソシエーツ編集部の関係各位、なかでも立木茉梨氏、児山政彦氏の献身的な編集作業に支えられました。そして、茨城キリスト教学園中学校高等学校国語科をはじめ、図書館部長島津和幸、元図書館部長馬目泰宏の両教諭に指導願いました。心から御礼申し上げます。

2016年1月

佐藤 理絵

茨城キリスト教学園中学校高等学校図書館の様子
（左上下：監修者撮影、右：菊池賢一（同校）撮影）

目　次

凡　例

1．本書の内容

本書は、中学生や高校生が進路や将来について考える際に参考になる図書を集め、テーマ別にまとめた図書目録である。

2．収録の対象

(1) 中高生の進路選択やキャリア教育、小論文指導などに参考となるような図書609冊を収録した。

(2) 国内で刊行された図書から、文庫や新書を中心に、刊行が新しく比較的手に入りやすいものを選定した。

(3) 初版と改訂版、年刊ものなどの場合は、最新版を収録した。

3．見出し

(1) 全体を「学校生活から将来へ」「仕事・職業を知る」「進路・進学先を選ぶ」「受験術・アドバイス」に大別し、大見出しを立てた。

(2) 上記の区分の下に、各図書の主題によって分類し、66の中見出し・小見出しを立てた。

4．図書の排列

各見出しの下では、NDC順に排列した。NDCが同じ場合は出版年月が新しいものから古いものの順に排列した。出版年月も同じ場合は書名の五十音順に排列した。

5．図書の記述

記述の内容および記載の順序は以下の通りである。

『書名—副書名 巻次 各巻書名』版表示

著者表示

内容

目次

出版地（東京以外を表示）出版社 出版年月 ページ数または冊

数 大きさ（叢書名 叢書番号）〈注記〉定価（刊行時）ISBN（Ⓘで表示）NDC（Ⓝで表示）

シリーズものは原則巻次順に並べ、巻次と各巻書名などを記載した。但し絶版の巻は対象外とした。

6．索引

(1) 書名索引

各参考図書を書名の五十音順に排列し、所在を掲載ページで示した。

(2) キーワード索引

本文の各見出しに関するテーマなどを五十音順に排列し、その見出しと掲載ページを示した。

7．典拠・参考資料

各図書の書誌事項は、主にデータベース「bookplus」に拠った。

学校生活から将来へ

読解力をつける

部活動を極める・文化部

部活動を極める・運動部

学校生活から将来へ

私たちに与えられた中高生活は、わずか６年間です。勉強や部活動、習いごとなどを通して仲間と切磋琢磨しながら大きく成長するこの時期に、より充実した日々を送るための本を揃えました。中高生の読書活動は、フィクションやファンタジーばかりとは限りません。各々与えられた課題解決の一助となることを願っています。

読解力をつける

『14歳の君へ―どう考えどう生きるか』

池田晶子著

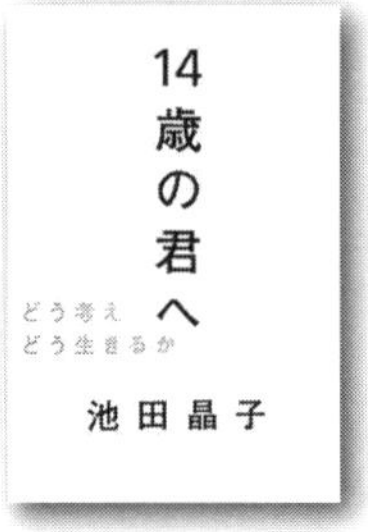

内容 これから君は、幸福な人生を生きなくちゃならない。どんなに不幸な時代であっても、幸福な人が不幸になることだけは決してないと、約束するよ。『14歳からの哲学』の著者が贈る人生の教科書。

目次 1 ほんとうの自分ほんとうの友達（友愛, 個性 ほか）, 2 考えれば知ることができる（勉学, 歴史 ほか）, 3 君は「誰」なのだろう？（戦争, 自然 ほか）, 4 どう考えどう生きるか（言葉, お金 ほか）

毎日新聞社 2006.12 191p 19cm 1143円 Ⓘ4-620-31788-8 Ⓝ100

『じぶん・この不思議な存在』

鷲田清一著

内容 わたしってだれ？じぶんってなに？じぶん固有のものをじぶんの内に求めることを疑い、他者との関係のなかにじぶんの姿を探る。

目次 1 爆弾のような問い, 2 じぶんの内とじぶんの外, 3 じぶんに揺さぶりをかける, 4 他者の他者であるということ, 5「顔」を差しだすということ, 6 死にものとしての「わたし」

講談社 1996.7 180p 18cm（講談社現代新書「ジュネス」）631円 Ⓘ4-06-149315-9 Ⓝ104

『10代の真ん中で』

村瀬学著

内容 中学生になるころからいろいろなことがわからなくなってくる。国語は何を勉強するものなのか、歴史ってなんなのか。ともだちや親についても、これまでとは違った感じになる。一人の中学生が先生とメールで話しながら、なぜ、どこがわからなくなってきたのか、また大人になるってどういうことなのか、考えていく。

目次 1 10歳からの旅立ち（「線」を引きはじめる,「冒険」がしたい！ ほか）, 2 13歳「わからなさ」のはじまり（「夕焼け」の体験,「旅人」になる ほか）, 3「学ぶこと」との出会い（地理—国と地図の間にある世界, 国語—物語と現実の間にある世界 ほか）, 4 家からの旅立ち（「ともだち」との出会い—「ケータイ」文化の中で,「親」とのわかれ）, 5「明日」があるさ—「ひとり成人式」へ向けて（大人になる目安ってあるんだろうか,「明日」がある ほか）

岩波書店 2002.1 209p 18cm（岩波ジュニア新書）780円 Ⓘ4-00-500389-3 Ⓝ371.45

英　語

『君たちは何のために学ぶのか』

榊原英資著

内容 30歳までは自分が本当にやりたいことを見つける時間。異質なものに触れるために、海外留学をしよう—。新しい時代の生き方、学び方とは？高校生のための特別なサマースクール、「次世代リーダー養成塾」を主催し、彼らとこれからの生き方を考えてきた著者が、世界で起きている変化のなかから分かりやすく解き明かします。

目次 ホームルーム 他人と違うということは強みだ, 1時間目 わたしたちはマーケットのなかにいる, 2時間目 21世紀、地球がひとつのマーケットでつながった, 3時間目「サラリーマン」の時代の終わり, 4時間目 誰もがプロになれる才能を持っている, 5時間目 なぜ、学ぶ必要があるのか？, 6時間目 英語は国際共通語, 7時間目 英語をどう学ぶか？, 8時間目 わたしたちは日本のスペシャリスト, 9時間目 はみだしていても気にするな, 10時間目 進むべき道をどう決めたらいいのだろう

文藝春秋 2011.10 235p 15cm（文春文庫）533円 Ⓘ978-4-16-780154-0 Ⓝ159.7

『身につく英語のためのA to Z』

行方昭夫著

内容 学校で勉強しているのになぜ英語を話せないのだろう。ネイティヴの英語っていつになったら聞き取れる？英語の本をすらすら読んでみたい。自由に英語で文章を書いてみたい！「読む」「書く」「聴く」「話す」の4つの力を本当に身につけるためのコツが、AからZまで26のキーワードによるエッセイで楽しくわかります。

目次 ALOUD 声に出して読もう, BE HAPPIER 比較級の使い方, CLICHE 常套句を新鮮に使う, DIARY 英文日記を書いてみよう, ENGLISH なぜ英語を勉強するのか, FALSE 誤った英語とは, GRAMMAR 文法は嫌いですか？, HYMN 賛美歌の歌詞, IRRITATING「いらだつ」？「いらだたせる」？, JOKE なくてはな

らない潤滑油，KNOW 単語の学び方と多読の勧め，LISTENING 聞き取りのコツはこれ，MIMETIC WORD 擬態語〔ほか〕

岩波書店 2014.8 187p 18cm（岩波ジュニア新書）800円 ⓘ978-4-00-500781-3 Ⓝ830

『ジョークで楽しむ英文法再入門』

豊田一男編著

内容 中学・高校で一応英語を学んだ人が英語のジョークを楽しみながら英文法を再学習するための書。文法用語の解説を最小限にとどめ、それぞれの文法事項を含むジョークを読みながら英文法を復習し、同時に英語を母語とする人々の「笑いの文化」を感じ取ることを目指す。

目次 現在（進行）形・過去（進行）形・未来（進行）形，疑問文，命令文・感嘆文，5文型，完了形，受動態，助動詞，名詞，代名詞，Itの用法〔ほか〕

開拓社 2015.6 447p 21cm 2900円 ⓘ978-4-7589-1309-6 Ⓝ835

『"意味順"英作文のすすめ』

田地野彰著

内容 日本語なら、「トムがボールを蹴った」「ボールをトムが蹴った」と語順を入り換えても通じますが､英語では正しい語順がとても重要。「だれが」「する（です)」「だれ・なに」「どこ」「いつ」という順序の決まったボックスに言葉を入れていけば、英作文は楽しく簡単です。難しい文法も角度を変えて理解できる、ユニークな発想を紹介します。

目次 第1章 英語を「意味のまとまり」で理解する，第2章 意味順ボックスの中身を見る 1「だれが」，第3章 意味順ボックスの中身を見る 2「する（です)」，第4章 意味順ボックスの中身を見る 3「だれ・なに」，第5章 意味順ボックスの中身を見る 4「どこ」「いつ」とオプションボックス，第6章 さまざまな文をつくってみよう，おわりに―英作文はこんなに楽しい！

岩波書店 2011.3 196p 18cm（岩波ジュニア新書）780円 ⓘ978-4-00-500676-2 Ⓝ836

『話すための英文法』

小池直己著

内容 可能・許可・推理・ていねいの意味に使われる助動詞は何？もちろんcan。では、mayはどんな意味で使われるの？そんなふうに、受動態や不定詞、分詞などを使い方別に見てみよう。その知識があれば､感情表現したいときは受動態､「～すべきか」は疑問詞+不定詞、というように話したいことがすぐに文にできるようになる。

目次 1 英語は5つの文型で話せる―5文型，2 よく使う否定と疑問―否定文・疑問文，3 時のちがいをあらわす―時制，4 動詞に意味をつけたし、気持ちを伝える—助動詞，5「～する」から「～される」へ—受動態，6 3つの用法がある—不定詞，7 動詞と形容詞の性質をあわせもつ—分詞，8 動詞の性質をもちながら、名詞のはたらきをする—動名詞，9 人や物のくわしい情報をつけたす—関係詞，10 比較のつくり方は単語によってちがう—比較

岩波書店 2011.9 210p 18cm（岩波ジュニア新書）820円 Ⓘ978-4-00-500693-9 Ⓝ837.8

国　語

『ことばと国家』

田中克彦著

内容 だれしも母を選ぶことができないように、生まれてくる子どもにはことばを選ぶ権利はない。その母語が、あるものは野卑な方言とされ、あるいは権威ある国家語とされるのはなぜか。国家語成立の過程で作り出されることばの差別の諸相を明らかにし、ユダヤ人や植民地住民など、無国籍の雑種言語を母語とする人びとのたたかいを描き出す。

目次 1「一つのことば」とは何か，2 母語の発見，3 俗語が文法を所有する，4 フランス革命と言語，5 母語から国家語へ，6 国語愛と外来語，7 純粋言語と雑種言語，8 国家をこえるイディシュ語，9 ピジン語・クレオール語の挑戦

岩波書店 2003.5 218p 18cm（岩波新書）700円 Ⓘ4-00-420175-6 Ⓝ804

『はじめよう、ロジカル・ライティング』

名古屋大学教育学部附属中学校・高等学校国語科著，戸田山和久執筆協力

目次 第1部 ウォーミングアップ編（意見文とは，「関係」を考える），第2部 基本編（意見文のつくり，「話題」と「主張」を書く ほか），第3部 発展編—他者の成果を生かして考える方法（他者の考えとよりよく関わるために，要約から吟味、提案へ ほか），第4部へのブリッジ（資料や他者の意見を取り込むために—引用の方法），第4部 課題集

ひつじ書房 2014.5 213p 26cm 1600円 Ⓘ978-4-89476-700-3 Ⓝ816.5

『打倒！センター試験の現代文』

石原千秋著

内容 すべての受験生におくる、石原流・読解テクニックの集大成。小説では「良い子」に。評論では「進歩的知識人」に。根本となる価値観をおさえ、3年分の過去問演習に臨み、まぎらわしい選択肢を見極める力をつけよう。この1冊で対策は万全！

目次 序章「良い子という方法」とはどういうものか（センター試験の現代文を解くのに必要な能力，センター試験というイニシエーション），第1章 小市民になる方法を教えよう—センター試験の小説問題（教科としての国語と入試国語，国語教育と「道

徳」，出題者と小市民的な物語を共有しよう ほか)，第2章 二項対立と消去法を組み合わせよう―センター試験の評論問題（二項対立で考えること，自己は「あいだ」にある―木村敏「境界としての自己」，差異だけが利潤を生む―岩井克人「資本主義と『人間』」ほか）

筑摩書房 2014.7 191p 18cm（ちくまプリマー新書）780円 Ⓘ978-4-480-68919-1 Ⓝ817.5

『東大入試に学ぶロジカルライティング』

吉岡友治著

内容 「論理的に書く」ためには、難解な表現やレトリックは必要ない。定型化されたマニュアルに、文章をあてはめればよいわけでもない。その要は、読者と対話しつつ説得する全体構造を作ることと、必然と感じられる論理で個々の文をつなぎ合わせることにある。「東大入試」は難解なイメージがあるが､実はこの「考えて書く力」を試すストレートな良問が多い。本書では東大の国語・小論文を題材に、ロジカルライティングの基本技術を指南する。受験生・大学生はもちろん、書くことに悩むすべての人に向けた一冊。

目次 第1章 論理的に読めなければ、まず書けない（分かった「つもり」から脱する―表現から思考を読み取る，社会的背景から日常を読む―社会モデルを当てはめる，難解な表現を仕分けする―論理的・抽象的表現の解読），第2章 書くための「型」を身に付ける（説得=対話の構造を作る―意見文の仕組みに習熟する，具体的なものがわかりやすいとは限らない―抽象化の意味，厳密な証明が論理の要―実用のための三段論法），第3章 納得させるには「技」が効く（適切な例を出す―論と例の一致で説得力を，有効な仮説で現状を分析せよ―パズル解きの価値，明確な基準をたてて判断する―得失を自覚・評価する技術），第4章 ただ正しいだけの文章と思われないために（批判の妥当性を疑う―ロジカルな議論の穴を見つける，対立をスルーする方法―次元を上げて解決するための発想，常識を覆す思考―逆説の使い方）

筑摩書房 2011.6 267p 18cm（ちくま新書）820円 Ⓘ978-4-480-06610-7 Ⓝ816.5

『超入門！現代文学理論講座』

亀井秀雄監修，蓼沼正美著

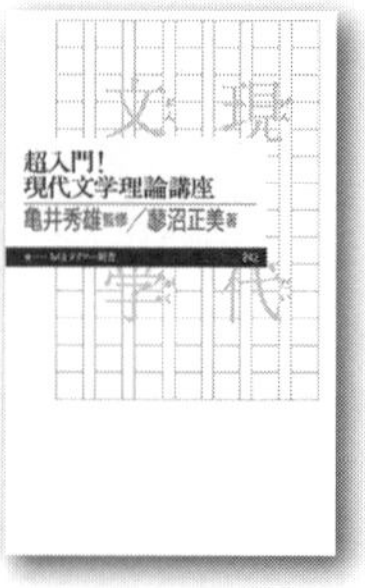

内容 作者は作品を支配する神ではない‼ 作者と作品を切り離して読んでみよう‼ “テクスト”と向き合うことで生まれる文学作品との新しい出会いは、今まで経験したことがないスリリングでクールな読書体験となるでしょう。

目次 第1講 当たり前が当たり前でなくなる瞬間―“ロシア・フォルマリズム”（形式の優先，“ロシア・フォルマリスト”たちの「文学」，“異化作用”の目的，対象の“異化”―知覚・表現・文体），第2講 辞書にも文法書にも載っていないことばのルール―“言語行為論”（研究領域の新たな発見，オースティンによる発話の3分類，サールの“生の事実”と“制度的事実”，サールの“統制的規則”と“構成的規則”, “テクスト”への新たなアプローチ—芥川龍之介『羅生門』の場合), 第3講 読むことのダイナミズム—“読書行為論”（宮沢賢治『茨海小学校』, 「語り」論, 期待の地平, 内包された読者), 第4講 物語の構造を知る—“昔話形態学”（プロップの“昔話形態学”—31の機能分類, 『古事記』と二つの『古事記物語』, 「行きて帰りし物語」—昔話以外への応用）

筑摩書房 2015.10 235p 18cm（ちくまプリマー新書）860円 Ⓘ978-4-480-68946-7 Ⓝ901

『物語の役割』

小川洋子著

内容 私たちは日々受け入れられない現実を、自分の心の形に合うように転換している。誰もが作り出し、必要としている物語を、言葉で表現していくことの喜びを伝える。

目次 第1部 物語の役割（藤原正彦先生との出会い, 『博士の愛した数式』が生まれるまで, 誰もが物語を作り出している ほか), 第2部 物語が生まれる現場（私が学生だったころ, 言葉は常に遅れてやってくる, テーマは最初から存在していない ほか), 第3部 物語と私（最初の読書の感触, 物語が自分を救ってくれた, 『ファーブル昆虫記』—世界を形作る大きな流れを知る ほか）

筑摩書房 2007.2 126p 18cm（ちくまプリマー新書）680円 Ⓘ978-4-480-68753-1 Ⓝ901.3

『なぜ『三四郎』は悲恋に終わるのか—「誤配」で読み解く近代文学』

石原千秋著

内容 夏目漱石『三四郎』『それから』、田山花袋『蒲団』、森鷗外『雁』、川端康成『雪国』、三島由紀夫『春の雪』…近代文学の名作の多くが「悲恋小説」なのはなぜなのか。著者は哲学者ジャック・デリダが用いた「誤配」という概念を鍵にしてそれらを再解釈する。そして「恋愛」というテーマに留まらない、近代文学と現代文学との間に横たわる大きな断層を見出す。早稲田大学の人気教授が、あの名作に隠された秘密を、全く新しい読み方によって明らかにする一冊。

目次 第1章 悲恋小説作家・夏目漱石, 第2章 作家の闘争・田山花袋『蒲団』, 第3章 読者の恋・森鷗外『雁』, 第4章 誰がシャッターを切ったのか・武者小路実篤『友情』, 第5章 読まれなかった手紙・志賀直哉『暗夜行路』, 第6章 スターの条件・谷崎潤一郎『痴人の愛』, 第7章 それを愛と呼んでもいい・川端康成『雪国』, 第8章 この甘ったれた若者・石原慎太郎『太陽の季節』, 第9章 優雅なニヒリストたち・柴田翔『されどわれらが日々—』, 第10章 空虚な中心・三島由紀夫『春の雪』

集英社 2015.3 198p 18cm（集英社新書）720円 Ⓘ978-4-08-720776-7 Ⓝ910.26

『作家のおやつ』

コロナ・ブックス編集部編

内容 三島由紀夫から森茉莉まで、美味しい、おやつのアルバム。

目次 三島由紀夫—作家は食をあれこれ語るべからず，手塚治虫—「チョコレートがないと僕は描けません」，開高健—饅頭もたこ焼きも、わしは研究しつくすデ！，檀一雄—「杏仁の匂いなつかしい」と作って食べた杏仁豆腐，植田正治—「なんかないか、なんか甘いものないか」，瀧口修造—お菓子なのか、オブジェなのか？，市川崑—せんべいはちょこっとつまめるあられにかぎる，沢村貞子—おひるは、おやつていどでいい，坂口安吾—ヒロポンとアドルムとあんこ巻き，久世光彦—母が選んだ、うっすらミルクの匂いがするおやつ〔ほか〕

平凡社 2009.1 130p 22×17cm（コロナ・ブックス）1600円 Ⓘ978-4-582-63442-6 Ⓝ910.26

『詩のこころを読む』改版

茨木のり子著

内容 いい詩には、人の心を解き放ってくれる力があります。また、生きとし生けるものへのいとおしみの感情をやさしく誘いだしてもくれます。この本では、長いあいだ詩を書き、多くの詩を読んできた著者が、心を豊かにしつづけている詩の中から、忘れがたい数々を選びだし、その魅力を情熱をこめて語ります。

目次 1 生まれて（かなしみ（谷川俊太郎），芝生（谷川俊太郎）ほか），2 恋唄（みちでバッタリ（岡真史），十一月（安西均）ほか），3 生きるじたばた（くるあさごとに（岸田衿子），見えない季節（牟礼慶子）ほか），4 峠（小学校の椅子（岸田衿子），一生おなじ歌を歌い続けるのは（岸田衿子）ほか），5 別れ（幻の花（石垣りん），悲しめる友よ（永瀬清子）ほか）

岩波書店 2009.11 231p 18cm（岩波ジュニア新書）780円 Ⓘ4-00-500009-6 Ⓝ911.5

数学

『数の悪魔—算数・数学が楽しくなる12夜』普及版

ハンス・マグヌス・エンツェンスベルガー著，ロートラウト・ズザンネ・ベルナー画，丘沢静也訳

内容 算数や数学なんて大きらい！そんな少年ロバートの夢のなかに、夜な夜な、ゆかいな老人「数の悪魔」があらわれ、真夜中のレッスンがはじまる。1や0のマジック。ウサギのつがいの秘密。パスカルの三角形。ホップする数や席がえの話。旅するセールスマンの問題…。だいじょうぶ。ここは夢の教室で、先生は数の悪魔。数学なんてこわくない。数の法則が目からウロコが落ちるようにわかるのだ。12夜にわたって、悪魔といっしょに、はてしなく不思議な数の世界を旅しよう。

目次 1の不思議，0はえらい，素数の秘密，わけのわからない数と大根，ヤシの実で三角形をつくる，にぎやかなウサギ時計，パスカルの三角形，いったい何通りあるの？，はてしない物語，雪片のマジック〔ほか〕

晶文社 2000.9 254p 21cm 1600円 Ⓘ4-7949-6454-4 Ⓝ410

『数学ガール』

結城浩著

内容 「僕」の心をときめかす、数式と二人の少女。オイラー生誕300年に捧ぐ魅惑の数学物語。

目次 第1章 数列とパターン，第2章 数式という名のラブレター，第3章 ωのワルツ，第4章 フィボナッチ数列と母関数，第5章 相加相乗平均の関係，第6章 ミルカさんの隣で，第7章 コンボリューション，第8章 ハーモニック・ナンバー，第9章 テイラー展開とバーゼル問題，第10章 分割数

ソフトバンククリエイティブ 2007.6 332p 21cm 1800円
Ⓘ978-4-7973-4137-9 Ⓝ410.4

続刊

『**数学ガール—フェルマーの最終定理**』2008.8
『**数学ガール—ゲーデルの不完全性定理**』2009.11
『**数学ガール—乱択アルゴリズム**』2011.3
『**数学ガール—ガロア理論**』 2012.5
『**数学ガールの誕生—理想の数学対話を求めて**』2013.9
『**数学ガールの秘密ノート—式とグラフ**』2013.7
『**数学ガールの秘密ノート—整数で遊ぼう**』2013.12
『**数学ガールの秘密ノート—丸い三角関数**』2014.4
『**数学ガールの秘密ノート—数列の広場**』2014.10
『**数学ガールの秘密ノート—微分を追いかけて**』2015.4
『**数学ガールの秘密ノート—ベクトルの真実**』2015.11

『未来を切り拓く！数学は「働く力」』

高濱正伸著

内容 算数や数学を勉強することで身につけられる、「見える力」（想い浮かべる力）と「詰める力」（突き詰める力）は、職業をもち、未来を切り拓いていくための基礎力だ。めざすのは、どんな逆境でも自分で「メシが食える大人」になること。社会人として魅力ある大人になり、輝かしい人生を送るための学びのヒントを、人気の教育者が、熱くやさしく伝授します。

目次 1章 なぜ学ぶのか？，2章 将来を見据えよう，3章「見える力」を磨こう，4章「詰める力」を伸ばそう，5章 勉強法を考え直す，6章 自分の将来の決め方

ぺりかん社 2011.11 158p 15cm（なるにはBOOKS）1300円 Ⓘ978-4-8315-1283-3 Ⓝ410.7

『和算を楽しむ』

佐藤健一著

内容 明治のはじめまで、西洋よりも高度な日本独自の数学があった。殿様から庶民まで、誰もが日常で使い、遊戯として楽しんだ和算。その魅力と歴史を紹介。

目次 第1章 聖徳太子の時代に数学は伝わった，第2章 戦国時代の数学，第3章 数学塾の登場と活躍の場を広げた数学者たち，第4章 ベストセラー『塵劫記』と吉田光由，第5章 高度になっていく数学，第6章 関孝和と関流の数学者たち，第7章 遊びとしての数学，第8章 旅を楽しみ、地方に数学を広めた「遊歴算家」，第9章 明治時代の和算家

筑摩書房 2006.10 110p 18cm（ちくまプリマー新書）680円 Ⓘ4-480-68747-5 Ⓝ419.1

理　科

『サイエンス・クエスト 科学の冒険—宇宙の生命、死の意味、数の世界』

アイリック・ニュート著，枇谷玲子訳

内容 地球以外の星に、生きものはいるんだろうか？なぜ、みんないつか死ななければならないんだろう？算数とか数学って、生活のなかで役に立つんだろうか？—北欧の人気サイエンス・ジャーナリストが、10代に向けておくる“思考するための”科学入門書。

目次 1 となりの星にE.T.はいるのか（いつから宇宙人がいると信じるようになったのか，生命って、なんなんだろう，生命はどうやって生まれたのか ほか），2 ぼくたちは、なぜ死ぬのか（死とはなにか，死ぬ原因にはどんなものがあるのか），3 おもしろくて、おかしな数の話（5まで数えられないカラス，エビを仲よくみんなで食べるには，秘密の暗号 ほか）

NHK出版 2012.4 390,4p 21cm 2400円 Ⓘ978-4-14-081541-0 Ⓝ404

『空想科学読本 1』新装版

柳田理科雄著

内容 特撮映画やアニメ、漫画など、身近な空想科学の世界にはいつの間にか「常識」になっている設定やアイテムがいくつもある。変身、巨大化、超音速飛行、光線、バリア…。これらは、科学的にどこまで正しいのだろうか？無理やり実現したら、いったいどんなことが起こるのだろうか？本書は、夢の世界の出来事を科学で計るというタブーに挑戦し、人間の想像力が生んだ空想科学の魅力を再確認しようという試みである。アトムやウルトラマンに胸躍らせた経験を持つ、すべての「科学の子」に贈る驚嘆と爆笑と感動の書。

目次 第1部 設定からしてトンデモない！（怪獣の身長と体重—ゴジラが2万t、ガメラ80t、科学的に適切な体重はどちらか？，ヒーローの変身—仮面ライダーが瞬時に変身するのは、あまりにも健康に悪い！，ヒーローの巨大化—ウルトラセブンが巨大化するには最低でも9時間半が必要だ！ ほか），第2部 この技を使って

はいけない！（ウルトラ一本背負い―レッドキングを投げたウルトラマンは、自分自身が気絶する！，ウルトラ水流―必殺技・ウルトラ水流は、北半球を氷河期に追い込む！，100万度の炎―怪獣は10万度や100万度の火を吹く。実現したらどうなるか？ ほか），第3部 役に立つのか、超科学技術!?（地底戦車―ジェットモグラタンクは回転する棺桶である。，人工重力発生装置―宇宙戦艦ヤマトはどうやって重力を作り出しているのか？，超高速マシン―時速3千kmで走るマシン・バリアス7。運転者は確実に絶命する！ ほか）

メディアファクトリー 2006.7 255p 19cm 1200円 Ⓘ4-8401-1565-6 Ⓝ404

続刊

『空想科学読本 2』新装版
『空想科学読本 3』新装版　　ほか

『高校生・化学宣言 PART8 高校化学グランドコンテストドキュメンタリー』

中沢浩，松坂裕之監修

内容 海外・国内の高校生の奮闘記第8弾。「きのこは地球の救世主!!」「植物の色素で電池を作る!?」「どうして植物は緑になるのか？」など。

目次 文部科学大臣賞受賞，大阪府知事賞受賞，大阪市長賞・パナソニック賞受賞，大阪市立大学長賞受賞，大阪府立大学長賞受賞，読売新聞社賞受賞，審査委員長賞受賞，金賞受賞，ポスター賞への軌跡，海外招聘高校，参加体験記，TISF2015 参加体験記，ナノ空間の化学は一体何を与えてくれるのか?，第11回 高校化学グランドコンテストフォトギャラリー

（東大阪）遊タイム出版 2015.5 207p 21cm 1500円 Ⓘ978-4-86010-350−7 Ⓝ430.4

『ぼくが宇宙人をさがす理由』

鳴沢真也著

内容 宇宙少年だった著者。ひきこもりやつまずきの数かず。そんな著者が世界15カ国の科学者たちのリーダーになって、“宇宙人さがし”の大作戦にとりくむ―。SETI（地球外知的生命探査）をおこなう著者のメッセージ。

目次 宇宙ってどんなところ？，知的生命はどうやって誕生したか？，「地球外知的生命」は存在するか，知的生命を電波でさがす「SETI」，宇宙少年になるまで，宇宙への夢、そして挫折，もう一度だけ、チャンスをください，完璧をめざす必要はない，あこがれの宇宙の仕事に，全国同時にSETIを―「さざんか計画」，本場アメリカからの招待，なかなか決まらない日程，日米合同から世界同時SETIへ，七つの観測ターゲット，観測日がついに決まる，カウントダウンがはじまった，そして、静かに数字はゼロに，思いがけないプレゼント，ありがとう、世界の仲間たち，いつか、月の裏側でSETIを，なぜ、SETIをするのか

旬報社 2012.8 141p 19cm 1400円 Ⓘ978-4-8451-1278-4 Ⓝ440.14

『スノーボール・アース―生命大進化をもたらした全地球凍結』

ガブリエル・ウォーカー著，川上紳一監修，渡会圭子訳

内容 およそ6億年前、地球はぶ厚い氷に覆われていた。その氷が解けたとき、爆発的な進化のドラマがはじまったのだ―。想像を絶するこの気候変動とはいかなるものだったのか？多細胞生物の一斉出現との関係とは？地球史上最大の謎を解く鍵として、いまなお論争をよぶ「全地球凍結仮説」。その証拠を求め、極寒の北極から灼熱の砂漠へと駆け巡る研究者たちのあくなき探究をビビッドに描きだす。毎日出版文化賞に輝いた傑作。

目次 第1章 最初の生命らしきもの―生命40億年の歴史と氷の地球，第2章 北極―異端児ポール・ホフマンの出発，第3章 始まり―先駆者たちの業績，第4章 滋場は語る―仮説が誕生したとき，第5章 ユーリカ！―才能ある研究者たちの共同作業，第6章 伝道―論戦は始まった，第7章 地球の裏側―オーストラリアで見えてきたもの，第8章 凍結論争―過熱する議論を超えて，第9章 天地創造―カンブリア紀の大爆発へ，第10章 やがてまた

早川書房 2011.10 365p 15cm（ハヤカワ・ノンフィクション文庫）800円
Ⓘ978-4-15-050375-8 Ⓝ456.2

『DNA 上 二重らせんの発見からヒトゲノム計画まで』

ジェームス・D.ワトソン，アンドリュー・ベリー著，青木薫訳

内容 遺伝学の歴史から、クリック、ウィルキンスとの出会い、二重らせん発見のドラマ、遺伝子組み換え農業、ヒトゲノム計画の舞台裏までを分子生物学の第一人者が赤裸々に語る。

目次 序章 生命の神秘，第1章 遺伝学の始まり―メンデルからヒトラーまで，第2章 二重らせん―これが生命だ，第3章 暗号の解読―DNAから生命へ，第4章 神を演じる―カスタマイズされるDNA分子，第5章 DNAと金と薬―バイオテクノロジーの誕生，第6章 シリアル箱の中の嵐―遺伝子組み換え農業，第7章 ヒトゲノム―生命のシナリオ

講談社 2005.3 323p 18cm（ブルーバックス）1140円 Ⓘ4-06-257472-1 Ⓝ467.21

続刊

『DNA 下 ゲノム解読から遺伝病、人類の進化まで』

『へんな生きもの へんな生きざま』

早川いくを編著・デザイン

内容 笑えて泣けて絶句する。生きるのに必死すぎて、こんなにも変てこになった生き物たちの、おかしくも切ない113の物語。

目次 狩る 捕る 喰らう（ヨウカイカマキリ，サーカスティック・フリンジヘッド ほか），愛する自分を守るため（トラフト

ンボマダラチョウ，グラスフロッグ ほか），存在しない者たち（コノハチョウ，カレハバッタ ほか），周りに合わせて生きてます（キリンクビナガオトシブミ，ジェレヌク ほか），ある愛の詩（アオアシカツオドリ，オウギバト ほか）

エクスナレッジ 2015.8 239p 26×21cm 2800円 Ⓘ978-4-7678-2035-4 Ⓝ480.4

『先生、巨大コウモリが廊下を飛んでいます！―鳥取環境大学の森の人間動物行動学』

小林朋道著

内容 自然に囲まれた小さな大学で起きる動物たちと人間をめぐる珍事件を人間動物行動学の視点で描く、ほのぼのどたばた騒動記。あなたの“脳のクセ”もわかります。本日も、鳥取環境大学は動物事件でにぎやかなり！

目次 「巨大コウモリが廊下を飛んでいます！」―人の“脳のクセ”とコウモリ事件，ヘビが逃げた！ハムスターも逃げた！―人工空間の中の生態系のお話，イモリを採取していてヤツメウナギを捕獲したTくん―自然が発する信号に無意識に反応する脳，大学林で母アナグマに襲われた？話―神話と伝承をつくり出す“脳のクセ”，無人島に一人ぼっちで暮らす野生の雌ジカ―私はツコとよび、Kくんはメリーとよんだ，ヒミズを食べたヘビが、体に穴をあけて死んでいたのはなぜか―因果関係を把握したいという欲求，化石に棲むアリ―机の上の生態系小宇宙にひかれるわけ，動物を“仲間”と感じる瞬間―擬人化という認知様式，カキの種をまくタヌキの話―植物を遺伝的劣化から救う動物たち，飛べないハト、ホバのこと―ドバトの流儀で人と心通わすハト，鳥取環境大学ヤギ部物語

築地書館 2007.3 182p 19cm 1600円 Ⓘ978-4-8067-1344-9 Ⓝ481.7

続刊

『先生、シマリスがヘビの頭をかじっています！』 2008.10
『先生、子リスたちがイタチを攻撃しています！』 2009.7
『先生、カエルが脱皮してその皮を食べています！』 2010.4
『先生、キジがヤギに縄張り宣言しています！』 2011.4
『先生、モモンガの風呂に入ってください！』 2012.3
『先生、大型野獣がキャンパスに侵入しました！』 2013.5
『先生、ワラジムシが取っ組みあいのケンカをしています！』 2014.5
『先生、洞窟でコウモリとアナグマが同居しています！』 2015.6

『小児病棟の四季』

細谷亮太著

内容 重い病との闘い―。それは人に生と死を否応なく考えさせる。幼い子どもの場合、その現実はどのようなものとして受け止められるのか。家族や医師にできることは何なのか。ベテラン小児科医が、医療者として内に蓄えてきた思いや日々のさりげない話から、生きることの辛さとすばらしさを飾らぬ文体で綴る。

学校生活から将来へ

目次 春（りょうた君, お食い初め ほか）, 夏（カルテ, 星のクッキー ほか）, 秋（運動会, 忘れられない日 ほか）, 冬（小春日和, トリアージュ ほか）

岩波書店 2002.6 244p 15cm（岩波現代文庫）900円 Ⓘ4-00-603063-0 Ⓝ490.4

『山中伸弥先生に、人生とiPS細胞について聞いてみた』

山中伸弥著, 緑慎也聞き手

内容 日本で最もノーベル賞に近い男がはじめて明かした、研究人生のすべて。決して、エリートではなかった。「ジャマナカ」と馬鹿にされ、臨床医をあきらめた挫折からはじまった、僕の研究—。（2012年ノーベル医学生理学賞受賞）

講談社 2012.10 190p 19cm 1200円 Ⓘ978-4-06-218016-0 Ⓝ491

社 会

『読むだけですっきりわかる世界史 古代編—ピラミッドから「三国志」まで』

後藤武士著

内容 『読むだけ』シリーズ初の、全4巻でお届けする世界史。第1巻目は古代編。人類の誕生から中国の三国時代、南北朝まで、ずいっと、一挙に読んでしまおう。450万年前から紀元550年までの時空の旅だ。

目次 第1章 人類の発祥から古代オリエント, 第2章 ギリシアの世界, 第3章 ローマ帝国, 第4章 インダス文明とインド王朝, 第5章 中国古代文明, 第6章 秦の始皇帝から漢、南北朝まで

宝島社 2010.8 253p 15cm（宝島SUGOI文庫）457円 Ⓘ978-4-7966-7618-2 Ⓝ209

続刊

『**中世編—イスラーム教の誕生からジャンヌ＝ダルクまで**』2010.8
『**近代編—コロンブスから南北戦争まで**』2011.1
『**現代編—オスマン帝国の終焉からポツダム宣言まで**』2012.8

『アンネのバラ—40年間つないできた平和のバトン』

國森康弘文・写真

内容 平和は向こうからは歩いてこない—。40年前の生徒たちが、平和のシンボルとして植えたアンネのバラ。その思いを受けついで、バラを育てる東京都杉並区立高井戸中学校の生徒たちのすがたを追った写真絵本。

講談社 2015.5 47p 20×22cm（世の中への扉）1500円
Ⓘ978-4-06-287011-5 Ⓝ289.3

『世界がもし100人の村だったら 完結編』

池田香代子, マガジンハウス編

内容 160万部のミリオンセラー、ついに完結！写真50点により、よりリアルな全面改訂版。

目次 世界がもし100人の村だったら 完結編, 2015年までに世界はもっとよくなる？―国連ミレニアム開発目標2008, 未来は人間の技術で変えることができる―インタビュー ジェフリー・サックス（コロンビア大学地球研究所所長）, ハノイのトゥイさんものがたり, changemakers10―世界を変える人びと

マガジンハウス 2008.12 111p 19cm 1200円 Ⓘ978-4-8387-1936-5 Ⓝ304

『世界と恋するおしごと―国際協力のトビラ』

山本敏晴編著

内容 世界の中で、世界のために働く日本人の物語。国連ユニセフなど国際公務員から、JICA職員、青年海外協力隊、国連ボランティア、NGOなど…。また、一般企業や主婦（主夫）にもできる国際協力。

目次 第1章 ボランティアでやる！, 第2章 プロでやる！国際機関編, 第3章 プロでやる！政府機関編, 第4章 プロでやる！民間組織編, 第5章 スポーツで、芸術で、大学で、やる！, 第6章 普通の会社で、できる！

小学館 2006.6 317p 19cm 1600円 Ⓘ4-09-387640-1 Ⓝ333.8

『世界の祝祭日とお菓子』

内容 ルーマニアのパパナシ、ロシアのパスハからお馴染みのシュトーレン、ポルボロン、えくぼ饅頭まで…世界各地から、由来も味わいも多彩な55の祝祭日のお菓子を厳選し、レシピ付きで紹介しました。

目次 01 ヨーロッパ 1, 02 ヨーロッパ 2・その他, 03 アジア・中東, 04 アメリカ大陸

プチグラパブリッシング 2007.1 160p 20×15cm 1600円 Ⓘ978-4-903267-51-7 Ⓝ596.6

『夜と霧』新版

ヴィクトール・E.フランクル著, 池田香代子訳

内容 心理学者、強制収容所を体験する―飾りのないこの原題から、永遠のロングセラーは生まれた。"人間とは何か"を描いた静かな書を、新訳・新編集でおくる。

目次 心理学者、強制収容所を体験する（知られざる強制収容所, 上からの選抜と下からの選抜 ほか）, 第1段階 収容（アウシュヴィッツ駅, 最初の選別 ほか）, 第2段階 収容所生活（感動の消滅, 苦痛 ほか）, 第3段階 収容所から解放されて（放免）

みすず書房 2002.11 169p 19cm〈原書名：EIN PSYCHOLOGE ERLEBT DAS KONZENTRATIONSLAGER:in…trotzdem Ja zum Leben〈Viktor E.Frankl〉〉1500円 Ⓘ4-622-03970-2 Ⓝ946

『アンネの日記』増補新訂版

アンネ・フランク著, 深町真理子訳

内容 自分用に書いた日記と、公表を期して清書した日記―「アンネの日記」が2種類存在したことはあまりにも有名だ。その2つを編集した“完全版”に、さらに新たに発見された日記を加えた“増補新訂版”が誕生した。ナチ占領下の異常な環境の中で13歳から15歳という思春期を過ごした少女の夢と悩みが、より瑞々しくよみがえる。

目次 はじめての日記帳, 学校生活, “隠れ家”へ, ファン・ダーン一家, “隠れ家”の暮らし, 事件続出, 八人めの住人, 悲惨な外の世界, みんなと衝突する, 泥棒騒ぎ〔ほか〕

文藝春秋 2003.4 597p 15cm (文春文庫) 838円 Ⓘ4-16-765133-5 Ⓝ949.35

部活動を極める・文化部

『一番よくわかる楽典入門―音楽がもっと好きになる！』

木下牧子監修

内容 クラシックの名曲のさわりを聴いて読譜力を身につける！楽典の基礎が身につく名曲75分収録！

目次 1 楽譜のルール, 2 音の長さ～拍と拍子, 3 いろんな拍子を聴こう, 4 音と音の距離～音程, 5 音の並び方～音階と調, 6 音の重なり～和音, 7 強弱・速度・曲想・奏法, 8 音楽の形, 9 楽譜を読む

ナツメ社 2014.10 223p 21cm 〈付属資料:CD1〉 1500円 Ⓘ978-4-8163-5699-5 Ⓝ761.2

『はじめての和楽器メンテナンスブック』

菊岡中むら, 宮本卯之助商店, 目白監修

内容 邦楽の主要楽器をまとめて紹介。差がつく、お手入れ、保管、修理などビジュアル満載の解説！

目次 序章 和楽器のいろいろ, 第1章 箏, 第2章 三味線, 第3章 和太鼓, 第4章 尺八, 第5章 篠笛, 第6章 その他の和楽器

ヤマハミュージックメディア 2014.7 119p 21cm 2300円 Ⓘ978-4-636-90451-2 Ⓝ768.1

美　術

『ニューヨークの高校生、マンガを描く―彼らの人生はどう変わったか』

マイケル・ビッツ著，沼田知加訳

内容 貧困層の子どもたちが多く通う高校の放課後活動「コミックブック・クラブ」で、高校生たちは日本のマンガを読み、愛し、自らも作品を創作することで、人生の新たな一歩を踏み出した。アメリカのティーンエイジャーはなぜ、日本のマンガに惹かれるのか。「クール・ジャパン」の底力はここにある。

目次 物語の背後にある大きな物語，第1部 物語（「マンガは私の人生」―コミックブック・クラブの設立，「スーパーマンは、あまりにもバカげてる」―生徒とマンガの繋がり，「自分の人生のために書いている」―読解力と学習，「私の名前はサユリ」―アイデンティティーと文化 ほか），第2部 生徒たち（スターダイシャ―疎外感をキツネ少女のファンタジーに託して，C-ウィズ―繊細な十代の若者が見る夢，エリック―自分にできることを知るとき，サマンサ―ただ、少女マンガが好きだから ほか），コミックスを超えて

岩波書店 2012.1 239p 19cm 2000円 Ⓘ978-4-00-024287-5 Ⓝ376.4

『教科書に出てくる日本の画家 1 近世の画家―雪舟、葛飾北斎、俵屋宗達ほか』

糸井邦夫監修，伊野孝行イラスト，工藤美也子著

目次 水墨画（雪舟等楊，雪村周継，長谷川等伯），狩野派・琳派（狩野永徳，俵屋宗達，尾形光琳，伊藤若冲，酒井抱一），浮世絵（喜多川歌麿，東洲斎写楽，歌川国貞，葛飾北斎，歌川広重）

汐文社 2012.12 47p 27cm 2500円 Ⓘ978-4-8113-8947-9 Ⓝ720

続刊

『2 日本画家―横山大観、東山魁夷、上村松園ほか』2013.2
『3 洋画家―黒田清輝、岸田劉生、高橋由一ほか』2013.3

『日本の色・世界の色―写真でひもとく487色の名前』

永田泰弘監修

目次 赤系の和の色名，紫系の和の色名，青系の和の色名，緑系の和の色名，黄系の和の色名，茶系の和の色名，白・灰・黒系の和の色名，金色・銀色，レッド系の外来色名，パープル系の外来色名，ブルー系の外来色名，グリーン系の外来色名，イエロー系の外来色名，ブラウン系の外来色名，ホワイト・グレイ・ブラック系の外来色名

ナツメ社 2010.3 263p 21cm 2000円 Ⓘ978-4-8163-4849-5 Ⓝ757.3

写　真

『ぼくは戦場カメラマン』

渡部陽一作

内容 戦争や災害が起こった地域に飛びこんでゆく仕事が、戦場カメラマンです。兵士や、戦地で暮らす人々、その国の子どもたちが何を考え、何に困っているのか。世界で何が起こっているのかを、自分の目で確かめに行くのです。ときには監禁されたり、死にそうになったり、危険な目にもあいました。けれど、どんなにつらく悲しい現実でも、みんなに伝えるために、シャッターを切り続ける。それが、著者の仕事です。小学上級から。

目次 第1章 戦場カメラマンという仕事（ぼくが戦場カメラマンになった理由，戦場で生きる人たち，大切なのは「生きて帰ること」），第2章 世界の紛争地域マップ（湾岸戦争・イラク戦争，アフガニスタン・イスラム共和国，イスラエル・パレスチナ紛争，チベット自治区マチュ暴動，カンボジア内戦，大韓民国と朝鮮民主主義人民共和国，アフリカ・ルワンダ内戦，ユーゴスラビア・コソボ紛争，キューバ共和国），第3章 ぼくが見た東日本大震災（3・11東日本大震災発生，とにかく東北へ，被災地の子どもたち ほか）

角川書店 2012.2 189p 18cm（角川つばさ文庫）〈発売：角川グループパブリッシング〉620円
Ⓘ978-4-04-631221-1 Ⓝ070

『ピュリツァー賞受賞写真全記録』第2版

ハル・ビュエル編著，河野純治訳

内容 1942年の写真部門創設から、最新2015年の受賞写真までを収録。

目次 第1期 大判カメラと初期のピュリツァー賞受賞作品，第2期 カメラの小型化、ベトナム戦争と公民権運動，第3期 新たな賞、特集写真部門の創設，第4期 カラー写真、デジタル化、女性写真家、アフリカ，第5期 デジタル革命，第6期 フォトジャーナリズムに迫る新たな脅威

日経ナショナルジオグラフィック社，日経BPマーケティング〔発売〕2015.9 351p 23×19cm〈原書名：moments:The Pulitzer Prize - winning photographs〈Hal Buell〉〉3900円 Ⓘ978-4-86313-321-1 Ⓝ209.7

『たのしい写真―よい子のための写真教室』

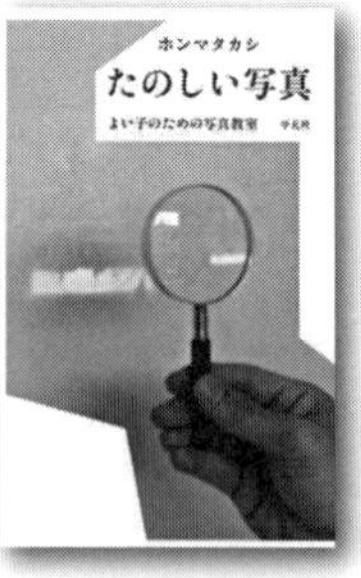

ホンマタカシ著

内容 現代美術から広告まで幅広く活躍する写真家が、経験をもとに書き下ろした、はじめての写真論。

目次 第1章 講義篇（私家版写真の歴史，年表1 カメラ・オブスキュラ―決定的瞬間 ほか），第2章 ワークショップ篇（今日の写真を読むためのワークショップその1 写真を読む，今日の写真を読むためのワークショップその2 写真を疑う ほか），第3章 放課後篇（ポストカードからはじめよう！，慌てて買わなきゃ！プラウベル・マキナ ほか），第4章 補習篇（堀江敏幸さ

んとの対話 すべての創作は虚構である？）

平凡社 2009.6 245p 19cm 1600円 Ⓘ978-4-582-23117-5 Ⓝ740.4

続刊

『**たのしい写真 2 ポートレイト 市川実日子**』2012.11
『**たのしい写真 3 ワークショップ篇**』2014.1

『写真上手になるための構図とレンズのきほんBOOK—おしゃれ、かわいいをかたちにする。』

WINDY Co.編著

内容 「構図」と「レンズ」の基本からシチュエーション別の構図とレンズの選び方まで。カメラ女子のための"写真力"アップ講座。

目次 第1章 構図を活かす撮影の基本，第2章 いい構図はいい写真の第一歩，第3章 レンズを使いこなそう，第4章 人物やペットを撮るための構図とレンズ，第5章 スナップや旅写真の構図とレンズ，第6章 料理や雑貨を撮るための構図とレンズ

毎日コミュニケーションズ 2010.4 159p 19cm 1200円 Ⓘ978-4-8399-3486-6 Ⓝ743

管弦楽・吹奏楽

『オーケストラがやって来たが帰って来た！』

山本直純著

内容 人々に愛されたメディアの寵児、山本直純が、オーケストラの魅力と名曲にまつわるエピソードをユーモラスに語った、情熱と愛情に溢れた名著。山本祐ノ介氏寄稿「『オーケストラがやって来た』復刊に寄せて」収録。

目次 第1部 オーケストラがやって来た（オーケストラの魅力，棒ふり3年タタキ8年，コンサート・ホールへの招待，音楽家になるのはたいへんだ，楽器あれこれアラカルト，音楽の森への招待），第2部 ボクの名曲案内（モーツァルト「フイガロの結婚」序曲—"速ければ速いほどよい"，ベートーヴェン「レオノーレ」序曲第3番—"胸が高鳴るファンファーレ"，シューベルト未完成交響曲—"終わらざるがゆえの名作"，ショパンエチュード—"ふところ上げる母の思い出"，ブラームス交響曲第1番—"人生の転機に出会う曲"，ドボルザークチェロ協奏曲—"雪の日の午後、静かに流れる第2テーマ"，山田耕筰からたちの花—"スターンとともに酔いしれた日本の名曲"，山本直純田園・わが愛—"タバコのけむり、南京豆の皮、コーヒーから生まれた名曲"，コーダとカデンツア—"終わりよければすべてよし"，アンコールチャメラ協奏曲—"霧の夜の青山通り"，『オーケストラがやってきた』復刊に寄せて—日本の人にオーケストラを美味しく食べさせたかった父を想う）

実業之日本社 2014.9 254p 19cm 1800円 Ⓘ978-4-408-11089-9 Ⓝ760.4

『部活でもっとステップアップ 吹奏楽 上達のコツ50』

畠田貴生監修

内容 憧れのステージで最高の演奏を！「楽器を吹く体」のための基礎練習、豊かな音色や正しいテンポ感を身につける、表現力と演奏の完成度を高める。今すぐ取り入れたい練習のヒントや曲作りの極意、本番で力を発揮するための秘訣まで、わかりやすく紹介。

目次 序章 ウォーミングアップで楽器を吹く体を作ろう，第1章 個人練習とパート練習でステップアップ，第2章 代表的な楽曲の特徴をつかもう，第3章 合奏でアンサンブルを楽しもう，第4章 コンクールや大会を目指そう，第5章 憧れのステージで演奏しよう！，終章 楽器のメンテナンスにも気を配ろう

メイツ出版 2015.1 128p 21cm（コツがわかる本！）1500円 Ⓘ978-4-7804-1497-4 Ⓝ764.6

『絶対！うまくなる吹奏楽100のコツ』

小澤俊朗著

内容 楽器や呼吸法の基礎から、アンブシュア、合奏のコツなど吹奏楽をレベルアップするために必要な要素がつまってる！現場のプロが教える吹奏楽の極意。はじめての人にも、もっと技術を磨きたい人にも最適な一冊！

目次 1 管楽器を吹く前に必要なこと，2 楽器について知ろう，3 基礎練習をしよう，4 合奏練習の知識，5 楽譜の知識，6 演奏をレベルアップするための知識，7 楽器のメンテナンス，8 知っておくと便利なその他の知識

ヤマハミュージックメディア 2014.3 134p 21cm 1500円 Ⓘ978-4-636-89860-6 Ⓝ764.6

『吹奏楽部員のためのココロとカラダの相談室 楽器演奏編―今すぐできる・よくわかるアレクサンダー・テクニーク』

バジル・クリッツァー著

内容 こんなことで悩んでいませんか？高い音が出ない、大きな音が出ない、タンギングがうまくできない、息が長く続かない…先生、教えて！心配しなくても、大丈夫。うまくなるヒントが、ここにあります！

目次 バジル先生の相談室―楽器演奏編（高い音を無理なく出そう，低い音を出そう―苦手意識解消のために ほか），バジル先生の相談室―パート別アドバイス編（フルート，オーボエ・ファゴット ほか），バジル先生のちょこっとコラム，アレクサンダー・テクニークとは，たしかめシート―楽器演奏編

学研パブリッシング，学研マーケティング〔発売〕2013.9 103p 26cm 1500円
Ⓘ978-4-05-800152-3 Ⓝ764.6

続刊

『吹奏楽部員のためのココロとカラダの相談室 メンタルガイド編』2013.9
『吹奏楽部員のためのココロとカラダの相談室 吹奏楽指導編』2014.6
『吹奏楽部員のためのココロとカラダの相談室 コンクール・本番編』2015.5

『吹奏楽もっとうまくなるための身体エクササイズ』

石橋秀幸監修・著

内容 広島東洋カープ、ボストン・レッドソックスの元トレーニングコーチがプロ奏者の身体と向き合って10年。吹奏楽の現場で今すぐ習慣にしたい楽器を演奏する人のための身体エクササイズ本。

目次 1 呼吸について―ため息を深呼吸に変えてみよう，2 音楽はスポーツ？―音楽と体育のグレーゾーン，3 演奏時の健康管理―上達のヒケツはまず身体から，4 ボディバランスをリセット―足部を考える，5 姿勢をリセット―肩甲骨を考える，6 体幹を鍛える―支えと脱力を考える，7 演奏に必要な筋のエクササイズ―局所筋のトレーニング，8 日常生活でのヒーリング―演奏が上手くなるには日ごろの心がけも大事

シンコーミュージック・エンタテイメント 2013.4 127p 21cm 1500円 ①978-4-401-63806-2 Ⓝ764.6

『心をひとつに響かせる！―市立柏高校吹奏楽部』

石田修一著

内容 毎年数々のコンクールで輝かしい成績を収めている市立柏高校吹奏楽部。一公立高校の吹奏楽部が短期間に飛躍し、長年強さを保ちつづけている理由を、その指導者が自ら語る。

目次 第1章 金賞が取れなくて気がついたこと，第2章 全員が主役、絶対に補欠はつくらない，第3章 地域のコミュニティとともに，第4章 音楽の感動をつきつめる，第5章 生徒たちの幸せを願って，第6章 私の教育論

二見書房 2013.1 189p 19cm 1300円 ①978-4-576-12162-8 Ⓝ764.6

『吹奏楽部あるある』

吹奏楽部あるある研究会著

目次 第1楽章 吹奏楽部あるある，第2楽章 吹奏楽部の人々，第3楽章 吹奏楽部の日々，第4楽章 楽器あるある，第5楽章 練習あるある，第6楽章 本番あるある，終楽章 引退後あるある

白夜書房 2012.5 191p 18cm 〈漫画：菊池直恵〉 900円 ①978-4-86191-883-4 Ⓝ764.6

『必ず役立つ吹奏楽ハンドブック』

丸谷明夫監修

内容 マンガ&イラスト満載。必要なことが全てわかる。吹奏楽ビギナーに。

目次 第1章 入門編（吹奏楽部ってどんなことするの？，キミの不安を解消する吹奏楽部Q&A ほか），第2章 基礎編（楽器編，楽譜編），第3章 実践編（吹奏楽の基礎練習，フィンガリング ほか），第4章 知識編（吹奏楽コンクール—普門館への道，アンサンブルコンテスト ほか）

ヤマハミュージックメディア 2011.4 135p 21cm 1500円 Ⓘ978-4-636-86423-6 Ⓝ764.6

続刊

『必ず役立つ吹奏楽ハンドブック コンクール編』丸谷明夫監修 2011.12
『必ず役立つ吹奏楽ハンドブック Q&A編』丸谷明夫監修 2012.4
『必ず役立つ吹奏楽ハンドブック 楽典編』ヤマハミュージックメディア編 2012.10
『必ず役立つ吹奏楽ハンドブック 指導者編』丸谷明夫監修 2013.3
『必ず役立つ吹奏楽ハンドブック ステージパフォーマンス編』丸谷明夫監修 2013.8
『必ず役立つ吹奏楽ハンドブック 呼吸編』丸谷明夫監修 2013.10
『必ず役立つ吹奏楽ハンドブック アンサンブル編』丸谷明夫監修 2013.11
『必ず役立つ吹奏楽ハンドブック マーチ編』丸谷明夫監修 2013.12
『必ず役立つ吹奏楽ハンドブック からだメンテナンス編』丸谷明夫監修 2014.1
『必ず役立つ吹奏楽ハンドブック ジャズ&ポップス編』丸谷明夫監修 2014.2
『必ず役立つ吹奏楽ハンドブック 和声編』 2014.7

『カラー図解 楽器から見る吹奏楽の世界』

佐伯茂樹著

内容 吹奏楽を分かりやすく大解剖。本当にトランペットとコルネットの違いを知っていますか？世界初！楽器を通して、吹奏楽の魅力や歴史に迫る初めての本。ブラスバンドやマーチングバンドの特徴も詳しく解説。

目次 序章 吹奏楽のキホン（吹奏楽団で使われている楽器，木管楽器の種類と発音原理 ほか），第1章 吹奏楽で使う楽器（フルート，ピッコロ ほか），第2章 吹奏楽の歴史（吹奏楽のルーツ，ハルモニームジーク ほか），第3章 ブラスバンドの世界（ブラスバンドの歴史，ブラスバンドの編成 ほか），第4章 マーチングの世界（マーチングバンドの歴史，ドラム&ビューグル・コーの編成 ほか）

河出書房新社 2009.10 143p 21cm 2000円 Ⓘ978-4-309-27136-1 Ⓝ764.6

『退出ゲーム』

初野晴著

内容 「わたしはこんな三角関係をぜったいに認めない」―穂村チカ、廃部寸前の弱小吹奏楽部のフルート奏者。上条ハルタ、チカの幼なじみのホルン奏者。音楽教師・草壁先生の指導のもと、吹奏楽の"甲子園"普門館を夢見る2人に、難題がふりかかる。化学部から盗まれた劇薬の行方、六面全部が白いルービックキューブの謎、演劇部との即興劇対決…。2人の推理が冴える、青春ミステリの決定版、"ハルチカ"シリーズ第1弾。

目次 結晶泥棒, クロスキューブ, 退出ゲーム, エレファンツ・ブレス

角川書店, 角川グループパブリッシング〔発売〕2010.7 294p 15cm（角川文庫）
552円 Ⓘ978-4-04-394371-5 Ⓝ913.6

続刊

『**初恋ソムリエ**』2011.7
『**空想オルガン**』2012.7
『**千年ジュリエット**』2013.11

合　唱

『必ず役立つ合唱の本』

清水敬一監修

内容 合唱をはじめよう！もっと歌がうまくなる！「市民合唱団に入りたい」「合唱団でコンクールに出たい」そんなあなたに今日から役立つ1冊。イラスト満載&レパートリーリスト付き。

目次 序章 マンガ・合唱の魅力－みんなで歌えば怖くない!?, 第1章 基本の基本－発声の基礎, 第2章 毎日の練習－個人練習から全体練習へのプロセス, 第3章 ステージパフォーマンスを向上させるために, 第4章 具体的な作品を例に 合唱名曲の演奏法, 第5章 合唱曲のザ・名曲選－選曲のためのレパートリー・リスト, 第6章 いまさら聞けない合唱Q&A

ヤマハミュージックメディア 2013.2 143p 21cm 1800円 Ⓘ978-4-636-89170-6 Ⓝ767.4

続刊

『**必ず役立つ合唱の本 レベルアップ編**』清水敬一監修 2014.1
『**必ず役立つ合唱の本 教会音楽編**』松村努著 2015.4
『**必ず役立つ合唱の本 日本語作品編**』古橋富士雄監修 2015.6

『拝啓十五の君へ―アンジェラ・アキと中学生たち』

NHK全国学校音楽コンクール制作班編

内容 平成20年度の「NHK全国学校音楽コンクール 中学校の部」の課題曲「手紙」。アンジェラ・アキさんが十代のときに「30歳の自分」にあてた手紙をもとにつくられた曲。「大人にとってはたいしたことのない悩みでも、十代にとっては大問題。たくさんの悩みや不安を抱えている十代に『大丈夫だよ』と伝えたい」というアンジェラさんの思いは「手紙」とともに全国の中学生に伝わっていき、その様子を描いたドキュメンタリー番組は幅広い層に大きな感動の輪を広げました。本書は、そのすべてを一冊にまとめあげたものです。

目次 第1章 自分って何ですか？―兵庫県・西宮市立甲陵中学校, 第2章 ふるさとを離れる君へ―長崎県・新上五島町立若松中学校, 第3章 本当の優しさって何ですか？―愛知県・豊田市立美里中学校, 第4章 ふたりで歌った合唱部―宮城県・仙台市立八木山中学校, 第5章 若松中学校、海を越えた挑戦, 第6章 甲陵中、アンジェラさんとの再会

ポプラ社 2009.3 221p 19cm 1000円 Ⓘ978-4-591-10881-9 Ⓝ767.4

『くちびるに歌を』

中田永一著

内容 長崎県五島列島のある中学校に、産休に入る音楽教師の代理で「自称ニート」の美人ピアニスト柏木はやってきた。ほどなく合唱部の顧問を受け持つことになるが、彼女に魅せられ、男子生徒の入部が殺到。それまで女子部員しかいなかった合唱部は、練習にまじめに打ち込まない男子と女子の対立が激化する。一方で、柏木先生は、Nコン（NHK全国学校音楽コンクール）の課題曲「手紙～拝啓十五の君へ～」にちなみ、15年後の自分に向けて手紙を書くよう、部員たちに宿題を課した。そこには、誰にもいえない、等身大の秘密が綴られていた。青春小説の新たなるスタンダード作品、文庫化！

小学館 2013.12 316p 15cm（小学館文庫）619円 Ⓘ978-4-09-408881-6 Ⓝ913.6

『よろこびの歌』

宮下奈都著

内容 著名なヴァイオリニストの娘で、声楽を志す御木元玲は、音大附属高校の受験に失敗、新設女子高の普通科に進む。挫折感から同級生との交わりを拒み、母親へのコンプレックスからも抜け出せない玲。しかし、校内合唱コンクールを機に、頑なだった玲の心に変化が生まれる―。見えない未来に惑う少女たちが、歌をきっかけに心を通わせ、成長する姿を美しく紡ぎ出した傑作。

実業之日本社 2012.10 267p 15cm（実業之日本社文庫）533円 Ⓘ978-4-408-55099-2 Ⓝ913.6

続刊
『終わらない歌』2015.10

『歌え！ 多摩川高校合唱部』

本田有明著

内容 混声合唱なのに男子が4人しか残らなかった合唱部。“元気だけが取り柄”の新入部員が押し寄せて—。「自分たちの先輩が作詞した課題曲を思い切り歌いたい」Nコン第70回大会に向けて奮闘した高校合唱部の感動物語。

目次 奥多摩の出会い，乙川光太の憂うつ，「あしたはどこから」，集まった新入生たち，四人のパートリーダー，がんばルンバ！，初めてのステージ，丹田はどこにある？，三年生のこだわり，「ばら・きく・なずな」〔ほか〕

河出書房新社 2012.6 237p 19cm 1500円 Ⓘ978-4-309-02115-7 Ⓝ913.6

軽　音

『音楽理論まるごとハンドブック—バンド演奏に役立つ』

自由現代社編集部編著

内容 知りたい項目をパッと確認&解決！

目次 1 音の名前と高さ, 2 インターバル, 3 コードとコード・ネーム, 4 キーとコード進行, 5 スケール, 6 リズム, 7 楽譜の読み方, 8 コード表

自由現代社 2014.11 121p 21cm 1300円 Ⓘ978-4-7982-1997-4 Ⓝ764.7

『作詞入門—阿久式ヒット・ソングの技法』

阿久悠著

内容 『また逢う日まで』『津軽海峡・冬景色』『北の宿から』『時の過ぎゆくままに』など5000曲を作詞した稀代のヒットメーカーの処女作。言葉の達人はいかに時代の芯を解剖して、既成概念を突破したのか。ヒットの秘訣とは何だったのか。日常生活のなかで最初に試みるべき点から指南した本書は、作詞家のみならずすべての創作家とその志望者に役立つ実践的仕事論。

目次 序章 だれでもなれるわけじゃない—プロの資格について25のテスト, 第1章 歌は世につれというけれど—阿久流現代作詞論, 第2章「この道一筋」はもう古い—ぼくはこうしてデビューした, 第3章 ヒットはこうして生まれた—阿久式ヒット製造法, 第4章 こうすれば詞が書ける—阿久悠作詞学校, 別章 だれに見てもらうのか—作詞家になりたい人に, 僕の歌謡曲論

岩波書店 2009.9 240p 15cm（岩波現代文庫）900円 Ⓘ978-4-00-603192-3 Ⓝ911.66

『明日につづくリズム』

八束澄子著

内容 瀬戸内海に浮かぶ因島。千波は、船造所で働く父親、明るく世話好きな母親、血のつながらない弟・大地と暮らす中学三年生。親友の恵と一緒に、同じ島出身の人気ロックバンド・ポルノグラフィティにあこがれている。島を出るか、残るか—高校受験を前に心悩ませていた頃、ある事件が起こり…。夢と現実の間で揺れ動きながら、おとなへの一歩を踏み出す少女を瑞々しく描いた感動作。

ポプラ社 2011.11 227p 15cm（ポプラ文庫ピュアフル）560円 Ⓘ978-4-591-12661-5 Ⓝ913.6

演　劇

『表現力のレッスン』

鴻上尚史著

内容 「『魅力』ってなんだろう」って考えたことありますか？じつは魅力的な人たちは、必ず素敵な表現力を身につけています。では「素敵な表現力」ってなんでしょう？と言っても、別に難しく考える必要はありません。この本を読みながら、まずは自分の体や声にもう少し意識を向けてみましょう。本物の「かっこよさ」は表現力で決まる‼男度・女度をアップさせる鴻上式レッスン。

目次 体の緊張を自覚する，体と出会う，体で遊ぶ，声と出会う，声を知る，声で遊ぶ，五感を刺激する，感情と感覚を刺激する，感覚・感情で遊ぶ，他者と付き合う，相手の体を知る，体で会話する，自分と相手の体を感じる，視覚を意識する，歩き方を知る，体で物語を創る，体で表現を創る，体で表現を楽しむ，物語を創ることを楽しむ，声の表現を楽しむ

講談社 2005.10 238p 19cm 1400円 Ⓘ4-06-212908-6 Ⓝ361.4

『ゼロからの脚本術—10人の映画監督・脚本家のプロット論』

泊貴洋編

内容 原作モノに負けない“オリジナル”の作り方。

目次 世の中を変える脚本を。（古沢良太），その構成は、美しいか？（内田けんじ），おもちゃ箱をひっくり返して並べてみる。（三木聡），いけないことを、やる。（園子温），ドラマを観るより、人生をドラマに。（大宮エリー），“もしも”で“しかも”が、面白くする。（筧昌也），リアリティって、何ですか？（福田雄一），頭、固くない？（横浜聡子），何のために書くのか。（高橋泉），オリジナルはどんな状況でも生み出せる。（行定勲）

誠文堂新光社 2010.9 303p 19cm 1900円 Ⓘ978-4-416-81053-8 Ⓝ901.2

落　語

『落語こてんパン』

柳家喬太郎著

内容 落語ブームの中心の一人として活躍する著者が自ら演じ、愛する古典落語についてつづった初エッセイ集。道潅、子ほめ、道具屋などの前座噺から、らくだ、心眼等の大ネタまで五十席のあらすじ紹介や解説はもちろん、演じる立場からみた作品論、やりどころや難しさのエピソードも満載。

目次 道潅, 子ほめ, 道具屋, まんじゅうこわい, 粗忽の使者, 錦の袈裟, 反対俥, 按摩の炬燵, 初天神, 看板のピン, 転宅, 長屋の花見, 寝床, 提灯屋, ちりとてちん, 青菜, 目黒の秋刀魚, 棉医者, 野ざらし, 夢金, 寿限無, 元犬, 愛宕山, 松竹梅, 蟇の油, 長短, たちきり, 猫の災難, 千早振る, 動物園, 味噌蔵, 時そば, 二番煎じ, 蒟蒻問答, 浮世床, らくだ, 笠碁, 仏馬, 船徳, 心眼, たらちね, 家見舞, 掛取萬歳, ねずみ, 引越しの夢, 小言幸兵衛, うどんや, 百川, 不動坊, 竹の水仙

筑摩書房 2013.4 297p 15cm（ちくま文庫）780円 Ⓘ978-4-480-43052-6 Ⓝ779.13

続刊

『落語こてんコテン』2013.8

『赤めだか』

立川談春著

内容 17歳で天才・立川談志に入門。「上の者が白いと云えば黒いもんでも白い」世界での前座修業が始まる。三日遅れの弟弟子は半年で廃業。なぜか築地市場で修業を命じられ、一門の新年会では兄弟子たちがトランプ博打を開帳し、談志のお供でハワイに行けばオネーサンに追いかけられる…。様々なドタバタ、試練を乗り越え、談春は仲間とともに二ツ目昇進を目指す！笑って泣いて胸に沁みる、破天荒な名エッセイ、待望の文庫化！「今、最もチケットの取れない落語家」の異名を持つ立川談春のオリジンがここに！2008年講談社エッセイ賞受賞作品。

目次 「これはやめとくか」と談志は云った。, 新聞配達少年と修業のカタチ, 談志の初稽古、師弟の想い, 青天の霹靂、築地魚河岸修業, 己の嫉妬と一門の元旦, 弟子の食欲とハワイの夜, 高田文夫と雪夜の牛丼, 生涯一度の寿限無と五万円の大勝負, 揺らぐ談志と弟子の罪―立川流後輩達に告ぐ, 誰も知らない小さんと談志―小さん、米朝、ふたりの人間国宝

扶桑社 2015.11 306p 15cm（扶桑社文庫）650円 Ⓘ978-4-594-07362-6 Ⓝ913.6

『しゃべれどもしゃべれども』

佐藤多佳子著

内容 俺は今昔亭三つ葉。当年二十六。三度のメシより落語が好きで、噺家になったはいいが、未だ前座よりちょい上の二ツ目。自慢じゃないが、頑固でめっぽう気が短い。女の気持ちにゃとんと疎い。そんな俺に、落語指南を頼む物好きが現われた。だけどこれが困りもんばっかりで…胸がキュンとして、思わずグッときて、むくむく元気が出てくる。読み終えたらあなたもいい人になってる率100%。

新潮社 2000.6 421p 15cm (新潮文庫) 590円 Ⓘ4-10-123731-X Ⓝ913.6

茶道・華道・かるた

『はじめての茶道―本人の目線で点前を学ぶ』

田中仙融著

内容 さまざまな場面を想定し、初心者でも自然な立ち振る舞いを身につけることができる手引き書。いつでも気軽に抹茶を楽しめるように基本の心得と所作を伝授。丁寧で豊富な図解。

目次 第1章 茶道ってなあに, 第2章 茶室での作法, 第3章 お茶を学ぶときには, 第4章 お客様になってみましょう, 第5章 点前に入る前に, 第6章 盆で点てる点前, 第7章 省略なんてしたくない人に, 第8章 茶席の飾り, 第9章 もてなしの工夫

中央公論新社 2013.3 135p 21cm 1900円 Ⓘ978-4-12-004482-3 Ⓝ791

『決定版 はじめての茶の湯』

千宗左著

内容 点前の基本から茶事まで、表千家家元の指導による最新版の茶の湯入門書。

目次 第1章 けいこの基礎, 第2章 割りげいこ, 第3章 客作法, 第4章 薄茶点前, 第5章 濃茶点前, 第6章 略点前, 第7章 茶の湯の世界

主婦の友社 2009.5 223p 24×19cm (主婦の友新実用BOOKS) 1800円 Ⓘ978-4-07-265218-3 Ⓝ791

『はなひとうつわ―新いけばな入門』

関美香著

目次 天 (日本の古層―樹木信仰, 神仏習合の花), 地 (たてはな, なげいれ), 水 (現代いけばな考―存在を生ける, 日本の花), 人 (なぜ花を生けるのか, 自然と人の同心)

平凡社 2012.1 135p 22cm (コロナ・ブックス 166) 1800円 Ⓘ978-4-582-63463-1 Ⓝ793

『はじめてのいけばな』

目次 1 はじめに（「いけばな」って何だろう？，覚えておきたい3つのこと，行事と花，季節の花を知ろう），2「いけばな」を始めましょう（どんな道具を使いますか？，どんな花を選べばいいの？，何にいけるの？，覚えておこう!!，どうやっていけるの？，「いけばな」をよく観察しよう，「いけばな」をスケッチしておこう），3「いけばな」をもっと楽しく（器を作ってみよう，おうちに「いけばな」をかざろう，「いけばな」をプレゼントしよう，花で動物を作ろう）

（京都）日本華道社 2011.8 40p 18×26cm 600円 ⓘ978-4-89088-056-0 Ⓝ793

『暗記しないでうまくなる百人一首―“かるた甲子園”5連覇の指導者が教える』

田口貴志著

内容 特製“決まり字シール”を取り札（字札）に貼れば、暗記しなくても百人一首がプレイできる！ 楽しみながら百人一首を学び、強くなろう。

目次 第1章 百人一首のきほん（百人一首ってなに？，百人一首の札と読み方，百人一首の遊び方（ちらし取り・坊主めくり・競技かるた・源平戦）ほか），第2章 百人一首にくわしくなろう（あ行，か行，さ行 ほか），第3章 百人一首に強くなろう（決まり字で札を取れ，決まり字シールを使おう，まちがえやすい取り札 ほか）

（横浜）コーエーテクモゲームス 2012.12 111p 21cm 1400円 ⓘ978-4-7758-0857-3 Ⓝ798

英語

『世界の歴史の知識と英語を身につける―世界のことを英語で発信する』

植田一三編著，深谷真佐江，大平剛，上田敏子著

内容 タイム・CNNニュースをエンジョイするのに絶対必要な世界史の知識を身につける。英検・TOEFL・国連英検対策としても効果的。

目次 第1章「現代政治経済の原点」たるヨーロッパの歴史と文化を学ぶ（現代政治・思想の原点がわかる「ヨーロッパ古代史」を学ぶ（古代史・BC8〜BC1世紀），「民主主義の意義」を真に理解するには、「古代ギリシア」を知らねばならぬ！（古代史・BC8〜BC4世紀）ほか），第2章「パイオニア精神と人類の原点たる」アメリカ・アフリカ・オセアニアの歴史と文化を学ぶ（世界を変えた激動の「北米・中南米の歴史」を学ぶ（アメリカ），アメリカ大陸の歴史の始まりを「コロンブスの新大陸への到達」とその前後から学ぶ！（アメリカ）ほか），第3章「現代紛争の原点」たる中東の歴史と文化を学ぶ（世界の紛争の原点がわかる「中東古代〜近世史」を学ぶ（BC30〜AD17世紀），戦争の根源を真に理解するには、「肥沃な三日月地帯」を知らねばならぬ！（BC50〜BC6世紀）ほか），第4章「グローバル経済発展の鍵となる」アジアの歴史と文化を学ぶ（アジアの地域統合と分割がわかる「インドの古代〜近代史」（インド・BC2300年頃〜現在），「ハレ・ケガレ」の思想に基づき、大浴場と上下水道を完備したインダス文明とは!?（インド・

BC2300頃〜BC1800年頃）ほか），付録

ベレ出版 2009.9 396p 21cm〈付属資料:CD1〉2100円 Ⓘ978-4-86064-240-2 Ⓝ837.5

『一日のすべてを英語で表現してみる』

曽根田憲三，ブルース・パーキンス著

内容 朝、「私は早起きです」から、夜、「すぐ眠りに落ちる」という表現まで、身のまわりのさまざまな行動、日常に遭遇する状況、頭の中を駆け巡る思いや考えを、シンプルで短い英語表現にして紹介します。英語の上達に必要なのは日常的に英語に触れること。毎日聴いて、つぶやいてみることは、ネイティブと話す機会のない学習者がひとりで簡単に、すぐに実践できる効果的な学習法です。細やかで豊富なバリエーションを収録してあるので、文の形や語彙、フレーズもたくさん身につけていけます。

目次 1 朝Morning/a.m.（目を覚ます、起きる，目覚まし時計 ほか），2 昼Noon（昼食，出前を取る ほか），3 午後Afternoon（コンピュータ，電源を入れる ほか），4 夕方Evening（退社する，料理 ほか），5 夜Night（帰宅，夜食 ほか）

ベレ出版 2013.10 309p 19cm〈付属資料:CD2〉2000円 Ⓘ978-4-86064-372-0 Ⓝ837.8

部活動を極める・運動部

『アスリートを勝利に導く！ 食事と栄養 究極のポイント50』

川端理香監修

内容 北島康介を五輪金メダリストへと導き、全日本女子バレー、Ｊリーグ選手など多くのトップアスリートたちをサポートする管理栄養士が、実績に裏づけられた「勝つための食事」を教えます。

目次 1章 アスリートの戦略的な食事（性別で必要な栄養量が異なる？ 男性と女性の体の違いを理解しよう，年齢ごとに必要な栄養素は変わる？ ジュニア期でも成人と変わらない栄養が必要 ほか），2章 試合で勝つための食事（期間で食事は変えた方がいい？ 期間ごとに食事を微調整しよう，トレーニング期の食事は？ たんぱく質中心で基礎体力をUP ほか），3章 ポテンシャルを高める食生活（献立のベストなバランスは？ 主食・主菜・副菜・汁物・フルーツ・乳製品がベスト，栄養をバランスよく摂取するには？ 食品数を増やして栄養バランスをUPさせる ほか），4章 コンディションを維持する（アスリートの上手なコンビニ活用法は？ コンビニは明確な目的を持って利用しよう，冷凍食品の活用法は？ 普段の食事のつけ合わせに冷凍野菜を使う ほか），5章 栄養素の正しい知識（アスリートにとって一番欠かせない栄養素は？ 糖質は超重要！ 意識して摂取しよう，適切な脂肪

のとり方は？「良い脂質」と「悪い脂質」の違いを知ろう ほか）

メイツ出版 2012.1 128p 21cm（コツがわかる本）1500円 Ⓘ978-4-7804-1035-8 Ⓝ780.1

『基礎から学ぶ！ スポーツマッサージ』

溝口秀雪編著，泉秀幸，笹木正悟／共著

内容 スポーツマッサージのテクニックをまるごと詳解。腰が重い！ 背中がつらい！ 脛が張る！ 基本手技から、状況別まで、悩みに対応したテクニックを収録。

目次 第1章 知っておきたい基礎知識（マッサージの沿革，マッサージの作用と応用分野 ほか），第2章 スポーツマッサージの基本手技（手掌各部の名称，軽擦法 ほか），第3章 部位別スポーツマッサージ（足部（足背部·足底部），アキレス腱·足首 ほか），第4章 状況別プログラム（コンディショニングの重要性，肩が張った！マッサージ編 ほか）

ベースボール・マガジン社 2010.6 191p 21cm 1600円 Ⓘ978-4-583-10214-6 Ⓝ780.1

『小・中学生のスポーツ栄養ガイド―スポーツ食育プログラム』

こばたてるみ，木村典代，青野博編，日本体育協会，樋口満監修

目次 1章（からだのしくみ，食事バランスのととのえ方），2章（愛情をかけて料理する，保護者のための簡単料理パターン），3章（子どものスポーツ医学，スポーツ食育のための行動科学，状況別のスポーツ食育，試合のときの食事）

女子栄養大学出版部 2010.3 119p 26cm 2300円 Ⓘ978-4-7895-5131-1 Ⓝ780.1

『メンタル強化メソッド45―スポーツで120％の力を出す！』

浮世満理子著

内容 弱点はメンタルトレーニングで「強み」へと変えることができる。スポーツはもちろんビジネスにも役立つメソッドが満載。

目次 第1章 武器としてのメンタルを手に入れる（メンタルはなぜ存在する？，メンタルを構成する3つの要素 ほか），第2章 練習・人間関係・コンディションのメンタル強化メソッド（つらい・しんどい練習がうれしい練習になる方法，めざす結果が見えれば、練習は楽しくなる！ ほか），第3章 プレッシャー・集中力のメンタル強化メソッド（自分のなかで勝手に作り上げるプレッシャーに注意！，思考や価値観のプレッシャーはトラウマとの戦い ほか），第4章 マイナスの思考・感情を変えるメンタル強化メソッド（過去の結果にとらわれるのは、自己分析が足りない証拠，過去の亡霊は、自分の思い込みが生み出したもの ほか）

実業之日本社 2013.3 191p 19cm 1200円 Ⓘ978-4-408-45407-8 Ⓝ780.7

続刊

『メンタル強化メソッド50―チームを120％強くする！』2015.6

『魔法のバトン―バトントワラー稲垣正司は冒険する。』

稲垣正司著

内容 「男子がバトン…？」まだそんな時代だったころにバトンを始めた男の子は、やがて世界最高のバトントワラーになった。世界選手権11年連続男子シニアチャンピオンなど23個の金メダルを手にした青年は、世界最高峰のサーカスへと活躍の舞台を移す。世界って遠い？ 近い？ その答えは本書の中に―。

目次 ACT1 いながきの仕事―プロのアクターとして舞台に立つ日々のこと。感じたこと。学んだこと。, ACT2 いながきの活動―子供時代、学生時代、指導者。見てきたこと。教わったこと。伝えたいこと。

芸術生活社 2012.5 95p 21cm 1143円 Ⓘ978-4-328-01300-3 Ⓝ781

『いちばんよくわかるストレッチの教科書』

山本利春監修

内容 “しっかり伸びるストレッチ”がよくわかる。部位別＋症状別＋スポーツ別、あらゆる角度から解説。

目次 1 ストレッチの基礎のキソ, 2 カラダのしくみとストレッチ―部位別（頸部（僧帽筋・胸鎖乳突筋）, 上肢（三角筋・上腕二頭筋・上腕三頭筋・大胸筋・ローテーターカフ）, 上肢・体幹（脊柱起立筋・広背筋・腹斜筋）, 下肢 1（股関節周囲筋・内転筋）, 下肢 2（大腿四頭筋・ハムストリングス）, 下腿・足関節（下腿三頭筋・腓骨筋・前脛骨筋・足底の筋）, 前腕（前腕屈筋群・前腕伸筋群・手のひらの筋肉）, パートナーストレッチ）, 3 症状別＆スポーツ別ストレッチ（症状別ストレッチ―伸ばして動かして痛みをとる, スポーツ別ストレッチ―動作で選ぶスポーツ別ストレッチ）

新星出版社 2010.4 159p 21cm 1200円 Ⓘ978-4-405-08656-2 Ⓝ781.4

『新体操ボーイズ―熱血先生、愛と涙の青春奮闘記』

荒川栄著

内容 メディアで話題のややマイナースポーツ「男子新体操」！ でも教え子たちはプロのダンサーとして、紅白歌合戦、大物アーティストのLIVEと、芸能界へ羽ばたいていった。

目次 第1章 男子新体操に魅せられて, 第2章 指導者としての出発, 第3章 最高のチームとの別れ, 第4章 わが母校、青森山田高校, 第5章 亡き教え子に誓った夢, 第6章 青森の新体操ボーイズ, 第7章 動き始めた夢

青志社 2010.6 239p 19cm 1200円 Ⓘ978-4-903853-90-1 Ⓝ781.4

『部活で大活躍できる!! 勝つ！ バドミントン最強のポイント50』

名倉康弘監修

目次 1 基本を覚えることが上達への近道（親指と人差し指で軽く握る, 手首を

起こしてラケットを立てる ほか），2 正しい打ち方を体に覚え込ませることが試合勝利の秘訣（シャトルを打つ位置でストロークが変わる，打つ前に素早く半身になり手首を返す ほか），3 練習法・勝負論を変えて強豪校の仲間入りを目指す（狭いスペースを活用し遊びをなくす，年間を通しての予定を組み立てる ほか），4 よりよい部にするために（環境を整えれば飛躍的に強くなる，ヒジをあげて壁に当たらないよう素振り ほか）

メイツ出版 2011.4 128p 21cm（コツがわかる本!）1300円 Ⓘ978-4-7804-0933-8

続刊

『バスケットボール 最強のポイント50』一ノ瀬和之監修 2011.4
『卓球 最強のポイント50』長谷部攝監修 2011.5
『剣道 最強のポイント60』所正孝監修 2011.5
『バレーボール 最強のポイント50』羽田野義博監修 2011.6
『柔道 最強のポイント60』林田和孝監修 2011.6
『水泳 最強のポイント50』中村真衣監修 2011.7
『ソフトテニス 最強のポイント55』中村謙監修 2011.7
『サッカー最強のポイント50』岩本輝雄監修 2011.7
『陸上最強のポイント50』福間博樹監修 2012.3
『テニス 最強のポイント50』矢崎篤監修 2012.6
『弓道 最強のポイント50』高柳憲昭監修 2012.7
『野球 最強のポイント60』野々村直通監修 2013.4
『ハンドボール 最強のポイント50』阿部直人監修 2013.5
『卓球 最強のコツ50』平亮太監修 2014.6
『ソフトボール 最強のポイント50』渡辺和久監修 2014.7　　ほか

体　操

『明日はもっと強く、美しく—体操・田中和仁』

田中和仁監修

内容 「技をおぼえるのって楽しい！」庭には鉄棒。家の中にはトランポリン。遊ぶように練習を続けた少年は、やがて“兄”として、“主将”として、日本の体操をひっぱっていく。田中和仁の“美しい体操”は世界へ羽ばたく。その歩んできた体操の世界を、家族やチームの話とあわせて紹介。

目次 序章 体操界の“お兄ちゃん”、オリンピックへいく，第1章 なんで体操を始めたの？，第2章 小さいころはどんな子どもだったの？，第3章 体操クラブでは、どんな練習をするの？，第4章 あきらめないで体操を続けるには？，第5章 これまでで一番、くやしかったことは？，第6章 ロンドンオリンピックの思い出は？，終章 体操で楽しいことって？

あかね書房 2013.3 160p 21cm（スポーツが教えてくれたこと 4）1400円 Ⓘ978-4-251-08284-8 Ⓝ781.5

『内村航平』

本郷陽二編

目次 第1章 史上最強の体操選手, 第2章 体操が遊びだった少年時代, 第3章 美しい体操へのこだわり, 第4章 近づいたオリンピックへの夢, 第5章 夢の北京オリンピック, 第6章 そしてロンドンへ

汐文社 2012.12 150p 20cm (オリンピックのアスリートたち) 1500円 Ⓘ978-4-8113-8966-0 Ⓝ781.5

陸上競技

『青トレ―青学駅伝チームのコアトレーニング&ストレッチ』

原晋, 中野ジェームズ修一著

目次 第1章 コアトレーニング (インナーユニットの使い方の習得, インナーユニットの強化 ほか), 第2章 ストレッチ (準備運動として行う動的ストレッチ, 練習後に行う静的ストレッチ ほか), 第3章 筋弛緩法 (就寝前やレース前などに行う筋弛緩法, 小椋裕介選手・Q&A), 第4章 セルフモビライゼーション (就寝前などに行うセルフモビライゼーション, 青学駅伝チームの1日), エピローグ対談 原晋×中野ジェームズ修一 常勝軍団を目指して

徳間書店 2015.9 123p 21×19cm 〈付属資料:DVD1〉 1400円 Ⓘ978-4-19-864014-9 Ⓝ782

『マラソンで勝つ食事!』

白鳥早奈英著

内容 ジュニアから本格アスリートまで、スポーツ競技に必要な栄養と勝負メニューをわかりやすくアドバイス!

目次 1 マラソンランナーに必要なもの, 2 マラソンランナーの日常の食事, 3 レース2週間前からの食事, 4 レース3日前からの食事, 5 レース前日の食事, 6 レース当日の食事, 7 レース後の食事と体調管理, 8 ファストフード・サプリメントの活用法

自由国民社 2013.9 157p 19cm (スポーツ勝負メシ) 〈『"アスリートの勝負レシピ"自分でできる! 勝つための栄養トレーニング マラソン』改装・改題書〉 1200円 Ⓘ978-4-426-11656-9 Ⓝ782

『もっとうまくなる! 陸上競技』

大村邦英著

内容 短距離、リレー、ハードル、中・長距離、跳躍、投てき、混成競技の正しいフォーム、トレーニング法を連続写真で解説。

目次 1 陸上競技の基礎知識, 2 体幹トレーニング, 3 短距離&リレー, 4 ハードル, 5 中・長距離, 6 跳躍, 7 投てき, 8 混成競技, 9 試合の準備, 10 体のケア&栄養

ナツメ社 2010.5 215p 21cm (スポーツVシリーズ) 1300円 Ⓘ978-4-8163-4864-8 Ⓝ782

『順天堂メソッド 勝つための陸上競技』

順天堂大学陸上競技研究室編著, 澤木啓祐監修

内容 チームとして日本インカレ総合優勝25回、箱根駅伝優勝11回の実績を誇り、北京オリンピック男子4×100mリレーで銅メダルを獲得した高平慎士を筆頭に、数々のトップアスリートを多数育成し、日本陸上界を牽引してきた順天堂大学陸上競技部が、そのコーチングの集大成としてまとめた陸上競技教本。アスリートとして、また、指導者として高い評価を得ている同学陸上競技部のコーチングスタッフ、及びOBが全種目を解説するとともに、具体的なトレーニング法を紹介。現場ですぐに役立つノウハウを盛り込んだ。さらにスポーツ医科学・栄養などの基礎知識やルールに関する解説なども網羅。強豪校の秘密をギュッと濃縮した1冊。

目次 はじめに 陸上競技のトレーニングにおける総論, 第1章 短距離、リレー, 第2章 ハードル, 第3章 中・長距離、駅伝, 第4章 競歩, 第5章 跳躍, 第6章 投てき, 第7章 混成競技, 第8章 身体づくりの基礎知識

ベースボール・マガジン社 2009.4 199p 21cm 2000円 Ⓘ978-4-583-10138-5 Ⓝ782

『金哲彦のランニング・メソッド―羽が生えたように動きが軽くなる！』

金哲彦著

目次 1 いきなりカラダが軽くなる！金哲彦のランニング・メソッド（ランニングを始める前に、眠っていたカラダを起こそう, 簡単、速効！ウェイクアップ・メソッド「関節編」硬くなっている関節を柔らかくする, 簡単、速効！ウェイクアップ・メソッド「ストレッチ編」縮んでいる筋肉を伸ばす ほか）, 2 より長く、ラクに走れるようになる金哲彦のランニング・クリニック（さぁ、ランニングの練習を始めましょう！,「いつ走るか決める」これが継続＆上達の鍵, 長く、ラクに走るために「起」くれぐれも準備運動は忘れずに ほか）, 3 走りの悩みを一発解消！金哲彦のランナーズ・ボディケア（ランニングを続ければ、カラダに対して敏感になる, 疲れを溜めないためにセルフマッサージをしよう, 違和感や軽い痛みでも無視せずに正体を知ろう ほか）

高橋書店 2006.12 159p 21cm 1100円 Ⓘ4-471-14212-7 Ⓝ782

『一瞬の風になれ 第1部 イチニツイテ』

佐藤多佳子著

内容 春野台高校陸上部、1年、神谷新二。スポーツ・テストで感じたあの疾走感…。ただ、走りたい。天才的なスプリンター、幼なじみの連と入ったこの部活。すげえ走りを俺にもいつか。デビュー戦はもうすぐだ。「おまえらが競うようになったら、ウチはすげえチームになるよ」。青春陸上小説、第1部、スタート。

講談社 2009.7 254p 15cm（講談社文庫）495円 Ⓘ978-4-06-276406-3 Ⓝ913.6

続刊

『一瞬の風になれ 第2部 ヨウイ』
『一瞬の風になれ 第3部 ドン』

バスケットボール

『前進力―自分と組織を強くする73のヒント』

加藤三彦著

内容 ほんのちょっと視点を変えるだけで成功への最短距離が見えてくる。能代工業高校バスケットボール部のコーチ・監督として30回もの全国制覇を遂げた名将が、結果を出すためのヒントを伝授。自分を見つけ、自分を育て、自分を生かすためには、どうすればいいのか。さらに組織全体を向上させ、現状から一歩前に進むには?

目次 第1章 間違っているかもしれない自分に気づく（予測と準備が大きなミスを防ぐ, 大切なものは身近なところにある ほか）, 第2章 自分を見つめ心を鍛える（国境のない世界へ目を向ける, ボランティアとしてなにができるのか ほか）, 第3章 自分自身の器を磨く（心の強さと同じくらい体を鍛える, やる気を出させる雰囲気づくり ほか）, 第4章 目標までの最短コースを歩く（短所は見ない、長所を見つめる, ありのままの姿で向きあう ほか）, 第5章 組織として強くなる方法（指示待ち人間をつくらない, ひとりのスターより5人のバランス ほか）

新潮社 2015.10 199p 15cm（新潮文庫）
〈『努力が結果につながらない人に気づいてほしいこと』改題書〉460円
Ⓘ978-4-10-120106-1 Ⓝ783.1

『バスケットボール』

高瀬俊也監修

目次 第1章 基本技術と練習メニュー（基本姿勢, ドリブル, シュート, パス, ディフェンス, 速攻）, 第2章 ゲームを想定した実戦・練習メニュー（ディフェンス, 速攻, オフェンス）, 第3章 試合に勝つための作戦（戦略・分析）, 第4章 トレーニング, 勝つためのチーム環境づくり（チームの結束力が弱いとき, 練習場所や時間に制限があるとき, 人数や体格に悩みがあるとき, 部員のモチベーションが下がったとき）

金の星社 2015.3 127p 26cm（勝てる！強くなる！強豪校の部活練習メニュー）2800円
Ⓘ978-4-323-06493-2 Ⓝ783.1

『バスケットボール メンタル強化メソッド―本番でベストのパフォーマンスを発揮する』

金子寛治著

目次 1 精神的な強さが勝敗を決する―試合編（試合前の気持ちの高め方, 緊張感を楽しむために ほか）, 2 ゲームライクな練習へのアプローチ―練習編（試合期を離れ、練習に集中できない時に, 選手の気持ちは○○○に現れる ほか）, 3 チームに心を宿らせる—チームワーク編（監督との信頼関係を築く，まわりに誉められた時に得た自信を大事にする ほか），4 気持ちで乗り越え成長へとつなげる—自己実現編（得意技を作り自信を持っプレーする，他のポジションのプレーも覚える貪欲さを持つ ほか），5 選手の心が強くなるキーワード—教訓編（印象深いことをノートに残しておく，読書のすすめ ほか）

実業之日本社 2014.10 223p 19cm（PERFECT LESSON BOOK）1400円 Ⓘ978-4-408-45519-8 Ⓝ783.1

『試合で勝つ！バスケットボール究極の戦術』

吉田健司監修

内容 組織的なプレーで相手を徹底攻略！セットオフェンス、ファストブレーク、マンツーマン、ゾーンディフェンス…さまざまなシチュエーションの攻め方、守り方がわかる！巧みな「戦術」がチーム力をワンランク上へ引き上げる！

目次 1 戦術の重要性（チームルールを決めて判断力を高める，速攻で1対0の状況をつくり出す ほか），2 4アウト1インオフェンス（2人のパス交換でインサイドに侵入する，カットに合わせられなかったらトップに戻す ほか），3 3アウト2インオフェンス（トップからのフロントカットで攻撃を始める，トップに入ってボールを受け攻撃をしかける ほか），4 5アウトオフェンス（ポップアウトでつくったスペースにカット，コーナーからのパスでインサイドに侵入する ほか），5 ディフェンスシステム（フロントコートでそれぞれがマークにつく，バックコートからプレッシャーをかける ほか）

メイツ出版 2013.11 128p 21cm（コツがわかる本！）1300円 Ⓘ978-4-7804-1347-2 Ⓝ783.1

『バスケットボール個人技が飛躍的にUP！する体幹トレーニング』

荒尾裕文著

内容 これがバスケット選手のトレーニングだ‼シュート力！突破力！ジャンプ力！コアを鍛えて1対1に勝つ‼

目次 1 バスケットボールのための体づくりとは，2 シュート力を高めるトレーニング，3 ドリブル力を高めるトレーニング，4 パス力を高めるトレーニング，5 ディフェンス力を高めるトレーニング，6 ポストプレー力を高めるトレーニング

マイナビ 2013.12 175p 21cm 1600円 Ⓘ978-4-8399-4933-4 Ⓝ783.1

『完全保存版 バスケットボールトレーニングナビ100＋α』

『中学・高校バスケットボール』編集部編

内容 練習メニュー134種類掲載。スキルUPに役立つ練習を選りすぐりでお届け。トップ選手＆強豪チームの指導者が伝授するマル秘メニューを厳選掲載。

目次 1 ドリブル，2 シュート，3 パス，4 ポストプレイ，5 リバウンド，6 ディフェンス，7 チームプレイ，8 トレーニング

白夜書房 2012.6 181p 21cm 1048円 Ⓘ978-4-86191-891-9 Ⓝ783.1

『ぐんぐんうまくなる！ バスケットボール練習メニュー』

陸川章著

内容 初心者～中上級者対象。勝つための練習メニューを基礎づくりから個人スキル、コンビネーション、チーム戦術まで多彩なドリルを上げて紹介。

目次 1 勝つための準備をする，2 勝つための基礎をつくる，3 勝つために相手のリズムをコントロールする，4 勝つための個人スキルを身につける，5 勝つためのコンビネーションを学ぶ，6 勝つためのチーム戦術を高める

ベースボール・マガジン社 2012.6 157p 21cm 1200円 ⓘ978-4-583-10438-6 Ⓝ783.1

『個の力を伸ばすバスケットボール個人技術練習メニュー180』

日高哲朗監修

内容 「シュートの成功率が上がる！」「1対1に強くなる！」多くの選手、指導者がリスペクトする“日高式”技術講座。1人から少人数でできる練習が満載。

目次 Massage of the superviser／一流プレーヤーへの道 個々の技術のレベルアップがチーム力の向上につながる，練習の組み立て方／バスケットボールの練習とは まずはその技術の意味や価値を知ること，第1章 基本技術，第2章 シュート，第3章 ポストプレー，第4章 ドリブル，第5章 パス，第6章 リバウンド，第7章 1対1，第8章 コーディネーション

池田書店 2011.4 239p 21cm 1500円 ⓘ978-4-262-16348-2 Ⓝ783.1

『バスケットボール選手のメンタルトレーニング』

高妻容一，梅嵜英毅，森億，小池一元，宍戸渉著

内容 バスケットボール選手用のために、最初にメンタルトレーニングの内容、次に小学生や中学生向きの部分、さらに高校生や大学生またプロまで活用できる部分、また中学生のジュニアオールスターなどでの実践例、加えて元実業団・元全日本・現大学チームのコーチの実践例などを盛り込んだ。更にコーチのみなさんがメンタルトレーニングをコーチングの中で活用できるように書かれている。保護者用には、選手やコーチを支える保護者（親）の協力やチームワークを高めようという内容になっている。

目次 選手のメンタルトレーニング，メンタルトレーニングとは何か？，目標設定，プレッシャーに打ち勝つために、セルフコントロール能力を向上させよう！，イメージトレーニング，集中力のトレーニング，プラス思考のトレーニング選手のマイナス思考への泥沼，試合に対する心理的準備，日常生活を応用したメンタルトレーニング，学校生活を応用したメンタルトレーニング〔ほか〕

ベースボール・マガジン社 2010.7 179p 21cm 1800円 ⓘ978-4-583-10263-4 Ⓝ783.1

『アメリカ留学体験記 Never Too Late—今からでも遅くない』

田臥勇太著, 宮地陽子編

内容 高校9冠を達成した能代工高からブリガムヤング大ハワイ校へ。日本からアメリカへ活躍の舞台を求めた田臥勇太の3年間を振り返る。

目次 第1章 アメリカへの想い—初訪米から留学決意まで, 第2章 BYUH（ブリガムヤング大ハワイ校）生活1年目, 第3章 キリンカップから留学2年目, 第4章 ヤングメン日本代表として, 第5章 留学3年目、いよいよNCAAデビュー！, 第6章 帰国、そしてJBLへ

日本文化出版 2003.1 239p 21cm 1714円 Ⓘ4-89084-070-2 Ⓝ783.1

『走れ！ T校バスケット部』

松崎洋著

内容 中学時代、バスケ部キャプテンとして関東大会 2位の実績を残した陽一は、強豪私立H校に特待生として入学。だが部内で激しいイジメに遭い自主退学する。失意のまま都立T校に編入した陽一だが、個性的なクラスメイトと出会い、弱小バスケ部を背負って立つことに—。連戦連敗の雑草集団が最強チームとなって活躍する痛快ベストセラー青春小説。

幻冬舎 2010.2 258p 15cm（幻冬舎文庫）495円 Ⓘ978-4-344-41443-3 Ⓝ913.6

続刊

『走れ！ T校バスケット部 2』2010.9
『走れ！ T校バスケット部 3』2011.6
『走れ！ T校バスケット部 4』2012.2
『走れ！ T校バスケット部 5』2012.8
『走れ！ T校バスケット部 6』2014.2　ほか

バレーボール

『みるみる上達！スポーツ練習メニュー 3 バレーボール』

藤生栄一郎監修

目次 ウォーミングアップ・トレーニング, ボールコントロール・ネットプレー, パス, レシーブ, スパイク・ブロック, サーブ, ゲーム練習, 練習メニューの組みたて方

ポプラ社 2015.4 159p 21cm 2400円 Ⓘ978-4-591-14360-5 Ⓝ783.2

『バレーボール』

清水直樹監修

目次 第1章 基本技術と練習メニュー（パス, サーブ, レシーブ, トス, スパイ

ク，ブロック），第2章 ゲームを想定した実戦・練習メニュー（実戦練習），第3章 試合に勝つための作戦（作戦），第4章 トレーニング（体づくり），勝つためのチーム環境づくり（練習計画を立てる，コミュニケーション力，安全管理 1（用具），安全管理 2（応急処置））

金の星社 2015.3 127p 26cm（勝てる！強くなる！強豪校の部活練習メニュー）2800円 Ⓘ978-4-323-06494-9 Ⓝ783.2

『バレーボール メンタル強化メソッド―今より強い自分、強いチームになるために』

渡辺英児著

内容 考え方が変わればプレーも変わる！試合で最高のパフォーマンスを発揮するための心の調整法。感情のコントロールがプレーをコントロールする！ボールデッドのときの思考で勝負が決まる！直感はひらめきではない。予測するスキルである！

目次 第1章 全日本女子チームを変えたもの（メダリストからのメッセージ，信念とは ほか），第2章 考え方が変われば、プレーも変わる（メンタルは鍛えられるもの，目標設定 ほか），第3章 バレーボールに必要なメンタルスキル（競技特性から見えてくるもの，技術別に活かせるメンタルスキル ほか），第4章 チームづくりに必要なメンタルスキル（チームワークを引き出すために，チームの目標設定 ほか），第5章 試合で勝つためのメンタルスキル（試合前，試合中 ほか）

実業之日本社 2014.12 207p 19cm（パーフェクトレッスンブック）1400円 Ⓘ978-4-408-45530-3 Ⓝ783.2

『ぐんぐんうまくなる！ バレーボール』

蔦宗浩二著

内容 部活動でも、体育の授業でも、これは使える！ リベロ、ネットタッチなど、注意したいルールの解説から、正しい基本テクニックが身につく蔦宗流のオリジナル練習メニューまでビジュアル解説。

目次 1 バレーボールを始めよう，2 練習する前に，3 パスとトス，4 レシーブ，5 スパイク（レフト・ライト），6 スパイク（クイック），7 ブロック，8 サーブ，9 フォーメーション

ベースボール・マガジン社 2010.11 159p 21cm 1200円 Ⓘ978-4-583-10307-5 Ⓝ783.2

『一流選手が教える女子バレーボール』

菅野幸一郎監修

目次 1 パス&レシーブの基本，2 トスの基本，3 スパイクの基本，4 ブロックの基本，5 サーブの基本，6 戦術とフォーメーション，7 バレーボールに生かす体の動きを知ろう

西東社 2010.4 175p 24cm 1200円 Ⓘ978-4-7916-1691-6 Ⓝ783.2

『バレーボール練習メニュー200―考える力を身につける』

米山一朋監修

内容 レシーブ、トス、スパイクの基本から、ポジション別、戦術の発展練習まで。“勝つチーム”を目指す練習メニューが満載。個とチームを強くする「バレーの教科書」。

目次 第1章 バレーに必要な機能を高める「コーディネーション」編，第2章 すべてのプレーの基本となる「パスワーク」編，第3章 ゲームの流れをつくる「サーブ」編，第4章 相手の攻撃を受け止める「レシーブ」編，第5章 相手の守備を打ち崩す「スパイク」編，第6章 相手の攻撃を防ぐ壁「ブロック」編，第7章 特別な役割を担うポジション「セッター＆リベロ」編，第8章 チーム力を上げていく「実戦練習」編，第9章 練習前後に体をほぐす「ストレッチ」編

池田書店 2010.1 238p 21cm 1500円 Ⓘ978-4-262-16331-4 Ⓝ783.2

『2.43（にいてんよんさん）清陰高校男子バレー部 1』

壁井ユカコ著

内容 東京の強豪中学バレー部でトラブルを起こした灰島公誓は、母方の郷里・福井に転居し、幼なじみの黒羽祐仁と再会する。ほとんど活動も行われていないバレー部で、一人黙々と練習を始める灰島だが…。ずばぬけた身体能力を持つがヘタレな黒羽と、圧倒的な情熱と才能ゆえに周囲との軋轢を引き起こす問題児・灰島を中心に、田舎の弱小バレー部の闘いが始まる！純粋で真っ直ぐな青春小説、誕生。

集英社 2015.3 270p 15cm（集英社文庫）520円 Ⓘ978-4-08-745292-1 Ⓝ913.6

続刊

『2.43 清陰高校男子バレー部 2』2015.4

『明日もまた生きていこう―十八歳でがん宣告を受けた私』

横山友美佳著

内容 オリンピックでの活躍を期待されたバレーボールのエースが、病床で綴っていた、「最後の夢」。感動の全手記。

目次 1 バレーボールがすべてだった，2 異国で開いた夢，3 生きるって何？，4 再発という試練，5 運命が尽きるその日まで

マガジンハウス 2008.5 188p 19cm 1300円 Ⓘ978-4-8387-1871-9 Ⓝ916

ハンドボール

『勝つ！ハンドボール 上達のコツ50』

萩原正芳監修

内容 強豪校監督が伝授！実戦で活きる必勝スキル‼連続写真と豊富な解説でわかる！身につく！差がつく！

目次 1 ハンドボールで活躍する秘けつ，2 すばやいパスワークを身につける，3 1対1の駆け引きに勝つ，4 決定率の高いシュートを身につける，5 ディフェンス力をアップする，6 戦術を駆使して相手に勝つ

メイツ出版 2015.5 128p 21cm（コツがわかる本！）1300円 Ⓘ978-4-7804-1604-6 Ⓝ783.3

『ハンドボール目からウロコの個人技術』

スポーツイベント・ハンドボール編集部編著

目次 第1章 基本だからこそ大切にしたい『パス』（パスの意味と考え方，ボールの握り方 ほか），第2章 基礎から学ぶ『ステップワーク』（標準装備を高めよう，3歩をどう使うか ほか），第3章 得点を決め勝利を引き寄せる『フェイント』（フェイントとは，ゼロストップ ほか），第4章 ボールがない時の動きを理解しよう『オフ・ザ・ボール』（オフ・ザ・ボールの重要性，小さな蛇行 ほか）

グローバル教育出版 2015.2 144p 26cm 1800円 Ⓘ978-4-86512-056-1 Ⓝ783.3

サッカー

『サッカー』

松下義生監修

目次 第1章 基本技術と練習メニュー（ボールコントロール，キック，トラップ，シュート，ドリブル＆フェイント，ヘディング，ディフェンス，スローイン，ゴールキーパー），第2章 ゲームを想定した実戦・練習メニュー（コンビネーション，サッカーをやろう），第3章 試合に勝つための作戦（戦略・ポジションと交代・分析），第4章 トレーニング（体をつくる・体を整える・最新トレーニング），勝つためのチーム環境づくり（練習場所や時間に制限があるとき，人数や体格に課題があるとき，天候や季節に合わせた対策）

金の星社 2015.2 127p 26cm（勝てる！強くなる！強豪校の部活練習メニュー）2800円
Ⓘ978-4-323-06491-8 Ⓝ783.47

『心を整える。—勝利をたぐり寄せるための56の習慣』

長谷部誠著

内容 心は鍛えるものではなく、「整える」もの。安定した心を装備することで、常に安定した力と結果を出せる。チームで干されても腐らずにレギュラーを奪い返した。ワールドカップ予選では主将としてチームを束ね、本選への切符を掴んだ。結果を出し続ける長谷部だからこそ、多くの読者の胸を打つ。誰もが実践&応用できるメンタル術、待望の文庫化！

目次 第1章 心を整える。, 第2章 吸収する。, 第3章 絆を深める。, 第4章 信頼を得る。, 第5章 脳に刻む。, 第6章 時間を支配する。, 第7章 想像する。, 第8章 脱皮する。, 第9章 誠を意識する。, 最終章 激闘のアジアカップで学んだこと。

幻冬舎 2014.1 335p 15cm (幻冬舎文庫) 650円 Ⓘ978-4-344-42143-1 Ⓝ783.47

『高校サッカー 心を揺さぶる11の物語』

安藤隆人監修

内容 全国で本当にあった涙の青春ストーリー。

目次 01 いつも親父がいてくれた, 02 監督の娘は、女子マネージャー, 03 フリーキックに魅せられて, 04 僕らの声は届いたか, 05 離島にやってきた熱血コーチ, 06 ケガに泣いた日々, 07 155cmのゴールキーパー, 08 審判になった高校生, 09 勉強校のミラクル, 10 ユニフォームを着ることの喜び, 11 夢をあきらめた男

カンゼン 2013.12 203p 19cm 1500円 Ⓘ978-4-86255-214-3 Ⓝ783.47

『サッカー部活あるある100』

サダタローイラスト

目次 第1章 全国共通あるある, 第2章 強豪校あるある, 第3章 静岡あるある, 第4章 GKあるある, 第5章 20代あるある, 第6章 30代あるある

学研パブリッシング 2013.7 191p 18cm 〈発売：学研マーケティング, ストライカーDX特別編集〉 950円 Ⓘ978-4-05-800120-2 Ⓝ783.47

『サッカーで勝つ食事！』

白鳥早奈英著

内容 ジュニアから本格アスリートまでスポーツ競技に必要な栄養と勝負メニューをわかりやすくアドバイス。

目次 1 サッカー選手に必要なもの, 2 サッカー選手の日常の食事, 3 試合2週間前からの食事, 4 試合3日前からの食事, 5 試合前日の食事, 6 試合当日の食事, 7 試合後の食事と体調管理, 8 ファストフード・サプリメントの活用法

自由国民社 2013.2 157p 19cm (スポーツ勝負メシ) 〈「サッカー」(2011年刊) の改題、改装〉 1200円 Ⓘ978-4-426-11654-5 Ⓝ783.47

『僕は自分が見たことしか信じない』文庫改訂版

内田篤人著

内容 名門・鹿島アントラーズでJリーグ3連覇、19歳から日本代表に定着。移籍したドイツのシャルケ04でも屈強な男たちを相手に自らのポジションを築きあげ、欧州の大舞台で躍動し続けている。どうして、この男は結果を出せるのか。ポーカーフェイスに隠された、情熱と苦悩が今ここで明かされる。15万部突破のベストセラーに大幅加筆！

目次 1 函南、清水東、鹿島、そして日本代表, 2 サッカー選手に必要な資質, 3 男らしく生きたい―内田篤人の人生訓22, 4 “内田篤人”は誤解されている!?―内田記者しか知らない篤人の話, 5 僕はひとりではない, 6 内田先生から子どもたちへ, 7 ルール―僕のこだわりと決めていること, 8 シャルケ04での日々

幻冬舎 2013.6 439p 15cm（幻冬舎文庫）724円 Ⓘ978-4-344-42024-3 Ⓝ783.47

『僕らがサッカーボーイズだった頃―プロサッカー選手のジュニア時代』

元川悦子著

内容 香川真司、岡崎慎司、清武弘嗣…「プロ」になれた選手には、少年時代に共通点があった！本人とその家族・指導者・友人に聞いたサッカー人生の“原点”。

目次 香川真司（マンチェスター・ユナイテッド）, 吉田麻也（VVVフェンロ）, 清武弘嗣（ニュルンベルク）, 岡崎慎司（シュツットガルト）, 大津祐樹（ボルシア・メンヘングラッドバッハ）, 酒井宏樹（ハノーバー96）, 金崎夢生（名古屋グランパス）, 権田修一（FC東京）, 松井大輔（ディジョンFCO）, 石川直宏（FC東京）, 北島秀朗（ロアッソ熊本）, 川口能活（ジュビロ磐田）, 山田直輝（浦和レッズ）

カンゼン 2012.7 254p 19cm 1600円 Ⓘ978-4-86255-144-3 Ⓝ783.47

続刊

『僕らがサッカーボーイズだった頃 2』2014.6

『15歳の選択―僕らはこうしてJリーガーになった』

寺野典子著

内容 プロサッカー選手たちには、思春期に重なる「15歳」という共通のターニングポイントがある―。20年近くサッカーの取材を続けてきた著者が、19人の選手にその転機を徹底取材。「なりたい自分」になるために、自ら進む道を選択した彼らの物語とは。

目次 森島寛晃―「生存競争の中で得たもの」, 大岩剛―「チームメイトから学んだ術」, 宮本恒靖―「挑戦を繰り返す中で得た自信」, 内田潤―「名門で身につけた観察力」, 明神智和―「劣等感から生まれた自信」, 佐原秀樹―「高校サッカーに憧れて」, 中田浩二―「チャンスを逃さない理由」, 酒井友之―「今やれることを一生懸命に」, 坪井慶介―「高校時代に確立した姿勢」, 南雄太―「足元を見ることの大切さ」〔ほか〕

河出書房新社 2012.6 251p 15cm (河出文庫) 660円 Ⓘ978-4-309-41154-5 Ⓝ783.47

『サッカーで痛めた体を自分で治す本』

松田悦典著

内容 太もも・ひざ・ふくらはぎ・足首のセルフケアとトレーニング。

目次 第1章 サッカーで起こるケガとは（サッカー人気の現況，サッカーはケガの多いスポーツ ほか），第2章 サッカーで痛めた体を自分で治す方法（ケガをした直後のセルフケア，ストレッチをしよう），第3章 痛めた部位の筋力を取り戻すトレーニング（トレーニングを始める前に，なぜ筋力トレーニングを行うのか ほか），第4章 サッカーで痛めた体を自分で治した体験者のレポート（足首のねんざがアイシングとリハビリで2週間後に軽快し中学最後の大会に出場できた，オーバーユースによる股関節の痛みが3～4日のストレッチで消えドリブルのキレもよくなった ほか），終章 Jリーガーから柔道整復師へ（サッカーが楽しくてしようがなかった，ジュニアユースでサッカーの厳しさを知る ほか）

マキノ出版 2012.4 172p 21cm 1333円 Ⓘ978-4-8376-7176-3 Ⓝ783.47

『サッカー選手の栄養と食事―勝てるカラダをつくる！』

川端理香著

内容 小学生から中学・高校・大学まで長く使える。プロも実践、「練習期」「調整期」「試合期」レシピ200。

目次 1章 サッカー食の基本（強くなるためには食事が大切！，サッカー選手が知っておきたい栄養素 ほか），2章 通常練習期の食事（食事でケガに負けない体を作る，通常練習期・主食レシピ ほか），3章 調整期の食事（試合で動けるエネルギーをチャージ，調整期の主食 ほか），4章 試合期の食事（90分間動ける持久力をつける，試合時間にあわせた食事法 ほか），5章 目的別メニュー（骨をじょうぶに、身長を伸ばしたい，疲れが取れない、食欲がない ほか），6章 サッカー食Q&A（間食はいつしてもいいの？，とっておきの補食レシピ ほか）

大泉書店 2012.2 159p 24×19cm 1300円 Ⓘ978-4-278-04915-2 Ⓝ783.47

『俺たちがサッカーについて本当に伝えたいメッセージ』

安藤正純訳

内容 世界トッププロが話してくれた人生観。

目次 CRISTIANO RONALDO dos Santos Aveiro, Arsene WENGER, Lionel Andres MESSI, Johan GRUIJFF, Fabio CANNAVARO, Jurgen KLINSMANN, David BECKHAM, Michel PLATINI, Zinedine Yazid ZIDANE, PELE〔ほか〕

東邦出版 2008.7 301p 19cm 1300円 Ⓘ978-4-8094-0711-6 Ⓝ783.47

『サッカーの神様をさがして』

はらだみずき著

内容 高校ではサッカーをすると心に決めていた春彦。しかし入学した新設高校にはサッカー部自体がなかった。あきらめきれず部の創設に奔走するが、難題が立ちはだかる。そんなとき、右足にハンデを持つ不思議な生徒が現れ、コーチになりたいと春彦に告げる。果たしてサッカー部として認められるのか。やがて彼らは最後の夏を迎える―。かけがえのない出逢いと別れ。輝かしい日々と人生に立ち止まった現在を描く傑作青春小説！

KADOKAWA 2015.8 392p 15cm（角川文庫）640円
Ⓘ978-4-04-102592-5 Ⓝ913.6

ラグビー

『ラグビーヒガシ式決断力が身につくドリル』

藤田雄一郎著

内容 花園優勝5回を誇る強豪が本当に身になるドリルを紹介！姿勢、コンタクト、スキル、状況判断…卓越した強さで高校ラグビーを席巻する東福岡高校の練習ドリルを公開！

目次 序章 ラグビーの練習のとらえ方，第1章 ウォームアップ＆動作向上トレーニング，第2章 ベーシックドリル，第3章 実戦的ドリル編 1（～10人），第4章 実戦的ドリル編 2（10人～），第5章 ポジショナルスキル編，第6章 指導計画の組み方と参考アドバイス，終章 チームビルディング

ベースボール・マガジン社 2015.11 175p 21cm（差がつく練習法）1500円 Ⓘ978-4-583-10846-9 Ⓝ783.48

『ラグビーの情景』

藤島大著

目次 第1章 楕円の引力―ラグビー・ノンフィクション選（ちゃんこラ・サール，1987年のロッカールーム ほか），第2章 闘争の前後―ラグビー・ショートコラム集（サインプレー，小さな人間の強さ。 ほか），第3章 指導者の声―ラグビー・インタビュー選1（金信男（大阪朝鮮高級学校監督），岡仁詩（日本代表・同志社大元監督）ほか），第4章 勝負に学ぶ－ラグビー・インタビュー選2（TALKING with RUGBY STARS，フィリップ・セラ（元フランス代表／U20フランス代表マネージャー）ほか）

ベースボール・マガジン社 2012.8 271p 19cm 1500円 Ⓘ978-4-583-10432-4 Ⓝ783.48

『ぐんぐんうまくなる！ 7人制ラグビー』

岩渕健輔著

内容 15人制ラグビーとの違いや攻略に必要な技術とベーシック、アイデアなど、効果的な練習方法をビジュアル解説。

目次 1 7人制ラグビーとは？（番狂わせの魅力, 100年以上の歴史ある競技 ほか）, 2 セブンズベーシックアイデア＆スキル（必要なことは何か考える, スペースを見つける ほか）, 3 攻守のケーススタディ（どう戦うか, 小柄な選手が揃うチーム ほか）, 4 セブンズトレーニング（ロングパスの基本編, ロングパスの応用編 ほか）

ベースボール・マガジン社 2011.3 159p 21cm 1200円 Ⓘ978-4-583-10308-2 Ⓝ783.48

テニス

『頂点への道』

錦織圭, 秋山英宏著

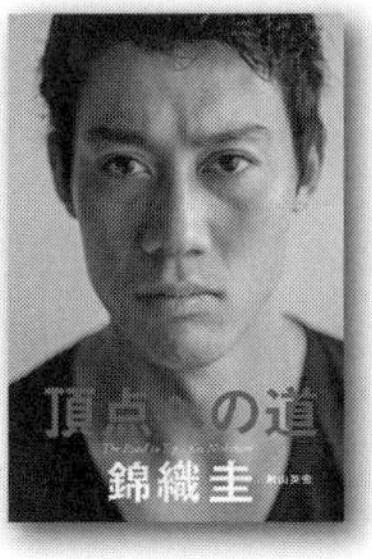

内容 わずか5年前、怪我に苦しみ、世界ランクも898位から再スタートした。世界各地を週ごとに転戦していき、大会によっては深夜2時まで試合を続けることもある。ジョコビッチ、フェデラー、ナダル、マリー、世界の4強と相まみえる精神的重圧と高揚。2014年、運命のコーチと出会い、「動かず攻める」テニスを習得、頂点を目指す。本人が初めて綴った長い道のり。

目次 プロローグ ～2009年, 1 復活―2010年（20歳）, 2 模索―2011年（21歳）, 3 成果―2012年（22歳）, 4 苦闘―2013年（23歳）, 5 変化―2014年（24歳）, 6 頂点―2015年（25歳）

文藝春秋 2015.4 370p 19cm 1550円 Ⓘ978-4-16-390251-7 Ⓝ783.5

『みるみる上達！スポーツ練習メニュー 6 テニス・ソフトテニス』

丸田耕平, 武川征一郎監修

目次 ウォーミングアップ, テニス（フィード練習（ストローク練習, ボレー練習, スマッシュ練習, サービス・リターン練習）, ラリー練習, 形式練習）, ソフトテニス（ストローク練習, サービス練習, レシーブ練習, ボレー練習, スマッシュ練習, ボレー・スマッシュ応用練習, シングルスの応用練習）, 練習メニューの組みたて方

ポプラ社 2015.4 159p 21cm 2400円 Ⓘ978-4-591-14363-6 Ⓝ783.5

『考えるテニス―読めばテニスが楽しくなる、強くなる。「考えるヒント」135話』

橋爪宏幸著

内容 仕事をしながらトーナメント200勝以上！元祖「草トー王」が“勝利の考程式”を直伝。あなたが勝てないのは、「技術のせい」ではなく、「考え方」です。

目次 第1章 独自の知識と豊富な経験から導いた草トー勝利の哲学, 第2章 今ある技術を簡単に伸ばす新発想で見方を変える, 第3章 必ず上位に勝ち残れるすぐに使える超実戦テクニック, 第4章 自分を知り相手を知る最強メンタルタフネス, 第5章 トーナメントの最後まで戦えるフィジカルをつくり上げる, 第6章 数千単位のペアと戦った経験と研究でわかった！究極のタイプ別攻略法―実戦ですぐに効くドリル付き, 第7章 試合中の負けムードを払拭する即効トラブル脱出法

学研パブリッシング, 学研マーケティング〔発売〕2013.3 223p 19cm 1300円
Ⓘ978-4-05-800054-0 Ⓝ783.5

『必勝のサービスポイント50―差がつくテニス！ 最強レッスン』

神谷勝則監修

内容 安定したトスアップの感覚を養う。スライスやスピンの回転の質を高める。正しい体の使い方から超実践テクニックまで！ 確実に決めてゲームを有利に展開する！ 世界トップレベルで活躍したプロ選手たちを育成したコーチが「勝つためのサーブ」を身につける方法を伝授します。

目次 サーブとは何か？（ポイントのスタートのショットである, ファーストの意味、セカンドの意味 ほか), 第1章 正しい身体の使い方をチェック＆習得する（肩周りをほぐして肩甲骨周辺の運動性をしっかりと高めよう, 肩周りのストレッチを行なって肩甲骨周辺の可動域を広げよう ほか), 第2章 サーブ動作の全体イメージを高め、連携させる（うちわをあおぐ感覚、ガラスを拭く感覚で腕をやわらかく使おう, 全身を正しく使ってサーブ動作をする感覚を身につけよう ほか), 第3章 クオリティを高め、勝つためのサーブを手に入れる（空間の目標に向かって打つイメージを持とう, “ラケット遠投”でコートの距離感を再認識しよう ほか), サーブQ&A

メイツ出版 2012.12 127p 21cm（コツがわかる本！）1400円 Ⓘ978-4-7804-1232-1 Ⓝ783.5

『試合に勝つ！ ソフトテニス 実戦トレーニング50』

中堀成生監修

目次 1 ウォーミングアップ（ランニング＆ストレッチ1―練習前には準備運動とストレッチを必ずやろう, ランニング＆ストレッチ 2―2人ペアのストレッチで肩甲骨まわりを柔らかくする ほか), 2 ストローク（グリップ―ストロークはウエスタンで覚えサービス＆スマッシュで握り替え, 乱打ショートストローク―サービスコート内のショート乱打でコントロールを向上させる ほか), 3 ボレー＆スマッシュ（ボレーボレー―ボールの感覚を養えるアップにもなるボレーの練

習，V字ボレー—1対2のV字ボレーでコースへの打ち分けを練習 ほか)，4 サーブ&レシーブ（トスをカゴに落とす—足元のカゴを使い正確なトスを上げる練習，サービスの足の運び練習—体重移動からの「タメ」を作る後ろ足を寄せていく練習 ほか)，5 実戦練習と戦術練習（ストローク&ボレー—後衛のストロークを前衛がボレーで返す練習，サービスレシーブからローボレー—サービス&レシーブ後の返球をローボレーで対応する ほか)

メイツ出版 2012.10 128p 21cm（コツがわかる本）1300円 Ⓘ978-4-7804-1206-2 Ⓝ783.5

『テニス丸ごと一冊 戦略と戦術 1 戦術を考えるために必要な基礎知識』

堀内昌一著，テニスマガジン監修

目次 テニス基礎知識，テニスは「間」と「場」のスポーツ，逆算理論，センターセオリーの重要性，テニスは直線ではなく曲線のスポーツ，ペース配分，緩急をつける，バランスが生み出す「時間」と「場所」，ショット＋リカバリー練習，リカバリーとポジショニング，リカバリーとポジショニング，ポジショニングの技術，戦術の選択，ポジショニングとショットの関係，ストロークの2大戦術，防御は最善の攻撃なり，意思決定（ディシジョン・メーキング）

ベースボール・マガジン社 2012.10 287p 21cm（Tennis Magazine extra）1700円
Ⓘ978-4-583-10507-9 Ⓝ783.5

続刊

『2 サービスキープは勝つための絶対条件』2013.5

『負けない！—挑戦することは楽しいこと』

クルム伊達公子著

内容 6歳からはじめたテニス。試合に出はじめてもなかなか勝てなかった…37歳で現役に再挑戦し、今も世界で活躍するクルム伊達公子選手。つねに挑戦をつづけるトップアスリートが伝える、がんばることの楽しさ、おもしろさ。小学高学年～中学生向け。

目次 第1章 挑戦する楽しさの先に（大好きなテニスをはじめたのは，小浦先生との出会い，先生から学んだプロの心，プロとしてスタートしたけれど ほか)，第2章 負けないための25のメッセージ（興味のあることからまずはやってみる，やるからにはいつも真剣勝負で，無我夢中でやれば後悔はない，できないことを努力するのが楽しい ほか)，第3章 なんでも質問！ Q&A

ポプラ社 2012.3 151p 20cm（ポプラ社ノンフィクション 9）1200円 Ⓘ978-4-591-12866-4 Ⓝ783.5

『ぐんぐんうまくなる！ ソフトテニス練習メニュー』

北本英幸著

内容 初心者～中級者対象。グラウンドストローク、ネットプレーからサービス、レシーブ、シングルス、ダブルスまで。多彩なメニューをビジュアル解説。

目次 1 練習を始める前に，2 グラウンドストローク，3 ネットプレー（ボレー・スマッシュ）の練習メニュー，4 サービスの練習メニュー，5 レシーブの練習メニュー，6 シングルスの練習メニュー，7 ゲーム形式の練習メニュー

ベースボール・マガジン社 2012.2 159p 21cm 1200円 Ⓘ978-4-583-10408-9 Ⓝ783.5

『基本が身につくソフトテニス練習メニュー200』

神崎公宏監修

内容 「運動の基本」を覚えて、「正しいフォーム」を身につける！ 強豪校の監督が教える“上達のヒント”。

目次 神崎監督に学ぶ指導者の心得，第1章 アップ，第2章 基本動作，第3章 ストローク，第4章 サービス，第5章 レシーブ，第6章 ボレー，第7章 スマッシュ，第8章 フォーメーション，第9章 シングルス

池田書店 2011.7 238p 21cm 1500円 Ⓘ978-4-262-16125-9 Ⓝ783.5

『テニスワンポイントレッスン500』

T.Tennis編集部編

内容 日本代表チームの監督・コーチから、元トッププロ、超人気スクールのカリスマコーチまで…超一流テニス指導者37人が贈る上達のヒント、合計500発！ テニスの「お悩み」から、解決法を逆引きできる。

目次 第1章 フォアハンドストローク100，第2章 バックハンドストローク100，第3章 ネットプレー100，第4章 サーブ100，第5章 リターン50，第6章 戦術＆メンタル50

学習研究社 2009.4 209p 21×19cm（GAKKEN SPORTS BOOKS）1300円
Ⓘ978-4-05-404086-1 Ⓝ783.5

バドミントン

『試合で勝てる！バドミントンダブルス最強の戦略』

大東忠司監修

内容 種類とタイミングでサービスを使い分ける！相手の返球を読む・コントロールする！型別のシステムと戦い方を理解する！試合までの準備から当日の分析・観察で勝つ！勝負を決める「戦略・戦術」を徹底解説！

目次 1 バドミントンダブルスの戦略，2 サービスの戦略，3 レシーブからの戦略，4 ディフェンスの戦略，5 三球目からの戦略，6 ダブルス特有の戦略，7 試合に向けての準備の戦術

メイツ出版 2015.5 128p 21cm（コツがわかる本！）1500円 Ⓘ978-4-7804-1586-5 Ⓝ783.59

『バドミントンのためのストレッチ＆体幹トレーニング』

青木達，渡辺哲義共著

内容 バドミントン選手にとって「体が資本」。効果的な体づくりの方法を、「ダイナミックストレッチ」「体幹トレーニング」「スタティックストレッチ」の3章に分けて紹介する。ウォーミングアップ、クールダウンなどに正しく取り入れ、競技力アップ、ケガ予防に活用しよう！

目次 第1章 ダイナミックストレッチ―ウォーミングアップ（間違っていませんか、あなたのウォーミングアップ，ダイナミックストレッチとは，肩関節を中心に動かす ほか），第2章 カラダ強化プログラム―体幹トレーニング（カラダの基礎が、プレーを変える！，下半身の基本エクササイズ，上半身エクササイズ ほか），第3章 スタティックストレッチ―クールダウン（バドミントン選手に必要なストレッチを知る，上半身の要所「首」を伸ばす，スイングを支える「肩」を伸ばす ほか）

ベースボール・マガジン社 2015.4 143p 21cm 1500円 Ⓘ978-4-583-10786-8 Ⓝ783.59

『バドミントン舛田圭太のパーフェクト・レッスン』

舛田圭太著，バドミントン・マガジン編

内容 スマッシュ、カット、ヘアピン、ドライブ…。バドミントンでとくに重要な技術を、効果的に学べる一冊。「見る」→「習得する」→「磨く」の3部構成で、ビギナーから上級者まで無理なくレベルアップ！専門誌『バドミントン・マガジン』で多くの読者に支持された連載を、ここに集約‼

目次 スマッシュ，クリアー，カット・ドロップ，バック奥からのショット，フォア奥からのショット，フォアロブ，バックロブ，ヘアピン＆プッシュ，フォアレシーブ，バックレシーブ ほか

ベースボール・マガジン社 2015.3 175p 21cm 1600円 Ⓘ978-4-583-10785-1 Ⓝ783.59

『試合に勝つ！バドミントン実戦トレーニング50』

兒嶋昇監修

内容 狙ったところへ的確な打ち分けができる！激しい動きの中でショットが安定する！相手の揺さぶりに負けないフットワークが身につく！ネット際の攻防に競り勝つ！各ポイントに「効く」、とっておきの練習メニュー‼

目次 1 基本ストローク練習法，2 フットワーク練習法，3 応用ストローク練習法，4 応用ネットプレー練習法，5 サービス＆レシーブ強化，6 実戦トレーニング

メイツ出版 2014.4 128p 21cm（コツがわかる本！）1300円 Ⓘ978-4-7804-1394-6 Ⓝ783.59

『ぐんぐんうまくなる！ バドミントン練習メニュー』

小林重徳著

内容 基礎技術の習得から実践的なパターン練習・ノックまで多様なメニューをビジュアル解説。

目次 1 ウォーミングアップ、シャトルに慣れる練習メニュー，2 基本技術の練習メニュー，3 シングルスのための練習メニュー，4 ダブルスのための練習メニュー，5 運動能力を向上させるための練習メニュー，6 練習メニューの立て方、チームの運営の仕方

ベースボール・マガジン社 2011.9 159p 21cm 1200円 Ⓘ978-4-583-10406-5 Ⓝ783.59

『基本が身につくバドミントン練習メニュー200』

舛田圭太監修

内容 小学生からトッププレーヤーまで、基本技術と戦術を身につける、日本代表コーチが教える“上達のヒント”。

目次 バドミントンの練習の組み立て方，第1章 基本技術，第2章 スマッシュ，第3章 クリア・カット，第4章 ネット前，第5章 レシーブ，第6章 ドライブ，第7章 サービス，第8章 シングルスの戦術練習，第9章 ダブルスの戦術練習，第10章 ノック，第11章 トレーニング

池田書店 2011.7 239p 21cm 1500円 Ⓘ978-4-262-16126-6 Ⓝ783.59

卓 球

『勝利をつかむ！卓球 最強のメンタルトレーニング』

岡澤祥訓監修

内容 卓球競技者が知っておきたい「精神力」強化メソッド。水谷隼＆福岡春菜の両選手とナショナルチーム指導者が教える！勝負所で実力を発揮するための心のマネジメント術を大公開。

目次 1 卓球とメンタルマネジメント，2 メンタルが乱れる要因と対処法，3 日常から行うメンタルトレーニング，4 メンタルを強くするための準備，5 試合でのメンタルマネジメント，6 トップ選手になるためのメンタルの壁，7 メンタルのまとめ

メイツ出版 2015.8 128p 21cm （コツがわかる本！）1500円 Ⓘ978-4-7804-1588-9 Ⓝ783.6

『みるみる上達！スポーツ練習メニュー 5 卓球』

前原正浩監修

目次 ボールになれる，各種打法，サービス＆レシーブ，基礎練習，応用練習，実戦練習，レベルアップ，ウォームアップ・クールダウン，練習メニューの組みたて方

ポプラ社 2015.4 159p 21cm 2400円 Ⓘ978-4-591-14362-9 Ⓝ783.6

『試合で勝つ！ 卓球 最強のコツ50』

岸卓臣監修

内容 得点力を高めるサービス、確実に追いつくフットワークの種類、ダブルスの勝ち方と練習法、知っているだけでこんなに違う戦術の数々など。女子日本代

表のヘッドコーチが教える、「ゲームに勝つポイント」が満載！

目次 1 勝つための打法，2 得点力を高めるサービス，3 試合を有利に進めるレシーブ，4 相手を翻弄するフットワーク，5 ダブルスの実戦テクニック，6 技術力を高める多球練習，7 勝率を上げる戦術思考

メイツ出版 2013.7 128p 21cm（コツがわかる本！）1300円 Ⓘ978-4-7804-1346-5 Ⓝ783.6

『卓球3ステップレッスン』

大橋宏朗著

内容 この春、卓球部に入った中学生から新米・指導者まで役に立つ技術・情報が満載！ 卓球の基礎を作るホップ・ステップ・ジャンプの上達法。

目次 1 卓球の基本，2 感覚練習，3 フォアハンドテクニック，4 バックハンドテクニック，5 切り替え＆ラリー，6 サービス，7 台上技術＆レシーブ，8 フットワーク

卓球王国 2013.6 221p 21cm 1500円 Ⓘ978-4-901638-39-5 Ⓝ783.6

『卓球練習メニュー200―打ち方と戦術の基本』

宮﨑義仁監修

内容 小学生からトッププレーヤーまで！ 多彩な打法と戦術を習得。日本代表チームの練習メニューを多数収録。

目次 宮﨑監督に学ぶ練習の考え方，第1章 基礎を覚える，第2章 ゲームに慣れる，第3章 ラリー力を養う，第4章 攻撃力をつける，第5章 ナショナルチームの練習法，第6章 試合に強くなる，第7章 弱点を克服する，第8章 体作り

池田書店 2013.2 238p 21cm 1500円 Ⓘ978-4-262-16379-6 Ⓝ783.6

野　球

『野球部あるある』新装版

菊地選手著，クロマツテツロウ漫画

内容 部員にも一般人にも共感の嵐！シリーズ累計10万部超のベストセラー第1弾に「野球留学あるある」を新たに収録。

目次 1章 野球部あるある，2章 “現代野球部あるある”を探しに行く―変わりゆく母校で見つけた「野球部」，3章 野球部あるある歳時記，4章 野球部あるある都市伝説―「ケガ人が赤帽をかぶる」は野球部あるあるか？，5章 野球留学あるある

集英社 2015.8 207p 18cm 920円 Ⓘ978-4-08-780764-6 Ⓝ783.7

『野球ノートに書いた甲子園』

高校野球ドットコム編集部著

内容 驚きの活用法！書き上げられたドラマ！その工夫、その言葉が僕らを強く

した。13人の球児たちの野球ノートと成長の足跡。

目次 1 野球ノートに書いた甲子園―高川学園高校, 2 日本一、心をもった日誌―小山台高校, 3 成功するノート―弥栄高校, 4 自分だけの「野球の教科書」―日本文理高校, 5 失敗ノート―春江工業高校

ベストセラーズ 2013.8 191p 19cm 1000円 Ⓘ978-4-584-13520-4 Ⓝ783.7

続刊

『野球ノートに書いた甲子園 2』2014.8

『野球ノートに書いた甲子園 3 流した汗は、グラウンドだけではない』2015.8

『野球守備事典―鉄壁のフォーメーションがよくわかる』

全国野球技術研究会編

内容 中継プレー、ランダウンプレー、バックアップ…動きの基本を覚えよう。草野球、少年野球でも使える。野球観戦も10倍楽しくなる。

目次 1 内野手の守備, 2 バントシフト, 3 ダブルプレー, 4 ピッチャーの牽制球, 5 ランダウンプレー, 6 ランナー一塁・三塁のときのダブルスチール防御策, 7 外野手の守備, 8 各ポジションの守備

実業之日本社 2013.2 199p 21cm (LEVEL UP BOOK) 1200円 Ⓘ978-4-408-45428-3 Ⓝ783.7

『野球で勝つ食事!』

白鳥早奈英著

内容 ジュニアから本格アスリートまでスポーツ競技に必要な栄養と勝負メニューをわかりやすくアドバイス。

自由国民社 2013.2 157p 19cm (スポーツ勝負メシ)
〈「野球」(2011年刊) の改題、改装〉1200円
Ⓘ978-4-426-11655-2 Ⓝ783.7

『「野球医学」の教科書―致命傷になる前に対処! 肩肘腰の野球障害から子どもを守る!』

馬見塚尚孝著

内容 今の指導法で本当にいいですか? おとなの責任重大! 少年期の野球肘・野球肩・野球腰が将来のプレーにも影響。“野球専門ドクター”が提唱する野球障害予防&パフォーマンス向上マニュアル。

目次 第1章「野球医学」基礎講座(おとなとジュニアのから

だは違う，おとなとジュニアのからだは強度が違う，骨と神経と筋肉の成長度合いがアンバランス ほか)，第2章 野球障害克服ガイド（野球肘編，野球肩編，野球腰編)，第3章 知っておきたい技術と知識（ケガをしないで、速い球を、コントロールよく投げる方法，「逆フェーズ法」の提案／フェーズを3段階にわける，エイミング→リリース ほか)

ベースボール・マガジン社 2012.11 159p〈他言語標題：The baseball medicine〉21cm 1500円 ①978-4-583-10501-7 Ⓝ783.7

『勝てるカラダをつくる！ 野球選手の栄養と食事』

川端理香著

内容 小学生から中学・高校・大学まで長く使える。プロも実践、練習期・調整期・試合期別メニュー200。

目次 1章 野球選手に必要な栄養，2章 通常練習期の食事，3章 上手な間食・水分補給，4章 調整期の食事，5章 試合当日の食事，6章 目的別メニュー，7章 野球選手の食事Q&A

大泉書店 2012.7 159p 24×19cm 1300円 ①978-4-278-04916-9 Ⓝ783.7

『永遠の一球―甲子園優勝投手のその後』

松永多佳倫，田沢健一郎著

内容 プロ野球選手となった甲子園優勝投手たちの栄光と挫折―。プロ入団時の華やかさとは対照的に、ひっそりと球界を去った彼らの第二の人生とは？ 愛甲猛、土屋正勝、吉岡雄二、正田樹ら7人の軌跡。感動の書き下ろしノンフィクション。

目次 第1章 流転 生涯不良でいたい―横浜高校・愛甲猛・1980年優勝，第2章 酷使 曲がったままの肘―銚子商業高校・土屋正勝・1974年優勝，第3章 飢餓 静かなる執着―帝京高校・吉岡雄二・1989年優勝，第4章 逆転「リストラの星」と呼ばれて―池田高校・畠山準・1982年優勝，第5章 解放 夢、かつてより大きく―桐生第一高校・正田樹・1999年優勝，第6章 鎮魂 桑田・清原を破った唯一の男―取手第二高校・石田文樹・1984年優勝，特別章 破壊 773球に託された思い―沖縄水産高校・大野倫・1991年準優勝

河出書房新社 2011.6 263p 19cm 1600円 ①978-4-309-27254-2 Ⓝ783.7

『高校野球 弱者の心得―強豪校に勝つために』

田尻賢誉著

内容 “弱者”が“強者”に勝つための111のヒントを伝授。

目次 第1章 八戸工大一高が実践した「ここまでやるか」のカバーリング，第2章 駒苫・香田誉士史元監督が解説 これが“本気のカバーリング”だ！，第3章 春夏

連覇の原動力！ 高校球界注目の「興南アップ」, 第4章 宜野座をセンバツ4強に導いた奥浜正監督の“攻めるバント”とは？, 第5章 北大津・宮崎裕也監督に学ぶセオリーにとらわれない“非常識野球”, 第6章 県岐阜商・藤田明宏監督が語る当たり前を徹底し、心があるチームを作る, 第7章 清峰を全国区の強豪校に飛躍させた清水央彦コーチ（佐世保実）の投手育成法, 第8章 聖光学院・斎藤智也監督に学ぶチーム全員で戦う人間力野球

日刊スポーツ出版社 2011.6 318p 19cm 1500円 Ⓘ978-4-8172-0285-7 Ⓝ783.7

『甲子園が割れた日―松井秀喜5連続敬遠の真実』

中村計著

内容 「甲子園なんてこなければよかった」―。球史に刻まれた一戦、1992年夏、星稜vs明徳義塾。松井との勝負を避けた明徳は非難を受け、試合をきっかけに両校ナインには大きな葛藤が生まれた。あれから15年、自らの人生を歩みだした監督・元球児たちが語る、封印された記憶。高校野球の聖地で、彼らは何を思い、何が行われたのか。球児たちの軌跡を丹念に追ったノンフィクション。

目次 第1章 失望, 第2章 誤解, 第3章 前夜, 第4章 伝説, 第5章 挫折, 第6章 沈黙, 第7章 真相

新潮社 2010.8 305p 15cm （新潮文庫） 476円 Ⓘ978-4-10-133241-3 Ⓝ783.7

『神様が創った試合―山下・星稜vs尾藤・箕島延長18回の真実』

松下茂典著

目次 プロローグ 引退会見, 1章 風雲急を告げる, 2章 鷲と鷹, 3章 弾丸ライナー, 4章 明暗, 5章 背番号「11」の肖像, 6章 それから, 7章 松井秀喜に託したこと, 8章 再々試合, エピローグ 友情物語

ベースボール・マガジン社 2006.1 261p 20cm 1500円 Ⓘ4-583-03878-X Ⓝ783.7

『走れ！タカハシ』

村上龍著

内容 ヨシヒコが走るとき、何かが始まり何かが終わる。「ファーストベースにヘッドスライディングしてもそれが様になる日本でも珍しいプロ野球選手」と著者が激賛する広島カープ高橋慶彦遊撃手の輝ける肉体を軸に、野球を楽しむ普通の人びとを配した軽快な短編集。爽やかに軽やかに翔んで、村上龍の熱く輝くスポーツ小説。

講談社 1989.5 257p 15cm （講談社文庫） 〈年譜:p252～257〉 380円 Ⓘ4-06-184444-X Ⓝ913.6

ソフトボール

『ぐんぐんうまくなる！ ソフトボール練習メニュー』

利根川勇著

内容 中級者～上級者対象。正しい技術を効率的に身につける練習方法の工夫をビジュアル解説。

目次 1 ピッチングの練習メニュー（ブラッシングの段階的練習法，安定したブラッシング＆リリースを身につける ほか），2 バッティングの練習メニュー（ヒッティングポイントからフォーム全体を作り上げていく，自然に構えてゆとりを持ってテイクバックへ ほか），3 ディフェンスの練習メニュー（ファイティングポーズのように構える，「肘グルグル回し」で理想的な投げ方をマスター ほか），4 ベースランニングの練習メニュー（手前の塁は曲線的に、次塁へは直線的に入る，全速力で直線的に走り抜ける ほか），5 アップ・トレーニングと体作り（準備運動と技術練習を兼ねたトレーニング，フライやゴロもひと工夫することで効果的な練習になる ほか）

ベースボール・マガジン社 2012.4 159p 21cm 1200円 Ⓘ978-4-583-10407-2 Ⓝ783.78

『考える力を身につけるソフトボール練習メニュー200』

宇津木妙子，三科真澄監修

内容 キャッチボールから実戦戦術まで、ソフトボールの全てが詰まった決定版！ “勝つチーム”を目指す練習メニューが満載！ 個とチームを強くする！「ソフトの教科書」。

目次 はじめに ソフトボールは人を育てるスポーツです。，第1章 キャッチボールの基本練習（投げる・捕る），第2章 バッテリーの基本練習（ピッチャー・キャッチャー），第3章 攻撃の基本練習（打つ・走る），第4章 守備の基本練習（ポジション別），第5章 攻撃戦術の基本練習（攻撃パターン），第6章 守備戦術の基本練習（守備シフト），第7章 トレーニング（ウォーミングアップ・筋力アップ）

池田書店 2011.3 238p 21cm 1500円 Ⓘ978-4-262-16347-5 Ⓝ783.78

スケート

『乗り越える力』

荒川静香著

目次 はじめに「ひらひら」の衝撃からはじまった，第1章 目の前の「憧れ」を追いかけて，第2章 素直になれない心，第3章 スケート以外の人生も大切，第4章 あきらめたらもったいない，第5章 金メダルは自分に負けなかった証，おわりに また次の目標にむかって

講談社 2011.5 93p 20cm（15歳の寺子屋）1000円 Ⓘ978-4-06-216910-3 Ⓝ784.65

『フィギュアスケート美のテクニック』

野口美恵企画・執筆，樋口豊監修

内容 フィギュアスケートには独特の美学がある。感動を呼ぶパフォーマンスを生み出す「美のテクニック」とは？ 2度のオリンピック出場経験があり、TV解説でもおなじみの名コーチ・樋口豊が全面監修。プロスケーター・太田由希奈がモデルとなり、基礎からトップレベルの美技まで、撮り下ろし写真で詳しく解説します。

目次 第1章 メインエレメンツ（ジャンプ ジャンプの美学は「飛距離と成功率」にあり，スピン スピンの美学は「体軸」にあり，ステップ ステップの美学は8つのエッジの乗り分けにあり ほか），第2章 ベーシックスキル（スケーティング，エッジワーク，樋口豊おすすめ練習ステップ），第3章 プログラム・パフォーマンス（インタビュー 表現のプロに聞く，プログラムコンポーネンツスコア ジャッジの採点基準一覧，スケーティングスキル 表現につながる基礎技術 ほか）

新書館 2011.5 126p 21cm 1800円 Ⓘ978-4-403-32034-7 Ⓝ784.65

水泳・サーフィン

『呼吸泳本―呼吸を変えるだけで速くなる』

原英晃監修

内容 呼吸の3原則「吸って」「止めて」「吐く」が正しくできていますか？この3つをきちんとできるようになれば、泳ぎは劇的に速くなります！呼吸の大切さを、現役鉄人スイマー・原英晃コーチが徹底解説！

目次 第1章 呼吸のメカニズムを知ろう（普段は意識しない呼吸を意識的に行ってみよう，泳ぐときの呼吸の役割を知ろう ほか），第2章 楽に泳ぐための呼吸法（呼吸をしているのになぜ楽に長く泳げない？，泳ぎのリズムは呼吸で作る ほか），第3章 速く泳ぐための呼吸法（呼吸動作ひとつでタイムが速くなる理由，息を止める時間を長くすると泳ぎにメリットが生まれる ほか），第4章 陸上トレーニングに生かす呼吸（陸上トレーニングも呼吸の仕方で効果が変わる，ストレッチのときにも呼吸を意識しよう ほか）

ベースボール・マガジン社 2015.7 127p 21cm 1500円 Ⓘ978-4-583-10895-7 Ⓝ785.22

『みるみる上達！スポーツ練習メニュー 7 水泳』

上野広治監修

目次 ウォーミングアップ，クロール，背泳ぎ，バタフライ，平泳ぎ，個人メドレー・リレー・強化，練習メニューの組みたて方

ポプラ社 2015.4 159p 21cm 2400円 Ⓘ978-4-591-14364-3 Ⓝ785.22

『4泳法がもっと楽に！速く！泳げるようになる水泳体幹トレーニング』

小泉圭介著

内容 痛みの出ない美しい泳ぎが身につくコアトレーニング。クロール、背泳ぎ、バタフライ、平泳ぎ。ゆったり泳いでぐんぐん進む‼

目次 1 スイマーのための体づくりとは，2 キャッチで効率よく水をとらえるためのトレーニング，3 大きな推進力を生み出すプルのためのトレーニング，4 リカバリーで受ける抵抗を小さくするトレーニング，5 キックで大きな推進力を生むためのトレーニング，6 スタートとターンの能力を高めるトレーニング，7 動作の協調性を高めるトレーニング，付録 目的に応じて、無理のないトレーニングメニューを考える

マイナビ 2014.6 159p 21cm 1530円 Ⓘ978-4-8399-5185-6 Ⓝ785.22

『夢に向かって泳ぎきれ―水泳・入江陵介』

入江陵介監修

内容 「ぼくをささえてくれた人たちを、ぼくの泳ぎで笑顔にしたい」入江陵介は何度もくやしなみだを流して、オリンピックのメダルを手にした。家族、コーチ、仲間、スタッフ…。トップスイマー入江陵介と、彼をささえる人たちの、今までと、これから。一流のスポーツ選手がみんなの質問にこたえる。「スポーツが教えてくれたこと」シリーズ、よーいスタート。

目次 序章 くやしさをはらして強くなる，第1章 どうして水泳を始めたの？，第2章 つらいときはどうやってがんばるの？，第3章 ロンドンオリンピックはどうでしたか？，第4章 思い出にのこる試合は？，第5章 これからはどんなことをしたいですか？，終章 どうしたら入江選手みたくなれますか？

あかね書房 2013.3 160p 21cm （スポーツが教えてくれたこと 3） 1400円 Ⓘ978-4-251-08283-1 Ⓝ785.22

『4泳法をマスターする！ 水泳練習メニュー200』

内容 基本からクロール・平泳ぎ・背泳ぎ・バタフライまで、泳ぎの全てを完全網羅した水泳練習メニュー決定版。連続写真でわかりやすく学ぶ、水泳コーチングメソッド。

目次 序章 水に入る準備，第1章 基本動作，第2章 クロール，第3章 平泳ぎ，第4章 背泳ぎ，第5章 バタフライ，第6章 飛び込み・スタートとターン，第7章 家でできるトレーニング

池田書店 2011.6 239p 21cm 1500円 Ⓘ978-4-262-16336-9 Ⓝ785.22

『ぐんぐんうまくなる！ 水泳』

竹村吉昭著

内容 4泳法の技術と体作りのためのドリルを満載！ スタートとターン、リレーも紹介。練習で役立つ弱点克服メニューつき。自己ベストを出すためのノウハウ

をビジュアル解説。

目次 1 水泳をはじめよう，2 クロール，3 背泳ぎ，4 平泳ぎ，5 バタフライ，6 スタートとターン，7 泳力アップの体づくり，付録

ベースボール・マガジン社 2011.2 159p 21cm 1200円 Ⓘ978-4-583-10309-9 Ⓝ785.22

『最強のテクニックが身につく！ サーフィン上達のポイント55』

小室正則監修

内容 もっと長く、確実に波に乗るためのヒントから、どんな波もダイナミックに攻めるプロのワザまで。湘南のレジェンドサーファー現役最年長のプロ“MABO”がその技を伝授。

目次 パドリング＆テイクオフ編，ターン編，ウォーキング編，カットバック＆スナップバック編，アップスーンダウン編，ローラーコースター＆フローター編，オフザリップ＆トップ編，チューブライド編，プルアウト編，トレーニング＆マナー編

メイツ出版 2012.5 128p 21cm（コツがわかる本）1500円 Ⓘ978-4-7804-0995-6 Ⓝ785.3

ワンダーフォーゲル

『地形図の楽しい読み方―不思議でおもしろい地図の世界へ』

今尾恵介文・画

目次 1 地図記号がつくり出す小宇宙（地図記号の不思議，地図記号の小宇宙（道路編，境界編，植生編，建物記号等編）），2 地形図の表現はどうなっている？（地形図名の素朴な疑問，地形図にある山名の複雑な事情 ほか），3 地形図上に広がる不思議な世界（穂高岳で大地殻変動？，地図に隠された山間部の地名の謎 ほか），4 地形図にまつわるよもやま話（地図の「賞味期限」，三角点の不思議な話 ほか）

山と溪谷社 2011.1 206p 17cm（ヤマケイ山学選書）952円 Ⓘ978-4-635-04813-2 Ⓝ454.9

『山が楽しくなる地形と地学―山、それ自体がおもしろい！』

広島三朗著

目次 第1部 山の地形と地質を知ろう（日本列島のおいたち，火山―マグマがつくる山々，岩石―山をつくる岩石を吟味しよう，氷河・周氷河作用がつくる地形，河川の争奪と湖沼、湿原，山で見られる断層地形，温泉のメカニズム），第2部 地形と地質を訪ねる観察登山案内（仙丈岳・甲斐駒ガ岳，白馬岳，燕岳，立山）

山と溪谷社 2008.4 245p 17×11cm（ヤマケイ山学選書）〈1991年刊の改訂〉838円 Ⓘ978-4-635-04082-2 Ⓝ454.5

『登山者のためのファーストエイド・ブック』

悳秀彦著

内容 山岳遭難で仲間を救出するためのバイブル。事故発生後、救急救助専門機

関に引き継ぐまでのファーストエイドをまとめたビジュアルブック。

目次 1 山岳事故と予防（山岳遭難の現状, 事故に遭わないための準備と予防, 山行計画書）, 2 山岳事故が発生したら（事故現場で最初に行なうこと, 救急隊による搬送と病院収容）, 3 春山・夏山の山岳事故（春山のアクシデント, 筋組織、関節、骨の損傷, 春山に起こりやすい事故と対策, 夏山のアクシデント, 救急パック）, 4 秋山・冬山の山岳事故（秋山のアクシデント, 冬山のアクシデント, 緊急連絡カード）, 5 寸刻を争うケースの救命手当（転落・滑落による高エネルギー外傷, 一次救命措置）

東京新聞 2010.4 162p 19cm 1333円 Ⓘ978-4-8083-0931-2 Ⓝ786.1

武術

『こども武士道―大切な教えの巻』

高橋和の助文, 大垣友紀恵絵

内容 今からおよそ百年前に武士の生き方は『武士道』という本にまとめられました。この本は、『武士道』を現代のこども向けに再構成したものです。菊千代といっしょに、こども武士になりませんか？知っておきたい九つの教え。

目次 1 義―義は人の道なり。, 2 勇―義を見てせざるは勇なきなり。, 3 仁―仁なる者は人なり。, 4 礼―泣く者とともに泣き、喜ぶ者とともに喜ぶ。, 5 誠―武士に二言はない。, 6 名誉―名こそ惜しけれ。, 7 忠義―武士は個人よりも公を重んじる。, 8 克己心―喜怒を色にあらわさず。, 9 慮―己をもって人をはかるな。

講談社 2010.7 103p 21cm 1200円 Ⓘ978-4-06-216357-6 Ⓝ156

続刊

『こども武士道 今日から実践の巻』2011.4

『古武術で毎日がラクラク！―疲れない、ケガしない「体の使い方」』

甲野善紀指導, 荻野アンナ文

内容 重い荷物を持つ、階段を上る、肩こりをほぐす、老親を介護するetc.修行無しで身につく、体育「2」の荻野アンナも即、使えた「古武術」の“秘伝”。

目次 1章 修業いらず！古武術ですぐに「毎日の動き」がラクになる, 2章 毎日の生活のなかで、「体の基本的な動き」を身に付ける, 3章 手や腕の力だけに頼らず、全身の力を引き出すのが甲野流古武術の極意, 4章 何はなくとも「肩こり」解消!!, 5章 非力な女性のための護身術, 6章 古武術でラクラク介護, 7章 アンナの古武術修業記 甲野師匠に教えられたこと

祥伝社 2012.3 147p 15cm（祥伝社黄金文庫）524円 Ⓘ978-4-396-31568-9 Ⓝ789

『古武術の発見―日本人にとって「身体」とは何か』

養老孟司, 甲野善紀著

内容 やっぱり、事実は小説より面白い！宮本武蔵、千葉周作、真里谷円四郎、植芝盛平…伝説の超人・天才たちの身体感覚が手に取るようにわかる。桑田真澄投手が実践して奇蹟の復活を遂げた「古武術」の秘密とは。現代人が失ってしまった「身体」を復活させるヒントを満載。メスと刀が「身心」の本質へと肉迫する。

目次 プロローグ 古伝の“神技”を再現する, 1章 無身―「剣は体も有用なり」, 2章 道―刀という物差し, 3章 和魂―見せない脳の中身, 4章 術―身体感覚を組み直す, 5章 修行―オートとマニュアル, エピローグ 身体という「自然」

光文社 2003.2 273p 15cm (知恵の森文庫) 571円 Ⓘ4-334-78203-5 Ⓝ789

柔道・空手道

『21世紀版 柔道 技の大百科―現代の技 未来に残したい技 1 背負投 一本背負投 内股 払腰 大内刈 大外刈』

井上康生監修, 近代柔道編集部編

内容 金丸雄介、篠原信一、中村佳央、中村行成、上野順恵、杉本美香、田辺陽子、谷本歩実、塚田真希、福見友子…オリンピック出場選手らが、それぞれの独自技術を公開！

目次 第1章 背負投, 第2章 一本背負投, 第3章 内股, 第4章 払腰, 第5章 大内刈, 第6章 大外刈, 第7章 内股すかし

ベースボール・マガジン社 2015.2 207p 26cm 2000円 Ⓘ978-4-583-10794-3 Ⓝ789.2

続刊

『2 体落 小外刈 小内刈 支釣込足 袖釣込腰 巴投 横四方固 袈裟固 袖車絞 腕挫十字固』2015.4

『DVDでわかる！ 勝つ柔道最強のコツ50』

金野潤著

内容 「試合で勝つ」ためのポイントをDVDで徹底的に紹介します。投げ技・固め技はもちろん、姿勢や体さばき、分析やコンディション作りまで。

目次 1 柔道が上達できる土台をつくる（勝つための研究をしながら柔道に取り組む, 礼法―感謝の気持ちを礼で表現する ほか）, 2 投げ技を極める（膝車―膝に足裏を合わせて支点をつくる, 大腰―釣り手で腰をしっかり抱き込みながら相手をコントロールする ほか）, 3 固め技を極める（袈裟固―相手の体側に密着し続けながら抑える, 崩袈裟固―スムーズに移行しさらに強固に ほか）, 4 実戦で勝つための技を極める（勝利するために考えて柔道をする, 組手―組手の実戦的なテクニックを習得する ほか）

メイツ出版 2012.7 128p 21cm (コツがわかる本)〈付属資料:DVD1〉1500円
Ⓘ978-4-7804-1180-5 Ⓝ789.2

『勝つための極意がわかる！ 空手道上達のコツ50』

渋谷孝監修

内容 「鉄拳の渋谷」と呼ばれ、世界を舞台に活躍する指導者が組手試合での勝敗を分ける「突き技」「蹴り技」をはじめ、実戦ですぐに役立つ勝つためのコツを徹底解説します。

目次 第1章 突・蹴・受を極める（正拳突き―拳をひねりながらまっすぐに突く，逆突き―腰の回転を利用して体重を拳に乗せる，追い突き―前方移動と同時に相手を追い込んで突く ほか），第2章 正確な“形”で勝つ（慈恩「用意～第1挙動」―左右の両拳は体の幅でしっかり止める，慈恩「第2挙動」―腰の上下動を抑えて前方に掻き分ける，慈恩「第3挙動～第4挙動」―前蹴りと追い突きは正確に正中線を捕らえる ほか），第3章 自由組手で技を磨く（上段刻み突き→中段逆突き「先の先」―逆突きで極めるために刻み突きで揺さぶる，上段逆突き→中段逆突き「先の先」―相手の体勢を上段で崩して中段で極める，上段追い突き→中段逆突き「先の先」―やや遠い間合いから上下の落差で翻弄する ほか）

メイツ出版 2011.7 128p 21cm（コツがわかる本！）1500円 Ⓘ978-4-7804-1029-7 Ⓝ789.2

剣　道

『勝つ剣道上達のコツ55―これで差がつく！』

右田重昭監修

内容 動き出す前に先手をとる観察眼！誘導してスキを作らせる押し引き！最短距離を攻める的確な太刀筋！具体例でわかりやすい55のコツで徹底解説！

目次 第1章 先で打つ（払い面（表，裏），捲き落とし面（表，裏）ほか），第2章 先の先で打つ（出ばな面（表，裏，下），出ばな小手（表，裏，下）ほか），第3章 後の先で打つ（面すり上げ面（表，裏），面返し面（表，裏）ほか），第4章 引き技で打つ（引き面，引き小手 ほか）

メイツ出版 2014.5 128p 21cm（コツがわかる本！）1300円 Ⓘ978-4-7804-1466-0 Ⓝ789.3

『DVDでわかる！ 勝つ剣道最強のコツ50』

香田郡秀監修

内容 「試合で勝つ」ためのポイントをDVDで徹底的に紹介。一本をとる！ 大会で活躍できる！ 全日本制覇の指導者が教える「実戦のコツ」が満載です！

目次 1 剣道上達の心得（稽古の内容にこだわってレベルアップする，姿勢を正して構える ほか），2 実戦で使えるテクニック（スナップを使って斬るように打つ，相手の手元を崩して打つ ほか），3 強くなるための稽古（基本動作を確認する，動作をくり返し体で覚える ほか），4 試合で勝つためのコツ（人事を尽くして天命を待つ，充実した気勢と適正な姿勢を持って打突する ほか）

メイツ出版 2013.7 128p 21cm（コツがわかる本！）〈付属資料:DVD1〉1500円
Ⓘ978-4-7804-1328-1 Ⓝ789.3

『武士道シックスティーン』

誉田哲也著

内容 武蔵を心の師とする剣道エリートの香織は、中学最後の大会で、無名選手の早苗に負けてしまう。敗北の悔しさを片時も忘れられない香織と、勝利にこだわらず「お気楽不動心」の早苗。相反する二人が、同じ高校に進学し、剣道部で再会を果たすが…。青春を剣道にかける女子二人の傑作エンターテインメント。

文藝春秋 2010.2 414p 15cm (文春文庫) 629円 Ⓘ978-4-16-778001-2 Ⓝ913.6

弓道・アーチェリー

『うまくなる弓道』新装版

白石暁著

内容 弓道における礼法や基本動作、基本練習、試合参加の心得などを、わかりやすい言葉で解説。

目次 第1章 弓道の歴史とその特徴，第2章 施設及び弓具，第3章 射法，第4章 射術の練習方法，第5章 準備運動と補強運動，第6章 弓道競技について，第7章 段級審査

ベースボール・マガジン社 2011.2 159p 21cm 1500円 Ⓘ978-4-583-10332-7 Ⓝ789.5

『山本博のゼロから始めるアーチェリー』

山本博著

内容 五輪メダリストが実践で使えるテクニック＆上達のコツを伝授！ 初心者からもっとうまくなりたい人まで、すべての人に対応するポイントが満載。

目次 第1章 アーチェリーってどんなスポーツ？（アーチェリーとは？，点数の数え方 ほか），第2章 射型をマスターしよう（射型をマスターしよう，トレーニング 弓を引く筋力を鍛えよう ほか），第3章 弓具を組み立てよう（自分の弓を買おう 1 ハンドルを選ぶ，自分の弓を買おう 2 リムを選ぶ ほか），第4章 練習をしよう（練習をしよう，練習をしよう 1 体操 ほか），第5章 試合に出よう（試合前にすべきこと 1 持ち物をそろえる，試合前にすべきこと 2 コンディションを整える ほか），アーチェリー基本用語集

実業之日本社 2010.12 175p 21cm (Level up book) 1500円 Ⓘ978-4-408-45316-3 Ⓝ789.5

ダンス

『ゼロからはじめるヒップホップダンス』

日本ストリートダンス協会（JSDA）監修

内容 多方向からのDVD映像でステップがひと目でわかる、すぐに踊れる。

目次 1 アイソレーション（首のアイソレーション，胸のアイソレーション，腰のアイソレーション），2 リズム（ダウン，アップ，前後のリズムの取り方），3 ステップ（クラブ，ループ，キックステップ ほか）

マイナビ 2013.2 63p 26cm 〈付属資料:DVD1〉 1800円 Ⓘ978-4-8399-4536-7 Ⓝ799

『スポーツなんでも事典 ダンス』

こどもくらぶ編

内容 ダンスの歴史をはじめ、衣装や音楽、動きの特徴、名ダンサーなどなど。ダンスについて、さまざまなことがらをテーマごとにまとめて解説した、ビジュアル版子ども向け事典です。ダンスについて、何を、どのように調べたらよいかがわかります。

目次 歴史，衣装，音楽，練習場と発表の場，バレエ，社交ダンス・ダンススポーツ，ジャズダンス，ヒップホップダンス，フォークダンス，外国の民族舞踊〔ほか〕

ほるぷ出版 2010.3 71p 28×22cm 3200円 Ⓘ978-4-593-58415-4 Ⓝ799

仕事・職業を知る

働くということ

やりたい仕事を探そう

仕事・職業を知る

将来の可能性を広げるためには、さまざまな職業について知ることが重要です。まずは興味のある分野について調べてみましょう。仕事の内容や目的、職業に対する思いなどが語られており、「なりたい自分」が見つけられるはずです。あこがれの職業を目指して今やるべきことを導き出し、次の進学先を選ぶ進路計画に役立ててください。

働くということ

『仕事。』

川村元気著

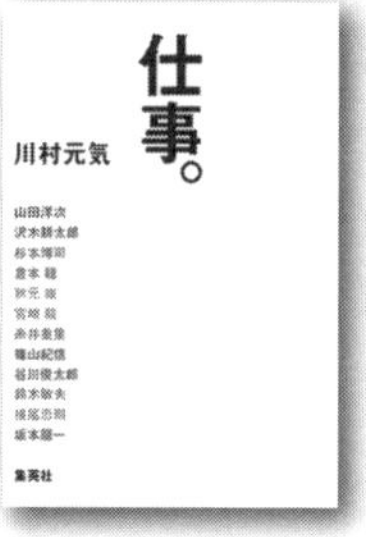

内容 『世界から猫が消えたなら』の川村元気が12人に聞いた「壁を乗り越え、一歩抜け出す」唯一無二の仕事術。

目次 山田洋次，沢木耕太郎，杉本博司，倉本聰，秋元康，宮崎駿，糸井重里，篠山紀信，谷川俊太郎，鈴木敏夫，横尾忠則，坂本龍一

集英社 2014.9 275p 19cm 1400円 Ⓘ978-4-08-780723-3 Ⓝ281

『ぼくのしょうらいのゆめ』

市川準，内田裕也，大竹伸朗，関野吉晴，祖父江慎，高橋悠治，田中泯，谷川俊太郎，野口聡一，舟越桂，吉本隆明，和田誠著

内容 子どもの頃に思い描いていた未来の自分、将来の夢。月日がたち大人になったとき、それはどのように自分のなかに残っているのだろう？アート、科学、映画、文学からロックまで、各界の第一線で活躍する12人が、少年時代といま抱く未来への思いを語ってくれた。当時の作文や絵、写真等も収録した、何度も読み直したくなる一冊。

目次 市川準（映画監督），内田裕也（ロックンローラー・俳優），大竹伸朗（画家），関野吉晴（医師・探検家・人類学者），祖父江慎（グラフィックデザイナー），高橋悠治（作曲家・ピアニスト），田中泯（舞踊家），谷川俊太郎（詩人），野口聡一（宇宙飛行士），舟越桂（彫刻家），吉本隆明（詩人・文芸批評家・思想家），和田誠（イラストレーター）

文藝春秋 2009.5 197p 15cm（文春文庫）714円 ⒾSBN978-4-16-775379-5 Ⓝ281

『若者が働きはじめるとき―仕事、仲間、そして社会』

乾彰夫著

内容 これが若者の働く現実だ！700人が語る仕事体験から学び、私たちの時代の働き方を考える。

目次 第1章 アルバイトで働く―高校生の2人に1人、大学生の5人に4人が経験，第2章 アルバイトにも権利はある，第3章 働きやすい職場をつくる、自分たちの権利を守る，第4章 職業人として成長する―1年目の危機を乗り越えるには？，第5章 フリーターで働くという現実，第6章 失業さえできない日本の若者たち―日本の若年失業率はなぜ低い?!，第7章 いまの時代に職業を選ぶこと、働くこと―最後にみんなに伝えたいこと，こんなとき、ここに相談，ブックガイド―若者たちの働く姿

日本図書センター 2012.9 308p 19cm 1500円 Ⓘ978-4-284-30448-1 Ⓝ366

『最高齢プロフェッショナルの教え』

徳間書店取材班著

内容 89歳のピアニスト、88歳のパイロット、90歳のDJ、96歳の喫茶店店主、83歳のライフセーバー、103歳の声楽家…まさに仕事の達人、文字通りの「最高齢プロフェッショナル」が語りつくす、働くことの意味、そして長く続けられる仕事の見つけ方。仕事の壁に突き当たったとき、働き方について心迷うときにこそ手にとってほしい。何百のビジネス本を読むより心に刺さる本物の言葉が満載！

目次 88歳 最高齢「パイロット」高橋淳―戦前から70年、2万5000時間を飛んだ、その名も「飛行機の神様」,78歳 最高齢「ギター職人」矢入一男―数々の有名ミュージシャンを魅了した伝説の「ヤイリギター」の生みの親,96歳 最高齢「喫茶店店主」関口一郎―銀座の名店「カフェ・ド・ランブル」。店主は80年間、コーヒーの研究を続けてきた，85歳 最高齢「落語家」桂米丸―落語芸術協会の最高顧問。いまだ新作に挑戦する85歳の落語家，83歳 最高齢「ライフセーバー」本間錦一―30年以上、水死事故ゼロの記録を樹立。「海の守り神」と呼ばれる、水難救助隊隊長，93歳 最高齢「スキーヤー」高橋巌夫―日本初の音楽プロデューサーから転身、雪原を舞い踊る93歳のスキーヤー，89歳 最高齢「ピアニスト」室井摩耶子―本物の音楽を知りたい一心でドイツに渡り、国内外で名声を得た。この道80年の日本を代表するピアニスト，82歳 最高齢「花火職人」小口昭三―星が消える花火「マジック牡丹」を開発。3世代で伝統を支える82歳の花火職人，84歳 最高齢「杜氏」継枝邑一―半世紀かかって磨き上げた腕と経験により、多くの日本酒コンクールで金賞を受賞，90歳 最高齢「DJ」安藤延夫―会社倒産後、47歳で日本初のDJとして再出発。若者や外国人を魅了する最高齢DJ,90歳 最高齢「バーテンダー」山崎達郎―この道、65年。札幌ススキノの名店「BARやまざき」で多くの文化人を魅了してきた，51歳 最高齢「JRA騎手」安藤光彰―48歳でJRA騎手免許試験に合格。地方競馬から「遅咲きの移籍」を果たした異色のジョッキー，83歳 最高齢「洋樽職人」斎藤光雄―55年間、数々の困難を乗り越えてきた日本のウイスキー樽造りのパイオニア，103歳 最高齢「声楽家」嘉納愛子―歌の心を伝えるために103歳になった今も歌い続ける

徳間書店 2014.9 251p 15cm（徳間文庫）630円 Ⓘ978-4-19-893883-3 Ⓝ366.2

『仕事力　白版』

朝日新聞社編著

内容 超一流の仕事人は、自分の仕事とどう取り組んできたのか。彼らにとって仕事とは何か。豊富で多彩な経験に裏打ちされた仕事観のなかから、“現状を打破するためのヒント”が必ず見つかる。働いている人、働きたい人、いつか働く若い人たちに贈る、現実的かつ温かいアドバイス。

目次 仕事を生き抜く力―大前研一（ビジネス・ブレークスルー大学院大学学長），精神を絞り込む―朝倉摂（舞台美術家），感動なくして成功はない―安藤忠雄（建築家），文化は仕事の燃料である―福原義春（資生堂名誉会長），労働は日本人の生きる歓び―梅原猛（哲学者），毎日が瀬戸際である―鈴木敏文（セブン&アイ・ホールディングス代表取締役会長・最高経営責任者），自分を耕し続けよ―佐々木毅（政治学者），自分の誠意を役立てよう―塚本能交（ワコールホールディングス代表取締役社長），すべての仕事は人を磨く―稲盛和夫（京セラ名誉会長），人は必ず自分の仕事に巡り合う―今野由梨（ダイヤル・サービス代表取締役社長），価値を伝える技はあるか―村上隆（アーティスト），固定観念から自由でありたい―松井道夫（松井証券代表取締役社長），自分の行き着く所まで行け―柳井正（ファーストリテイリング代表取締役会長兼CEO），裸で向き合う、その勇気で進め―林文子（東京日産自動車販売代表取締役社長），おさまってたまるか―中村勘三郎（俳優）

朝日新聞出版 2009.3 227p 15cm 520円 Ⓘ978-4-02-261610-4 Ⓝ366.2

続刊

『仕事力　青版』
『仕事力　紅版』

『働く人の夢―33人のしごと、夢、きっかけ』

日本ドリームプロジェクト編

目次 幸せな一日をつくるしごと，夜空に花を咲かせるしごと，小さな師匠と学びあうしごと，一生を懸けるに値するしごと，自分を買ってもらうしごと，みんなのお母ちゃんのしごと，誰かの今日を応援するしごと，ありがとうをお返しするしごと，おいしい毎日を届けるしごと，町を愛するしごと〔ほか〕

いろは出版 2008.5 19cm 1200円 Ⓘ978-4-902097-22-1 Ⓝ366.2

『夢を実現したわたしの仕事わたしの方法』

経沢香保子監修，トレンダーズ株式会社編

内容 この本にはやりたい事をやっていく生き方を実現した50人の女性が登場します。あなたの生き方のモデルを探してみて下さい。

目次 数々の情報誌の編集、創刊を経て『All About』編集長に！編集者にとって大事なこととは？―『All About』編集長・森川さゆり，夢は決して諦めない！

遠回りであれ、追い続けていれば希望の光が見出せる—ジャパンタイムズ記者・清水香帆，自分に自信はなくても誇れるスタッフたちの協力がある。能力を発揮できる場所を提供したい—フードコンサルタント／パーティースタイリスト／海外法人・土屋芳子，自分が楽しんでこそ見ている人におもしろさが伝わる。だからこそ、常に前向きに—キャスター／レポーター／ナレーター／アナウンサー・佐藤陽子，採用コンサルタントとシンガー両立してくることができたのは会社のみんなの応援あってのこと—シンガー／(元)新卒採用コンサルタント・北村鈴香，人を成長させることで自分も、会社も、成長させる。そこに秘められた熱意とは？—モデル事務所経営・高田理英子，人間本来の自然なカタチでの着る・食べる・暮らすを実現するためには？—オーガニックコンシュルジュ・岡村貴子，アクセサリーを楽しむこと、それは女性ならではの特権。会社員の頃の経験も活かして—アクセサリーデザイナー／制作・高木美香，女性を内側から美しく健康にする女性のための女性のクリニック！最近多いプチ不調の原因とは?—婦人科医／美容皮膚科医／医師・松村圭子，数々の女性の恋愛相談に乗ってきた経験を活かして婚約者とともに相談所を開設!—恋愛カウンセラー・橘つぐみ〔ほか〕

ダイヤモンド社 2006.3 271p 21cm 1500円 Ⓘ4-478-73305-8 Ⓝ366.3

『医師という生き方』

茨木保著

内容 青春時代のエピソードを中心に、志望のきっかけ、夢見たこと、乗りこえた壁などを取り上げる。医療・医学に情熱を燃やした7人の偉人たち、彼らは10代のころ、何を夢見たのか。

目次 1 スーパースターをめざす生き方—野口英世（医学者），2 リーダーシップをふるう生き方—北里柴三郎（医学者），3 男女の壁をこえる生き方—荻野吟子（産婦人科・小児科医），4 地道さをつらぬく生き方—山極勝三郎（医学者），5 町医者にこだわる生き方—荻野久作（産婦人科医・医学者），6 自己犠牲という生き方—永井隆（放射線科医），7 献身で社会を変える生き方—フロレンス・ナイチンゲール（看護師），特別編 ヒューマニズムにかける生き方—国境なき医師団（NGO）

ぺりかん社 2010.9 179p 19cm（発見！しごと偉人伝）1500円 Ⓘ978-4-8315-1272-7 Ⓝ490.28

続刊

『**技術者という生き方**』上山明博著社 2012.3
『**教育者という生き方**』三井綾子著 2012.10
『**起業家という生き方**』小堂敏郎，谷隆一著 2014.2
『**農業者という生き方**』藤井久子著 2014.9

『私たちのお弁当』

クウネルお弁当隊編

内容 さまざまな仕事、さまざまな1日、さまざまな暮らし。さまざまな47人の、ある日のお弁当を集めてみました。

マガジンハウス 2005.9 127p 21cm 1300円 Ⓘ4-8387-1615-X Ⓝ596.4

続刊

『もっと私たちのお弁当』2009.4
『明日も私たちのお弁当』2014.9

『プロフェッショナル 仕事の流儀　1 リゾート再生請負人／小児心臓外科医／パティシエ』

茂木健一郎，NHK「プロフェッショナル」制作班編

内容 時代の最前線にいる「プロフェッショナル」はどのように発想し、斬新な仕事を切り開いているのか。これまでどんな試行錯誤を経て、成功をつかんだのか。そして、混とんとした今の時代をどのように見つめ、次に進んでいこうとしているのか。し烈な競争や成果主義、ニートの急増など、日本人の仕事をめぐる状況が大きく変わりつつある今だからこそ、プロフェッショナルな人々の姿を通して仕事の奥深さ、働くことのだいご味を伝えたい。

目次 001 “信じる力”が人を動かす―リゾート再生請負人・星野佳路（星野佳路の「仕事の現場」老舗旅館の再生に挑む，星野佳路の「ターニングポイント」どん底からの再出発，星野佳路の「今」さらなる再生へ），002 ひたむきに“治す人”をめざせ―小児心臓外科医・佐野俊二（佐野俊二の「仕事の現場」その指先に命が託される，佐野俊二の「ターニングポイント」自らの過ちを糧に，佐野俊二の「今」命の現場で人を育てる），003 あたり前が一番むずかしい―パティシエ・杉野英実（杉野英実の「仕事の現場」妥協を捨てて至高の作品をつくり出す，杉野英実の「ターニングポイント」女友だちの一言，杉野英実の「今」常に原点に立ち返る）

日本放送出版協会 2006.4 159p 19cm 1000円 Ⓘ4-14-081106-4

続刊

『2 アートディレクター／弁護士／量子物理学者』2006.4
『3 WHOメディカルオフィサー／左官職人／塾・予備校英語講師』2006.6
『4 映画プロデューサー／建築家／飲料メーカー商品企画部長』2006.7
『5 ベンチャー企業経営者／テストドライバー／ライティングデザイナー』2006.8
『6 樹木医／高校教師・サッカー部監督／ゲームメーカー開発部長』2006.10
『7 カーデザイナー／棋士／料理人』2006.11
『8 ロボット技術者／半導体ベンチャー経営者／花火師』2006.12
『9 中学校英語教師／脳神経外科医／写真家』2007.1
『10 編集者／コンビニエンスストアチェーン経営者／玩具企画開発』2007.2

『11 海上保安官／ウィスキーブレンダー／陸上コーチ』2007.4
『12 ユニセフ職員／りんご農家／海獣医師』2007.5
『13 弁護士／漫画家／コンピュータ研究者』2007.7
『14 庭師／専門看護師／技術者』2007.8
『15 ベンチャー企業経営者／中学校教師／建築家』2007.9
『プロフェッショナル仕事の流儀—勝負の決断はこうして下せ』2007.12
『プロフェッショナル仕事の流儀—人事を尽くして、鬼になる』2008.1
『プロフェッショナル仕事の流儀—失敗の数だけ、人生は楽しい』2008.2
『プロフェッショナル仕事の流儀—あえて、困難な道を行け』2008.3
『プロフェッショナル仕事の流儀—きのうの自分をこえてゆけ』2008.4
『プロフェッショナル仕事の流儀—リーダーは、太陽であれ』2008.6
『プロフェッショナル仕事の流儀—ワンクリックで、世界を驚かせ』2008.7

やりたい仕事を探そう

『中学生・高校生の仕事ガイド　2016-2017年版』

進路情報研究会編

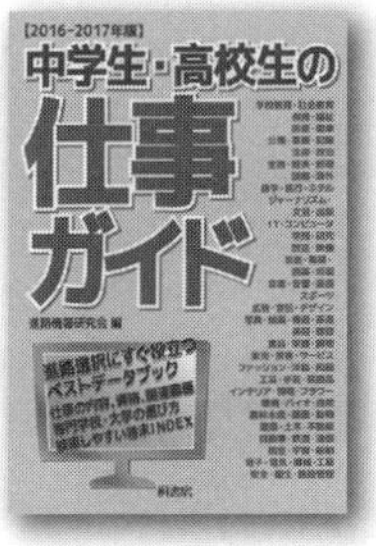

内容 進路選択にすぐ役立つベストデータブック。仕事の内容、資格、関連職種。専門学校・大学の選び方。検索しやすい巻末INDEX付き。

目次 学校教育・社会教育，保育・福祉，医療・健康，公務・事務・記録，法律・政治，金融・経済・経理，国際・海外，語学・旅行・ホテル，ジャーナリズム・文芸・出版，IT・コンピュータ，学問・研究，放送・映像，芸能・舞踊・囲碁・将棋，音楽・音響・楽器，スポーツ，広告・宣伝・デザイン，写真・絵画・書道・茶道，美容・理容，食品・栄養・調理，販売・接客・サービス，ファッション・洋裁・和裁，工芸・手芸・装飾品，インテリア・照明・フラワー，環境・バイオ・自然，農林水産・酪農・動物，建築・土木・不動産，自動車・鉄道・通信，航空・宇宙・船舶，電子・電気・機械・工業，安全・衛生・施設管理

桐書房 2015.12 382p 19cm 2200円 Ⓘ978-4-87647-862-0 Ⓝ366.2

『仕事のカタログ—「なりたい自分」を見つける！　2016-17年版』

内容 円安、株高基調のなかでこれからが楽しみな職業・業種は？環境、国際・海外業務、研究・技術、医療・福祉、法務・財務、教育、サービス、製造など、1600職種を各種データと共にガイド。

自由国民社 2015.5 414p 21cm 1600円 Ⓘ978-4-426-12335-2 Ⓝ366.2

『ふむふむ—おしえて、お仕事！』

三浦しをん著

内容 あなたがなりたかった職業は何ですか。靴職人、お土産屋、動物園飼育係、フィギュア企画開発、漫画アシスタントにフラワーデザイナー。夢を叶え、技能と情熱をもって働く15職種16人の女性に、作家が直撃インタビュー。時に持ち前の妄想力を炸裂させ、時にキレキレの自己ツッコミを展開し、時に物欲の鬼と化しながら、聞き取った素晴らしき人生の物語。さあ皆でレッツ“ふむふむ”！

目次 靴職人—中村民，ビール職人—真野由利香，染織家—清水繭子，活版技師—大石薫，女流義太夫三味線—鶴澤寛也，漫画アシスタント—萩原優子，フラワーデザイナー—田中真紀代，コーディネーター—オカマイ，動物園飼育係—高橋誠子，大学研究員—中谷友紀，フィギュア企画開発—澤山みを，現場監督—亀田真加，ウエイトリフティング選手—松本萌波

新潮社 2015.5 359p 15cm（新潮文庫）590円 Ⓘ978-4-10-116763-3 Ⓝ366.2

『きみの未来と夢が広がる！わくわく資格ブック 1 仕事への道が広がる資格』

内容 調理師、看護師、司法試験、サッカー審判員、歴史能力検定、美容師…「好き」から資格を広げよう。「楽しい」から資格を見つけよう。「得意」を資格につなげよう。

目次 1章「得意」を資格につなげよう（きみの「得意」はなんだろう？，いろんな「得意」を探してみよう），2章「好き」から資格を広げよう（みんな大好き 休み時間，帰り道で「好き」を探そう），3章「楽しい」から資格を見つけよう（夏の楽しみといえば プール開き！，旅を思いっきり楽しもう，『舞台』でみんなを楽しませよう）

教育画劇 2015.2 48p 30cm 3000円 Ⓘ978-4-7746-2003-9 Ⓝ366.2

『仕事を選ぶ—先輩が語る働く現場64』

朝日中学生ウイークリー編集部編著

内容 社会の第一線で活躍する大人たち。彼らは学生時代に何を考え、どう行動していたのか。人と人とのかかわりの中で生まれる仕事の現場。あこがれの仕事に就くための、先輩からのメッセージ。なりたい自分が見つかる！銀行員、外交官、医師、客室乗務員、国連職員、国税査察官、声優、アナウンサー、書店員、パティシエ、ゲームプロデューサー、漫画家…など64人を徹底取材！

目次 1 ものやしくみをつくる，2 感性を生かす，3 調べる，4 伝える，5 サービスやものを売る，6 運転する，7 教える，8

いのちを助ける，9 人の役に立つ，10 外国とのかけはしになる

朝日学生新聞社 2014.3 283p 21cm 1500円 Ⓘ978-4-907150-25-9 Ⓝ366.2

『泣いちゃいそうだよ夢ブック―将来の夢を見つけよう！』

小林深雪作，牧村久実絵

目次 泣いちゃいそうだよ夢まんが「あなたの夢はなんですか？」，泣いちゃい 夢ポエム「夢の扉」，泣いちゃい ハッピーお仕事診断，みんなの夢をきかせて!―「泣いちゃい」読者アンケートより，あこがれお仕事図鑑，男子のあこがれお仕事ランキング！，泣いちゃい 夢名言―七星&北斗，スペシャル小説「天使も夢みる」―大沢七星 中学一年生，泣いちゃい 夢名言―凛&蘭，泣いちゃい お悩み相談室―将来の夢編〔ほか〕

講談社 2012.11 95p 19cm 800円 Ⓘ978-4-06-217942-3 Ⓝ366.2

『きらり10代！ワークメッセージ』

NHK「good job！プロジェクト」，NHKラジオ「きらり10代！」制作班編

内容 「働くってなんだろう」「自分にはどんな仕事が向いているんだろう」第一線で活躍する8人が等身大の自分を語る。

目次 宇梶剛士（俳優），錦織良成（映画監督），分藤大翼（映像人類学者），黒木知宏（元プロ野球選手），榎原美樹（ジャーナリスト），森山開次（ダンサー），竹内勤（医師），栗林慧（写真家）

旬報社 2008.8 143p 19cm 1300円 Ⓘ978-4-8451-1093-3 Ⓝ366.2

『職業ガイド・ナビ 1 健康・福祉／自然・環境／衣・食・住／スポーツ』

ヴィットインターナショナル企画室編

内容 「知りたい！なりたい！職業ガイド」80巻で紹介した全240職業を、3冊の図鑑に再構成しました。それぞれの職業の第一線で活躍する人への取材をもとに、各職業4ページで写真やイラスト、図表を使って、ていねいに紹介。道筋がわかるフローチャート付き。よりくわしく知るために、すべての職業について『知りたい！なりたい！職業ガイド』へのインデックスとしても活用可能です。

目次 社会を形作っているいろいろな職業が結びついてできたふしぎな世界 職業のワンダーランドへ出かけよう!!，1章 医療・福祉（医師，救急救命士 ほか），2章 自然・環境（花き生産者，園芸技術者 ほか），3章 衣・食・住（スタイリスト，パタンナー ほか），4章 スポーツ（プロ野球選手，プロ野球審判員 ほか）

ほるぷ出版 2010.12 343p 26cm 4800円 Ⓘ978-4-593-57231-1 Ⓝ366.2

続刊

『2 コンピュータ・通信・放送／伝統技術／芸能・演芸／アート・デザイン』2011.2
『3 社会／美容・ファッション／生活全般／交通・旅行』2011.4

『英語の時間—中学校の科目からみるぼくとわたしの職業ガイド』

小林良子著

目次 1章「会話」を活かす仕事（キャビンアテンダント，通訳 ほか），2章「文化」や「習慣」を活かす仕事（雑貨店オーナー，商社マン ほか），3章「読み書き」や「文法」を活かす仕事（翻訳家，国際ビジネスマン ほか），4章 こんな分野でも英語が活きている（獣医師，船長 ほか）

ぺりかん社 2007.4 156p 22cm（5教科が仕事につながる！）2800円
Ⓘ978-4-8315-1161-4

続刊

『社会の時間』2007.4
『理科の時間』2007.4
『数学の時間』2007.4
『国語の時間』2007.4
『保健体育の時間』2008.4
『美術の時間』2008.9
『技術・家庭の時間』2009.1
『音楽の時間』2009.4

『パイロットになるには』

阿施光南著

内容 大空を駆ける旅客機。飛行機雲を残し飛び続ける機体を、首が痛くなるのも気にせず眺め続けたこと、ありませんか？この本では、大きな旅客機を飛ばすパイロットの仕事を紹介し、あわせてなり方についても詳述しています。また、ヘリコプターなどの、旅客機以外のパイロットにもふれています。ぜひ、大空への夢をふくらませてください。

目次 1章 ドキュメント つばさに風を受けて（空の安全を守るために努力し続けることが大切—山本年男さん・日本航空インターナショナル，フライトの最高責任者としての決意—小川圭介さん・ANA，ただ一度の人生なら思い切って挑戦を—大川博之さん・JALエクスプレス ほか），2章 エアラインパイロットの世界（空を飛ぶ、ということ—旅客機の発展は安全な飛行のあくなき追求から，日本の空の歴史—国家主導の航空会社育成から自由な競争時代に突入，パイロットの仕事—文字どおり世界をまたにかける毎日、健康管理と技量維持は一生の課題 ほか)，3章 なるにはコース（適性と心構え―基礎的な学力と体力は必須だが最も重要なのは人間性だ，なるための方法―大手エアラインパイロットをめざすならまず大学進学をめざすこと，自社養成パイロット―航空の専門知識は不要。航空会社がゼロから訓練するパイロット ほか)

ぺりかん社 2006.11 158p 19cm（なるにはBOOKS）1170円 Ⓘ4-8315-1148-X

続刊

『**2 客室乗務員になるには**』鑓田浩章著 2014.9
『**3 ファッションデザイナーになるには**』武藤直路著 2003.12
『**4 冒険家になるには**』九里徳泰著 2006.2
『**5 美容師・理容師になるには**』石田素弓著 2003.2
『**8 船長・機関長になるには**』J-CREWプロジェクト~やっぱり海が好き~協力，日本海事新聞社編，穴澤修平著 2014.3
『**10 通訳・通訳ガイドになるには**』エイ・アイ・ケイ教育情報部編著 2001.1
『**12 医師になるには**』小川明著 2013.3
『**13 看護師になるには**』川嶋みどり監修，佐々木幾美，吉田みつ子，西田朋子著 2014.5
『**16 保育士になるには**』金子恵美編著 2014.12
『**19 司書・司書教諭になるには**』森智彦著 2002.2
『**20 国家公務員になるには**』井上繁編著 2015.9
『**21 弁護士になるには**』田中宏，山中伊知郎著 2011.10
『**23 外交官になるには**』渡辺光一著 2006.9
『**24 コンピュータ技術者になるには**』宍戸周夫著 2010.11
『**25 自動車整備士になるには**』広田民郎著 2015.8
『**26 鉄道員になるには**』土屋武之著 2015.11
『**27 学術研究者になるには―人文・社会科学系**』改訂版 小川秀樹編著 2010.1
『**28 公認会計士になるには**』江川裕子著 2007.11
『**29 小学校教師になるには**』森川輝紀編著 2010.3
『**31 フォトグラファーになるには**』飯沢耕太郎，山内宏泰著 2007.5
『**32 建築技術者になるには**』田中良寿，鈴木智恵子著 2008.7
『**33 作家になるには**』永江朗著 2004.12
『**34 管理栄養士・栄養士になるには**』藤原眞昭著 2013.1
『**37 環境スペシャリストになるには**』古田ゆかり著 2002.1
『**40 弁理士になるには**』藤井久子著 2007.10
『**43 秘書になるには**』石井はるみ著，日本秘書協会監修 2005.12
『**45 漁師になるには**』田中克哲著 2005.4
『**46 農業者になるには**』佐藤亮子編著 2011.11
『**47 歯科衛生士・歯科技工士になるには**』伊藤五月著 2002.8
『**48 警察官になるには**』宍倉正弘著 2009.11
『**50 鍼灸師・マッサージ師になるには**』小野寺素子，宮下宗三著 2009.5
『**51 青年海外協力隊員になるには**』横山和子著 2013.4
『**53 声優になるには**』山本健翔著 2007.3

『55 不動産鑑定士・宅地建物取引主任者になるには』飯田武爾，森島義博編著 2004.12
『56 幼稚園教師になるには』大豆生田啓友，木村明子著 2009.6
『58 薬剤師になるには』井手口直子編著 2008.12
『61 社会福祉士・精神保健福祉士になるには』田中英樹，菱沼幹男著 2011.3
『64 旅行業務取扱管理者になるには』鈴木一吉著 2006.6
『65 地方公務員になるには』井上繁編著 2015.2
『66 特別支援学校教師になるには』松矢勝宏，宮崎英憲，高野聡子編著 2010.5
『67 理学療法士になるには』丸山仁司編著 2014.10
『68 獣医師になるには』井上こみち著 2001.3
『69 インダストリアルデザイナーになるには』石川弘著 2005.10
『70 グリーンコーディネーターになるには』吉田幸夫著 2003.5
『71 映像技術者になるには』木村由香里著 2010.5
『75 宗教家になるには』改訂版 島田裕巳著 2014.4
『76 CGクリエータになるには』越川彰彦著 2004.9
『79 パン屋さんになるには』エコール辻大阪辻製パンマスターカレッジ編著 2008.7
『81 臨床心理士になるには』乾吉佑，平野学編著 2004.10
『83 国際公務員になるには』横山和子著 2009.2
『84 日本語教師になるには』エイ・アイ・ケイ教育情報部編著 2003.7
『88 消防官になるには』菅原順臣著 2010.8
『89 中学校・高校教師になるには』森川輝紀編著 2012.2
『92 動物飼育係・イルカの調教師になるには』井上こみち著 1998.2
『97 作業療法士になるには』濱口豊太編著 2014.11
『100 介護福祉士になるには』渡辺裕美編著 2015.12
『105 保健師・助産師・養護教諭になるには』山崎京子編著 2003.5
『106 税理士になるには』赤尾秀子著 2003.3
『109 宇宙飛行士になるには』漆原次郎著 2014.6
『110 学芸員になるには』深川雅文著 2002.2
『112 臨床検査技師・診療放射線技師・臨床工学技士になるには』横田俊弘著 2002.8
『113 言語聴覚士・視能訓練士・義肢装具士になるには』小松富美子著 2003.7
『114 自衛官になるには』山中伊知郎著 2013.5
『118 カフェ・喫茶店オーナーになるには』安田理著 2003.6
『119 イラストレーターになるには』須長千夏著 2003.11
『121 海上保安官になるには』小森陽一著 2004.4
『123 建築家になるには』菊岡倶也編著 2005.5
『124 おもちゃクリエータになるには』トイジャーナル編集局編著 2005.7
『125 音響技術者になるには』江川裕子著 2005.12
『126 ロボット技術者になるには』越川彰彦著 2006.4
『127 ブライダルコーディネーターになるには』浅野恵子著 2006.3
『128 ミュージシャンになるには』木村由香里著 2006.8
『129 ケアマネジャーになるには』稲葉敬子，伊藤優子著 2006.12
『130 検察官になるには』三木賢治著 2007.8
『131 レーシングドライバーになるには』中嶋悟監修，真崎悠著 2009.2

『132 裁判官になるには』 三木賢治著 2009.6
『133 プロ野球選手になるには』 柏英樹著 2009.8
『134 パティシエになるには』 辻製菓専門学校編著 2010.7
『135 ライターになるには』 大前仁，木村由香里著 2009.9
『136 トリマーになるには』 井上こみち著 2009.12
『137 ネイリストになるには』 津留有希著 2012.5
『138 社会起業家になるには』 簱智優子著 2013.9
『139 絵本作家になるには』 小野明，柴田こずえ著 2013.10
『140 銀行員になるには』 泉美智子著 2014.4
『141 警備員・セキュリティスタッフになるには』 山中伊知郎著 2015.6
『142 観光ガイドになるには』 中村正人著 2015.8
『補巻1 空港で働く』 松井大助著 2004.2
『補巻3 動物と働く』 井上こみち著 2005.9
『補巻4 森林で働く』 大成浩市著 2005.9
『補巻5「運転」で働く』 広田民郎著 2006.2
『補巻6 テレビ業界で働く』 小張アキコ，山中伊知郎著 2006.8
『補巻7「和の仕事」で働く』 簱智優子著 2006.8
『補巻8 映画業界で働く』 木全公彦，谷岡雅樹著 2006.10
『補巻9「福祉」で働く』 浅野恵子著 2007.9
『補巻10「教育」で働く』 杉山由美子著 2009.10
『補巻11 環境技術で働く』 藤井久子著 2012.2
『補巻12「物流」で働く』 広田民郎著 2012.6
『補巻13 NPO法人で働く』 小堂敏郎著 2012.8
『補巻14 子どもと働く』 木村明子著 2014.2
『補巻15 葬祭業界で働く』 薄井秀夫，柿ノ木坂ケイ著 2015.1
『補巻16 アウトドアで働く』 須藤ナオミ著，キャンプよろず相談所編 2015.2
『補巻17 イベントの仕事で働く』 岡星竜美著 2015.4
『別巻「働く」を考える』 梅沢正，脇坂敦史著 2003.5
『別巻 知っておきたい！　働くときのルールと権利』 簱智優子著 2010.4
『別巻 今からはじめる！　就職へのレッスン』 杉山由美子著 2011.10
『別巻 未来を切り拓く！　数学は「働く力」』 高濱正伸著 2011.11
『別巻 働くための「話す・聞く」―コミュニケーション力って何？』 上田晶美著 2013.9

『医師の一日』

WILLこども知育研究所編著

内容 10代の君の「知りたい」に答えます。

目次 1 医師の一日を見て！知ろう！（医師の仕事場，内科医の一日，外科医の一日，もっと！教えて！お医者さん，いろいろな診療科），2 目指せ医師！どうやったらなれるの？（医師になるには、どんなルートがあるの？，医学部ってどんなところ？，医学部ではどんなことを学ぶの？，医師に向いているのはどんな人？，中学校・高等学校では何を勉強しておけばいいの？ ほか）

（大阪）保育社 2014.12 79p 21cm（医療・福祉の仕事見る知るシリーズ）2800円 ①978-4-586-08536-1

続刊

『看護師の一日』
『助産師の一日』
『救急救命士の一日』
『介護福祉士の一日』
『管理栄養士の一日』
『薬剤師の一日』
『理学療法士の一日』
『保健師の一日』
『保育士の一日』

『お仕事ナビ 1 食べ物を作る仕事―パティシエ・シェフ・パン職人・ラーメン屋さん・和食料理人』

お仕事ナビ編集室編

目次 01 菓子工房ルスルス・新田あゆ子さん・まゆ子さん（パティシエってどんな仕事？，新田さんの一日 ほか），02 フランス料理北島亭・大石義一さん（シェフってどんな仕事？，大石さんの一日 ほか），03 ケポベーグルス・山内有希子さん（パン職人ってどんな仕事？，山内さんの一日 ほか），04 どらいち・青木大次郎さん（ラーメン屋さんってどんな仕事？，青木さんの一日 ほか），05 七草・前沢リカさん（和食料理人ってどんな仕事？，前沢さんの一日 ほか）

理論社 2014.8 55p 30×22cm（キャリア教育支援ガイド）2800円 ①978-4-652-20068-1

続刊

『2 ゲームを作る仕事―グラフィックデザイナー プロデューサー サウンドクリエイター シナリオライター プログラマー』2014.10
『3 子どもに関わる仕事―保育士 小児科医 児童指導員 給食を作る人（管理栄養士・調理師）助産師』2014.11
『4 医療に関わる仕事―看護師・外科医・義肢装具士・創薬研究者・薬剤師』2015.2
『5 スポーツをする仕事―サッカー選手・プロフィギュアスケーター・野球選手・車いすバスケットボール選手・ゴルファー』2015.3
『6 動物に関わる仕事―動物園飼育員 トリマー 水族館飼育員 獣医師』2015.9
『7 海と大地で働く仕事―農業・林業・漁業・酪農』2015.10
『8 人を守る仕事―消防士 山岳救助隊員 弁護士 自衛官』2015.11

『職場体験学習に行ってきました。1 人をささえる仕事―保育・教育施設、デイサービス／特別養護老人ホーム』

全国中学校進路指導連絡協議会監修

内容 どんな職場？1日のスケジュール、こんな仕事を体験できた！知っておきたい！知識、職場の先輩からアドバイス、生徒たちが職場体験学習から学んだこと感じたこと、責任者から生徒のみなさんへ、働くためには、で構成。

目次 保育・教育施設，デイサービス，ほかにもある人をささえる仕事（特別養護老人ホーム—社会福祉士，まだまだある人をささえる仕事），職場体験学習の準備とまとめ—事前学習と事後学習

学研教育出版，学研マーケティング〔発売〕2014.2 39p 29×22cm 2500円 ①978-4-05-501014-6

続刊

『2 からだと心をいやす仕事—医院・整骨院／調剤薬局』2014.2
『3 公共の仕事—消防署・公立図書館／海上保安庁』2014.2
『4 ものづくりの仕事—板金加工工場・和菓子製造所／スポーツ用品メーカー』2014.2
『5 人や物を運ぶ仕事—鉄道・宅配便／介護タクシー』2014.2
『6 お店の仕事—レストラン・生花店／書店』2014.2
『7 おしゃれと健康の仕事—美容室・スポーツクラブ／ネイルサロン』2014.2
『8 おもてなしの仕事—ホテル・旅行会社／航空会社』2014.2
『9 メディアの仕事—新聞社・ケーブルテレビ局／映画会社』2014.2
『10 動物にかかわる仕事—動物病院・乗馬クラブ／水族館』2014.2

『海上保安庁の仕事につきたい！—日本の海を守るエキスパートの世界』

私の職業シリーズ取材班著

目次 第1部 特殊救難隊員 下真也の物語（少年時代—家族の存在と進路への目覚め，海上保安大学校時代—仲間との出会い つらさとくやしさをバネに，潜水士時代—バディとの友情 さらなる挑戦へ，特殊救難隊時代—強い信念と使命感を胸に海難救助の精鋭部隊），第2部 海と命を守る者たち—4人の海上保安官の物語（インタビュー1 通信士・佃絵里奈，インタビュー2 航海士補・鎌田直樹，インタビュー3 交通部計画運用課計画運用官付・岩瀬俊雄，インタビュー4 機関士補・井沢奈祐）

中経出版 2011.2 223p 19cm（教えて、先輩！私の職業シリーズ）1,200円 ①978-4-8061-3955-3

続刊

『建築の仕事につきたい！—大切にしたい、日本のものづくりの心』広瀬みずき著 2011.2
『インテリアコーディネーターの仕事につきたい！—“心地よい住まい”を実現する喜び』久住博子著 2011.5
『看護師の仕事につきたい！—命を救う看護のプロフェッショナル』坂本すが著 2011.7

『料理・旅行・スポーツのしごと—人気の職業早わかり！』

PHP研究所編

内容 料理やレジャー、旅行、スポーツといった、人を楽しませる仕事をテーマに、さまざまな職業を取り上げました。また、「インタビュー」で、実際にそ

の仕事をしている人から仕事のやりがいや楽しさ、アドバイスを教えていただきます。

目次 1 料理にかかわるしごと（パティシエのおしごと, 料理研究家のおしごと), 2 レジャー・旅行にかかわるしごと（ゲームディレクターのおしごと, テーマパークスタッフのおしごと, ツアーコンダクターのおしごと), 3 乗り物にかかわるしごと（新幹線の運転士のおしごと, パイロットのおしごと), 4 スポーツにかかわるおしごと（プロ野球選手のおしごと, プロゴルファーのおしごと）

PHP研究所 2010.10 111p 21cm 1,300円 Ⓘ978-4-569-78089-4

続刊

『宇宙・環境・動物のしごと』2010.12
『ファッション・建築・ITのしごと』2011.2
『医療・福祉・教育のしごと』2011.5
『マスコミ・芸能・創作のしごと』2011.6
『治安・法律・経済のしごと』2011.9

『もっと知りたい 1 裁判官・検察官・弁護士の仕事―法律のプロフェッショナルたち』

中央大学真法会編

内容 裁判官・検察官・弁護士ってどんな仕事？資格をとるにはどんな勉強がどれくらい必要なの？裁判官、検察官、弁護士15人が仕事の内容・やりがいを紹介。合格体験記や司法修習の実際についても収録。

目次 1 裁判官の仕事（裁判官の仕事とその魅力, 裁判官という仕事, 裁判官ってどんな職業？), 2 検察官の仕事（検事の仕事とその魅力, 仕事の真髄は「人」にあり, 検察官の仕事とは), 3 弁護士の仕事（刑事弁護―今般の司法制度改革を踏まえて, 倒産事件のやりがい, 企業内弁護士―企業の、法的リーダー, 使用者側から見た人事労務, 弁護士の仕事, 渉外事件と渉外弁護士, 新人弁護士の仕事の中身, 子育てと仕事, 企業側で活動する弁護士の業務), 4 司法試験と司法修習（司法試験受験案内, 新司法試験合格者体験記（私のとった勉強法, 合否を分ける、という意識), 司法試験合格、そして司法研修所へ, 司法修習ウォッチング）

法学書院 2010.3 208p 21cm（もっと知りたい 1）1600円 Ⓘ978-4-587-62100-1

続刊

『2 司法書士の仕事―市民生活をサポートする法律家』AZ TRUST編 2010.4
『3 行政書士の仕事―市民と行政をつなぐ街の法律家』岩上義信著 2010.3
『4 弁理士の仕事―知的財産法のプロフェッショナル』弁理士受験新報編集部編 2010.7
『5 公認会計士の仕事―企業会計のプロフェッショナル』朝香達也, 加藤暁夫, 土屋隆一郎, 二瓶豊著 2010.7
『6 税理士の仕事―財務・会計のエキスパート』高橋茂久, 青木岳人, 櫻井洋著 2011.4
『7 通訳ガイドの仕事―日本と海外をつなぐ民間外交官』JFG:全日本通訳案内

士連盟編 2010.10
『8 気象予報士の仕事―将来有望！就職にも有利なライセンス』法学書院編集部編 2011.2
『9 社会福祉士・介護福祉士の仕事―長寿大国を支えるプロフェッショナル』法学書院編集部編 2010.7
『10 ケアマネ&ヘルパーの仕事―介護の最前線を担うプロフェッショナル』法学書院編集部編 2010.9
『11 心理カウンセラーの仕事―こころの問題を解決するスペシャリスト』法学書院編集部編 2011.5

『医師・看護師・救急救命士―ひとの命をすくう仕事』

目次 医師（医師ってどんな仕事？, 医師の一日, インタビュー 医師の田中盛久さんにききました「患者さんを大切にする、地域に密着した街の名医」, インタビュー 先輩にききました「患者さん思いの、こころのあたたかい医師」, 医師になるには？）, 看護師（看護師ってどんな仕事？, 看護師の一日, インタビュー 看護師の松崎詩織さんにききました「責任感と行動力、決断力をもって患者さんの命をあずかる」, インタビュー 上司にききました「つねに笑顔をたやさない人気者」, 看護師になるには？）, 救急救命士（救急救命士ってどんな仕事？, 救急救命士の一日, インタビュー 救急救命士の平沢千恵美さんにききました「命をすくうお手つだいができることを誇りに思う」, インタビュー 上司にききました「まかせて安心、頼りになる部下です」, 救急救命士になるには？）, ほかにもある！人の命をすくう仕事（薬剤師, 臨床検査技師, 診療放射線技士, 管理栄養士, 保健師, 助産師, 臨床心理士, MR（医療情報担当者）, 移植コーディネーター, 作業療法士, 義肢装具士, 理学療法士, 柔道整復師, 鍼灸師, 整体師, 歯科医師, 歯科衛生士, 歯科技工士）

ポプラ社 2009.3 47p 27cm（職場体験完全ガイド 1）2800円 ①978-4-591-10667-9

続刊

『警察官・消防官・弁護士―くらしをまもる仕事』2009.3
『大学教授・小学校の先生・幼稚園の先生―学問や教育にかかわる仕事』2009.3
『獣医師・動物園の飼育係・花屋さん―動物や植物をあつかう仕事』2009.3
『パン屋さん・パティシエ・レストランのシェフ―食べものをつくる仕事』2009.3
『野球選手・サッカー選手・プロフィギュアスケーター―スポーツの仕事』2009.3
『電車の運転士・パイロット・宇宙飛行士―乗りものの仕事』2009.3
『大工・人形職人・カーデザイナー―ものをつくる仕事』2009.3
『小説家・漫画家・ピアニスト―芸術にかかわる仕事』2009.3
『美容師・モデル・ファッションデザイナー―おしゃれにかかわる仕事』2009.3
『国会議員・裁判官・外交官・海上保安官―国をささえる仕事』2010.3
『陶芸家・染めもの職人・切子職人―伝統産業の仕事』2010.3
『携帯電話企画者・ゲームクリエイター・ウェブプランナー・システムエンジニア（SE）―IT産業の仕事』2010.3
『保育士・介護福祉士・理学療法士・社会福祉士―福祉の仕事』2010.3

『樹木医・自然保護官・風力発電エンジニア—環境をまもる仕事』2010.3
『花卉農家・漁師・牧場作業員・八百屋さん—農水産物をあつかう仕事』2010.3
『新聞記者・テレビディレクター・CMプランナー—マスメディアの仕事』2010.3
『銀行員・証券会社社員・保険会社社員—お金をあつかう仕事』2010.3
『キャビンアテンダント・ホテルスタッフ・デパート販売員—人をもてなす仕事』2010.3
『お笑い芸人・俳優・歌手—エンターテインメントの仕事』2010.3
『和紙職人・織物職人・蒔絵職人・宮大工—伝統産業の仕事2』2011.3
『訪問介護員・言語聴覚士・作業療法士・助産師—福祉の仕事2』2011.3
『和菓子職人・すし職人・豆腐職人・杜氏—食べものをつくる仕事2』2011.3
『テレビアナウンサー・脚本家・報道カメラマン・雑誌編集者—マスメディアの仕事2』2011.3
『歯科医師・薬剤師・鍼灸師・臨床検査技師—健康をまもる仕事』2012.3
『柔道家・マラソン選手・水泳選手・バスケットボール選手—スポーツの仕事3』2012.3
『水族館の飼育員・盲導犬訓練士・トリマー・庭師—動物や植物をあつかう仕事2』2012.3
『レーシングドライバー・路線バスの運転士・バスガイド・航海士—乗りものの仕事2』2012.3
『スタイリスト・ヘアメイクアップアーチスト・ネイリスト・エステティシャン—おしゃれにかかわる仕事2』2012.3
『ラーメン屋さん・給食調理員・日本料理人・食品開発者—食べものをつくる仕事3』2013.4
『検察官・レスキュー隊員・水道局職員・警備員—くらしをまもる仕事2』2013.4
『稲作農家・農業技術者・魚屋さん・たまご農家—農水産物をあつかう仕事2』2013.4
『力士・バドミントン選手・ラグビー選手・プロボクサー—スポーツの仕事4』2013.4
『アニメ監督・アニメーター・美術・声優—アニメーションにかかわる仕事』2013.4
『花火職人・筆職人・鋳物職人・桐たんす職人—伝統産業の仕事3』2014.4
『書店員・図書館司書・翻訳家・装丁家—本にかかわる仕事』2014.4
『ツアーコンダクター・鉄道客室乗務員・グランドスタッフ・外国政府観光局職員—旅行にかかわる仕事』2014.4
『バイクレーサー・重機オペレーター・タクシードライバー・航空管制官—乗りものの仕事3』2014.4
『画家・映画監督・歌舞伎俳優・バレエダンサー—芸術にかかわる仕事2』2014.4
『保健師・歯科衛生士・管理栄養士・医薬品開発者—健康をまもる仕事2』2015.4
『精神科医・心療内科医・精神保健福祉士・スクールカウンセラー—心にかかわる仕事』2015.4
『気象予報士・林業作業士・海洋生物学者・エコツアーガイド—自然にかかわる仕事』2015.4
『板金職人・旋盤職人・金型職人・研磨職人—町工場の仕事』2015.4
『能楽師・落語家・写真家・建築家—芸術にかかわる仕事3』2015.4

『病院で働く人たち―しごとの現場としくみがわかる！』

浅野恵子著

内容 「病院」で働くいろいろな職種を網羅。「病院」の現場としくみがわかります。本書を読むことにより、「病院」のバーチャル体験ができます。実際に「病院」で働く人たちのインタビューにより、具体的な将来のビジョンが描けます。

目次 1 病院ってどんなところだろう？（病院にはこんなにたくさんの仕事があるんだ！，病院をイラストで見てみよう），2 病院の外来ではどんな人が働いているの？（外来の仕事をCheck！，外来の仕事をイラストで見てみよう ほか），3 入院病棟やリハビリ室ではどんな人が働いているの？（入院・リハビリの仕事をCheck！，入院・リハビリの仕事をイラストで見てみよう ほか），4 検査室や手術室ではどんな人が働いているの？（検査・手術の仕事をCheck！，検査・手術の仕事をイラストで見てみよう ほか），5 病院を支えるためにどんな人が働いているの？（医療を支える仕事をCheck！，医療を支える仕事をイラストで見てみよう ほか）

ぺりかん社 2009.5 157p 21cm（しごと場見学！）1900円 Ⓘ978-4-8315-1234-5

続刊

『駅で働く人たち』浅野恵子著 2010.1
『放送局で働く人たち』山中伊知郎著 2010.10
『学校で働く人たち』松井大助著 2010.12
『介護施設で働く人たち』松田尚之著 2011.2
『美術館・博物館で働く人たち』鈴木一彦著 2011.3
『ホテルで働く人たち』中村正人著 2011.4
『消防署・警察署で働く人たち』山下久猛著 2011.8
『スーパーマーケット・コンビニエンスストアで働く人たち』浅野恵子著 2011.10
『レストランで働く人たち』戸田恭子著 2012.1
『保育園・幼稚園で働く人たち』木村明子著 2012.9
『港で働く人たち』大浦佳代著 2013.1
『船で働く人たち』山下久猛著 2013.3
『空港で働く人たち』中村正人著 2013.3
『動物園・水族館で働く人たち』高岡昌江著 2013.3
『スタジアム・ホール・シネマコンプレックスで働く人たち』山中伊知郎著 2013.12
『新聞社・出版社で働く人たち』山下久猛著 2014.7
『遊園地・テーマパークで働く人たち』橋口佐紀子著 2014.11
『牧場・農場で働く人たち』大浦佳代著 2014.12
『美容室・理容室・サロンで働く人たち』津留有希著 2015.1
『百貨店・ショッピングセンターで働く人たち』浅野恵子著 2015.3
『ケーキ屋さん・カフェで働く人たち』籏智優子著 2015.5
『工場で働く人たち』松井大助著 2015.7
『ダム・浄水場・下水処理場で働く人たち』山下久猛著 2015.9
『市役所で働く人たち』谷隆一著 2015.12

『地球を救う仕事―14歳になったら考える 1 平和な世界をつくりたい』

くさばよしみ編著

目次 人と人をつなぐ仕事（高橋真樹／ピースボートの共同代表），兵士を兵士でなくす仕事（瀬谷ルミ子／日本紛争予防センター事務局長），紛争でこわれた社会を立て直す仕事（黒田一敬／JAICA専門家），世界の軍備を減らす仕事（河野勉／国連事務局軍縮局職員），伝える仕事（尾崎竜二／映像ディレクター）

汐文社 2008.2 197p 21cm 1500円 Ⓘ978-4-8113-8412-2

続刊

『2 貧しさをなくしたい』2008.3
『3 命を助けたい』2008.4
『4 苦しみから救いたい』2008.10
『5 温暖化をくい止めたい』2009.3
『6 温暖化をくい止めたい2』2009.4

『人の役に立ちたい―教育・医療・福祉・法律』

しごと応援団編著

内容 「こんな仕事もあるよ！」将来を考え始めたあなたをとことん応援します。人の役に立つ仕事でがんばっている21人の先輩たちからとっておきのメッセージ―おもしろいことや、つらいこと、一番やりがいを感じること。資格のとり方や親身なアドバイスもいっぱい。

目次 1 教育にかかわる仕事（小学校教師，保育士，幼稚園教諭，塾の講師，おけいこごとの先生），2 医療にかかわる仕事（看護師，薬剤師，医師，臨床心理士，歯科衛生士），3 福祉にかかわる仕事（ソーシャルワーカー（社会福祉士），介助コーディネーター（介護福祉士），母子指導員，サービス提供責任者，理学療法士），4 法律にかかわる仕事（裁判官，検察官，弁護士，司法書士）

理論社 2006.4 197p 19cm（女の子のための仕事ガイド 1）1000円 Ⓘ4-652-04951-X

続刊

『人をきれいにしたい―ファッション・デザイン・美容・フィットネス』2006.7
『語学を生かして、世界で働く―国際関係・旅行・語学・ビジネス』2006.11
『おいしいものが好き―つくり手・調理・食の演出・販売』2007.2
『人を楽しませたい―放送・エンタテインメント・広告・レジャー』2007.7
『暮らしを支える―行政・金融・建築・不動産』2007.10
『自然のなかで働きたい―動物・植物・気象・環境』2008.3
『クリエイターになりたい―文章・絵・音楽・コンピュータ』2008.10

『かがやけ！ナース』

くさばよしみ著，河本徹朗画

内容 ナースには、外来患者さんの応対をするナースと、病棟で入院患者さんの看護をするナースとがいる。この本では、おもに病棟で働くナースの仕事をしょうかいする。

目次 第1章 白衣の天使，第2章 ナースのお仕事，第3章 ナースVS患者さん，第4章 ナースのテクニック，第5章 ナースのひみつ，第6章 ナースの心得，第7章 あなたもナースになれる，第8章 ナースのあこがれ

フレーベル館 2001.11 159p 19cm（おしごと図鑑 1）1200円 Ⓘ4-577-02336-9

続刊

『うまいぞ！料理人』 くさばよしみ著，高橋由為子画 2002.3
『ワザあり！大工』 くさばよしみ著，村松ガイチ画 2002.9
『いきいき！保育士』 くさばよしみ著，フローラル信子画 2003.3
『キラリッ美容師』 ミハラチカ著，原あいみ画 2003.9
『アツイぜ！消防官』 くさばよしみ著，どいまき画 2004.5
『はばたけ！先生』 くさばよしみ著，なかさこかずひこ！画 2005.9
『それいけ！新聞記者』 くさばよしみ著，多田歩実画 2006.11

『英語deハローワーク 1 国際舞台で活躍する人の英語コミュニケーション術』

塩見佳代子編著

内容 本書では、特にスポーツ、IT、国際支援、旅行・観光、エンターテイメント、金融、貿易、メーカー、流通、不動産分野に携わっている方や人材・キャリアコンサルタント、会社経営、弁護士、公認会計士、国際特許事務、高級ブティック店員、バイリンガル秘書等、計51名の仕事と英語に関する経験をまとめました。

目次 スポーツ分野，IT分野，国連分野，旅行・観光分野，エンターテイメント分野，人材・キャリアコンサルタント分野，金融分野，貿易分野，メーカー分野，会社経営者，流通分野，法律分野―弁護士，会計分野―公認会計士，国際特許事務分野，ブティック店員，不動産分野，バイリンガル秘書分野

文理閣 2007.1 224p 21cm 2000円 Ⓘ978-4-89259-526-4

続刊

『2　専門分野で活躍する人の英語コミュニケーション術』 2007.1

社会科学に関わる仕事

『法務教官の仕事がわかる本』改訂版

法学書院編集部編

内容 少年院や少年鑑別所等で活躍する現役の法務教官10名の就業記。

目次 1 法務教官とは（法務教官を志すあなたへ，矯正の紹介，法務教官の職場，矯正研究所の紹介，法務教官の待遇、昇任、福利・構成，法務教官の仕事Q&A），2 仕事の現場から（少年院の法務教官，少年鑑別所の法務教官，刑務所の法務教官），3 法務教官になるには（法務教官の採用試験概要，合格から採用まで），4 合格者のとった勉強法―合格体験記（新採用職員に求められること，人に学ぶ、法務教官）

法学書院 2012.3 204p 19cm（公務員の仕事シリーズ）1600円 ①978-4-587-61951-0

続刊

『外交官の仕事がわかる本』改訂第3版 2015.3
『労働基準監督官の仕事がわかる本』新版 2014.4
『裁判所事務官・裁判所書記官の仕事がわかる本』改訂第5版 2014.3
『家裁調査官の仕事がわかる本』改訂第4版 2014.3
『法務教官の仕事がわかる本』改訂版 2012.3

『社会福祉士まるごとガイド―資格のとり方・しごとのすべて』第3版

日本社会福祉士会監修

内容 社会福祉士の仕事中心であるソーシャルワークの基本理念を踏まえ、現場で働く社会福祉士の実際の活動状況や、いろいろな分野での社会福祉士としての活動内容などについて、できるだけ実際の仕事をイメージして理解できるように構成。

目次 第1章「社会福祉士」はソーシャルワーカーの国家資格です，第2章 資格を生かしてあらゆる人とかかわります，第3章 福祉の現場で働く現実，第4章 考えてみたい社会福祉士のこれからの可能性，第5章 あなたに合った資格の取り方を見つけましょう，役立ち情報ページ

（京都）ミネルヴァ書房 2009.5 149p 21cm（まるごとガイドシリーズ 1）1500円 ①978-4-623-05450-3

続刊

『2 介護福祉士まるごとガイド』改訂版 日本介護福祉士会監修 2001.7
『3 ホームヘルパーまるごとガイド』改訂版 井上千津子著 2002.6
『4 保育士まるごとガイド』第4版 高橋貴志監修 2014.1
『5 理学療法士まるごとガイド』第3版 日本理学療法士協会監修 2013.10
『6 作業療法士まるごとガイド』第3版 日本作業療法士協会監修 2013.9
『7 看護師まるごとガイド』改訂版 田中美恵子監修 2012.10
『9 ケアマネジャー（介護支援専門員）まるごとガイド』日本介護支援協会監修 2001.12

『10 ボランティアまるごとガイド』改訂版 安藤雄太監修 2012.7
『11 栄養士・管理栄養士まるごとガイド』香川芳子監修 2002.8
『12 盲導犬・聴導犬・介助犬訓練士まるごとガイド』日比野清監修 2002.8
『13 言語聴覚士まるごとガイド』日本言語聴覚士協会監修 2003.4
『14 歯科衛生士・歯科技工士まるごとガイド』日本歯科衛生士会, 日本歯科技工士会監修 2003.4
『15 福祉レクリエーション・ワーカーまるごとガイド』日本レクリエーション協会監修 2005.3
『16 精神保健福祉士まるごとガイド』改訂版 日本精神保健福祉士協会監修 2014.11 2003.9
『17 福祉住環境コーディネーターまるごとガイド』高齢社会の住まいをつくる会監修 2004.3
『18 義肢装具士まるごとガイド』日本義肢装具士協会監 2005.9
『19 手話通訳士まるごとガイド』日本手話通訳士協会監修 2004.8
『20 保健師まるごとガイド』全国保健師教育機関協議会監修 2012.12

『女性官僚という生き方』

村木厚子, 秋山訓子編

内容 日本的長時間労働の典型だった霞が関が、いま大きく変わろうとしている—。国家公務員の働き方を見直す動きの原動力は、登用政策で増えてきた女性官僚たちだ。次官から30代の専門職まで、様々な省庁で働く様々な年代の女性たちが、仕事の面白さ、出世の意味、家庭や子育てとの両立の課題について語る。霞が関から、日本が変わる？

目次 第1章 公務員の仕事は「翻訳」（前厚生労働事務次官 村木厚子）, 第2章 ワークライフバランスを求めて（内閣人事局 定塚由美子／経済産業省 西格淳子）, 第3章 外交の最先端にいる女性たち（外務省 三好真理、千吉良瑞生、岡本佳子）, 第4章 出向が拓いた職業人生（衆議院調査局 伊藤和子／財務省 石井菜穂子）, 第5章 若手女性官僚たちはなぜ声を上げたのか（厚生労働省 河村のり子／環境省 内藤冬美／財務省 中西佳子）, 第6章「理系女子」の生きる道 技官の仕事（復興庁 佃千加／農林水産省 福本弥生）, 第7章 教育と法 社会のインフラに関わる仕事（文部科学省 大類由紀子／法務省 川野麻衣子）, 第8章「社会の防衛」にこそ女性が必要（防衛省 野田優子／警察庁 羽石千代）, 第9章 働き方の改革は女性だけでなくすべての男女の問題（厚生労働省 河村のり子／環境省 内藤冬美／財務省 中西佳子）

岩波書店 2015.12 189p 19cm 1800円 Ⓘ978-4-00-061078-0 Ⓝ317.3

『救う男たち—東京消防庁の精鋭ハイパーレスキュー』

亀山早苗著

内容 人命救助に国内外で活動するオレンジの男たち。彼らは困難な現場にどう立ち向かうのか！一年間密着し続けた濃厚ノンフィクション。

目次 第1章 六本部ハイパーレスキューができるまで，第2章 六本部ハイパーレスキューのその後，第3章 二本部ハイパーレスキュー，第4章 八本部ハイパーレスキュー，第5章 三本部ハイパーレスキュー，第6章 ハイパーレスキューの歴史、そして今

WAVE出版 2008.11 221p 20cm 1700円 Ⓘ978-4-87290-385-0 Ⓝ317.7

続刊

『**救う男たち 2 東京消防庁で日々「人の命」と向き合う隊員たち**』2009.12

『レスキュー隊のヒミツ80―人命救助のスーパースター』

木下慎次，伊藤久巳著

内容 絶対に助けてくれる頼りになる男たち！Q＆Aで楽しく読める入門書。

目次 レスキュー隊の基礎知識（レスキュー隊って、なに？，レスキュー隊は何のためにあるのですか？ ほか），レスキュー隊の現場活動（レスキュー隊は大災害でなくても出動するの？，レスキュー隊は火を消したりはしないの？ ほか），レスキュー隊の訓練と体づくり（消防レスキューになる人の運動能力や体力を知りたい！，レスキュー隊になるためには、どんな試験を受けるの？ ほか），レスキュー隊の服・装備（レスキュー隊の制服はなぜオレンジ色なのですか？，オレンジ色の制服はゴワゴワしてて動きにくそうだし暑そうにも見えるんですが、ホントはどうなんですか？ ほか）

イカロス出版 2008.11 176p 18cm 933円 Ⓘ978-4-86320-137-8 Ⓝ317.7

『銀行窓口の向こう側』

神保広記著

内容 銀行は金という個人の秘密情報を扱う商売、行員たちの口は堅いし、大抵の用事はATMで済んでしまうから、人々には自分の大事なお金を管理してくれている銀行マンの「顔」が見えない。そこで、その素顔をわかりやすく伝えるために、支店長まで勤め上げた元銀行マンが、在職中に起きた実話を巧みな構成で紹介している。“金融暴露本”や“金融小説”でもない、このユニークな「銀行物語」の面白さ、興味深さには、ぐんぐん引き込まれていくこと必至。本書を読めば、靄がかかっていた“向こう側”の視界がくっきりと晴れてくる…。

目次 現ナマに手を出すな，血も涙もありマス，預金は「銀行が借りているお金」，融資回収作戦，出世の階段，狙われる後継者，政治家との関係，お客様は神様だけど…，銀行マンの家計，金を貸さない理由，怖い「銀行査定」，銀行マンの約束，悩める相続人たち，商店街とのお付き合い，銀行マンの素顔

扶桑社 2007.12 293p 15cm（扶桑社文庫）648円 Ⓘ978-4-594-05559-2 Ⓝ338.5

続刊

『**もっと知りたい銀行窓口の向こう側**』2008.8

『アニメ・ゲーム76の仕事』

内容 思いつく力、見ぬく力、ひきつける力、ひらめく力、夢みる力、きりぬける力、6つの力でキミの可能性がわかる心理テストでメディアの仕事への適正をチェック。

目次 小学生でも入学できるアニメーション大学『BLOOD+』のつくり方（「企画」—物語の「種」を育てる（竹田青滋（株）毎日放送編成局チーフ・プロデューサー），「製作」—“制作”と“製作”の意味はちがう（落越友則（株）アニプレックス企画制作グループププロデューサー）ほか），『交響詩篇エウレカセブン』対談（鵜之沢伸（株）バンダイナムコゲームス代表取締役副社長，佐藤大『交響詩篇エウレカセブン』シリーズ構成作家・脚本），（ゲームができるまで，テレビアニメができるまで ほか），あのアニメの“音”のヒミツ教えます（『AKIRA』（明田川進（株）マジックカプセル代表取締役），『STEAM BOY』（百瀬慶一（株）エムエスインターナショナル取締役副社長）ほか），アニメ・ゲーム業界 全76の仕事ガイド（アニメーションの仕事，ゲーム業界の仕事 ほか）

理論社 2006.5 175p 25cm（メディア業界ナビ）2000円 Ⓘ4-652-04861-0 Ⓝ361.4

『木と森にかかわる仕事』

大成浩市著

目次 第1部 木にかかわる仕事と生き方（樹上から世界を見ると心の曇りは晴れていく，一心に丸太を削るとクマやウシなどがあらわれる，木に自分の力を注ぎ、木の資質を開花させる，素材のおもしろさを生かし、ユニークな木工品に，子どもやお母さんと一緒につくる絵本作家になる），第2部 森にかかわる仕事と生き方（自然を理解することは自然を守ることにつながる，写真と料理でキノコの魅力&醍醐味を発信，撃つという行為にはとっさの判断力が求められる，大事なのは自然に関する知識と危険への対処能力，森は人々の心身を癒し、元気を取り戻す舞台），第3部 木と森にかかわる仕事ガイド

創森社 2006.7 204p 19cm 1400円 Ⓘ4-88340-199-5 Ⓝ366.2

『ヘルパー歳時記—みんなに伝えたい、訪問介護の仕事と本音』

三輪道子著

目次 第1章 利用者の思いに寄りそって，第2章 利用者の暮らしと制度の間で，第3章 見えない援助と見える援助，第4章 生と死を見つめて，ヘルパーの労働条件改善と仲間づくり，ホームヘルパーという生き方—三輪さんの実践に学ぶ

かもがわ出版 2006.7 202p 19cm 1600円 Ⓘ4-7803-0037-1 Ⓝ369.1

『ユニセフではたらこう』

和気邦夫著

内容 子どもたちの笑顔のために国際人道援助の現場から。

目次 第1章 国際公務員への準備, 第2章 ユニセフとの出会い, 第3章 インドからバングラデシュへ, 第4章 憧れのニューヨーク勤務, 第5章 バンコク東アジア地域事務所, 第6章 パキスタンの表と裏, 第7章 ナイジェリアのすごさ, 第8章 わが故郷、東京, 第9章 ユニセフを離れて

白水社 2008.6 229p 19cm 1900円 Ⓘ978-4-560-03179-7 Ⓝ369.4

『「音大卒」は武器になる』

大内孝夫著, 武蔵野音楽大学協力

内容 本音のキャリアガイド！「音大を出てどうする？」の答えが見つかる！音大がもっと好きになる！異色の就職・生き方本。音大生用就職マニュアル付き。

目次 第1部 音大卒を武器にする（音大生の力, 音大生は将来どうなるの？, 音大生が陥りやすい罠, 音大生こそ就職を目指せ！, それでも音楽をやりたい人へ), 第2部 実践編 音大生の就職マニュアル（企業の学生を見る目、就職活動のポイント, 就職活動の流れ、企業の選び方, エントリーシート、履歴書の書き方, 筆記試験、面接の受け方）

ヤマハミュージックメディア 2015.2 193p 19cm 1600円 Ⓘ978-4-636-91065-0 Ⓝ377.9

自然科学に関わる仕事

『ネクスト・アインシュタイン ようこそ研究室へ 1 進化する宇宙大発見』

日本宇宙少年団編, 的川泰宣監修, 高田裕行責任編集

内容 この本は、（財）日本宇宙少年団（YAC）が発行している月刊の科学雑誌『ジュニア・サイエンティスト』に毎月連載している『研究室はワンダーランド』から、宇宙をテーマにした記事を選んで再録し、読みやすいように再編集したものです。小学校高学年から中・高校生向き。

目次 1 語り合いからはじまる「宇宙のはじまり」―佐藤勝彦先生の研究室へ, 2 あの波をつかめ！ ALMAで星誕生の謎を解く―阪本成一先生の研究室へ, 3 私たちの星空へようこそ！日本一のプラネタリウム―名古屋市科学館プラネタリウムへ, 4 三鷹でアロハ！国立天文台すばる室の仕事―すばる三鷹オフィス（すばる室）へ, 5 ふたりの天文学者渡部博士とワタナベ博士―渡部潤一先生の研究室へ, 6 コンピュータで宇宙を作る―小久保英一郎先生の研究室へ, 7 太陽系史をさかのぼる惑星探査軌道の番人―吉川真先生の研究室へ, 8 火星をドライブ!宇宙探査車が走る研究室―久保田孝先生の研究室へ

新日本出版社 2006.2 62p 31×22cm 3200円 Ⓘ4-406-03238-X Ⓝ404

続刊

『2 ぼくらの地球謎に迫れ！』
『3 生物といのちの不思議』
『4 ハイテクノロジーの達人』

『素敵にサイエンス―かがやき続ける女性キャリアを目指して 女性のための理系進路選択 研究者編』

鳥養映子，横山広美編著

内容 理系がお得！女子理系のススメ！女性研究者が語る理系進路選択のメリット。

目次 第1章 今日はどんな新しいことが起こるかしら？（世界中で私しか挑戦しないテーマを拓いていこう，理系に進んで良かった！宇宙の始まりと科学を伝えること），第2章 輝く太陽の生まれた道 私たちが理系に進んだ瞬間（一寸法師よりも更に小さな世界の科学，子育て、そして仕事へのカムバック，世界で「いのち」をつなぐ，「2025年、あなたは何をしていますか？」ほか），第3章 理系へようこそ！（女子大学院生座談会）

近代科学社 2008.5 198p 19cm 1500円 Ⓘ978-4-7649-5003-0 Ⓝ407

続刊

『**素敵にサイエンス 企業編**』中村立子編著 2008.9
『**素敵にサイエンス 先生編**』田中若代編著 2009.7

『理系のための人生設計ガイド―経済的自立から教授選、会社設立まで』

坪田一男著

内容 質の高い研究を続けて、研究者人生で成功するには、若いうちから準備を進めていくほうがいい。経済的に自立し、留学し、業績を向上させ、公募をパスし、教授のポストを得て、会社を作り、ごきげんな人生を送る…。誰も明かさなかった研究人生で成功するための全ノウハウをホンネで説明する。

目次 設計1 基礎知識編―成功のためには「人生設計」が必要だ，設計2 自己分析編―「自分年表」で人生を仮説にする，設計3 経済編―研究者こそ経済的自立が必要だ，設計4 友人・知人編―人的ネットワークを増やすには，設計5 海外ネットワーク編―世界で認められる研究者になる，設計6 ポスト編―母校の教授になるために，設計7 業績向上編―ノーベル賞を狙う気持ちで研究する，設計8 表現編―表現力をつけて社会にアピールする，設計9 インフラ編―会社、学会、NPOを用意する，設計10 時間編―人生設計とは「時間をどう使うか」である，設計11 トラブル編―理系の弱点「危機管理能力」を備えよう

講談社 2008.4 251p 18cm（ブルーバックス）900円 Ⓘ978-4-06-257596-6 Ⓝ407

『科学者ってなんだ？』

梶雅範編

内容 科学者になるには？科学者として成功するには？豪華執筆陣が実像や実態に迫る。06、07年科学ジャーナリスト大賞受賞者も執筆に参加。

目次 第1章 誰が科学者か―はじめにに代えて，第2章 科学者という仕事の誕生

と今，第3章 科学とは何か，第4章 学術論文をめぐって，第5章 研究者への道―大学院とその後，第6章 研究者の現場，第7章 特許と研究―知的財産権の問題，第8章 女性と科学，第9章 科学ジャーナリズムの世界，第10章 研究者倫理

丸善 2007.11 196p 21cm 1500円 Ⓘ978-4-621-07890-7 Ⓝ407

『科学者という仕事―独創性はどのように生まれるか』

酒井邦嘉著

内容 多くの研究者には、共通した考え方や真理に対する独特のこだわりがある。アインシュタイン、ニュートン、チョムスキー、朝永振一郎、キュリー夫人らが残してくれた、真理を鋭く突き、そして美しい言葉を手がかりに、独創性がどのように生まれるかを考えてみよう。科学者という仕事を通して科学研究の本質に触れることは、「人間の知」への理解を深めることにつながるだろう。第一線の研究者によるサイエンスへの招待。

目次 第1章 科学研究のフィロソフィー―知るより分かる，第2章 模倣から創造へ―科学に王道なし，第3章 研究者のフィロソフィー―いかに「個」を磨くか，第4章 研究のセンス―不思議への挑戦，第5章 発表のセンス―伝える力，第6章 研究の倫理―フェアプレーとは，第7章 研究と教育のディレンマ―研究者を育む，第8章 科学者の社会貢献―進歩を支える人達

中央公論新社 2006.4 271p 18cm（中公新書）780円 Ⓘ4-12-101843-5 Ⓝ407

『水族館の仕事』

西源二郎，猿渡敏郎編著

内容 水族館のバックヤード･ツアー。「集める（展示用生物の収集）」、「飼う（飼育）」、「見せる（水槽展示）」、「広める（教育活動）」、「調べる（研究活動）」などの、水族館のお仕事と機能を解説する。

目次 第1部 水族館の仕事，第2部 水槽展示ができるまで，第3部 飼育への飽くなき挑戦，第4部 水族館生まれの生き物たち，第5部 水族たちの保全に取り組む，第6部 水族館と教育―学びの場としての水族館

東海大学出版会 2007.10 243p 21cm 3200円 Ⓘ978-4-486-01770-7 Ⓝ480.7

『野生動物のお医者さん』

斉藤慶輔著

内容 釧路湿原の中にある野生生物保護センターで、絶滅の危機にひんしたオオワシやシマフクロウなどの猛禽類を治療する獣医師。「人間が、野生に帰すのは無理だと判断してしまえば、それで終わってしまう。野のものは、野へ帰してやりたい」と語る斉藤氏の仕事のゴールは、傷の完治ではなく、動物を野生

に帰すこと。日本ではまだめずらしい野生動物専門の獣医師の立場から、野生動物の現状や、命の重みとは？といったさまざまな問題に深くせまります。

目次 第1章 野生の鳥を診る獣医師，第2章 野から来たものは野に帰す，第3章 野に帰れない鳥たちと向き合う，第4章 “ザルの目”をふさいで絶滅をふせぐ，第5章 シカ肉にひそむ「毒のつぶ」，第6章 たちこめる暗雲、しかけられたわな，第7章 ベルサイユの森から始まった，第8章 助けてやれなかった命，第9章 なぜなら、そこに苦しんでいる鳥がいるから

講談社 2009.12 95p 20cm（世の中への扉）1100円 Ⓘ978-4-06-215928-9 Ⓝ488.7

『聖路加病院訪問看護科—11人のナースたち』

上原善広著

内容 たった一人で患者宅を訪れ、医療行為から生活面のケアまで全てをこなす「訪問看護師」。在宅介護や在宅死が大きな注目を集め需要が高まる中、その数は急速に増えつつある。そうした数ある訪問看護ステーションの中でも最先端を走るのが聖路加病院だ。11人のナースたちが昼夜を問わず飛び回る。終末期医療から難病の小児まで—「よりよく生きることとは何か」に正面から向き合う彼女たちの等身大の姿を描く。

目次 第1章 訪問看護師という仕事（新人では務まらぬ，80歳の母が看る中年息子 ほか），第2章 カリスマ・ナース（「まるでホステスみたい」，話しているようで引き出す会話術 ほか），第3章 忘れられないケース・ファイル（40代母の“癒しの子”，呼吸器を着けた「寅さん」ほか），第4章 家で死ぬということ（「最後まで自宅で」，「墓も葬式もいらない」ほか）

新潮社 2007.5 188p 18cm（新潮新書）680円 Ⓘ978-4-10-610215-8 Ⓝ492.9

『空飛ぶナース』

山本ルミ著

内容 「エスコート・ナース」（日本語に訳せば「搬送看護師」）は、急病や怪我で自力で移動できない患者を希望の場所まで送り届ける仕事。著者は、そのミッションに携わりつつ、東京・六本木の「インターナショナル・クリニック」の看護師として働いてきた。来日64年で「無国籍」のドクター・アクセノフが院長を務めるこの不思議なクリニックで起こってきた様々な「事件」や、幾人もの“世界的有名人”との交流、そして、ほとんど知られていない「エスコート・ナース」という仕事の内実を、軽妙なタッチで描き出す。

目次 1 ふたつの顔をもつナース（はじめてのエスコート，インターナショナル・クリニック、ドクターとの出会い ほか），2 不思議なクリニックの交友録（ここは無国籍クリニック，インド人の赤ちゃんは大変 ほか），3 無国籍のドクター（白系ロシア人の子として満州に生まれて，「スパイ」の嫌疑 ほか），4 往診で遭遇したあんなこと、こんな人（決死のジャンプ，新幹線のでこぼこ珍道中 ほか），5 世界を駆けるエスコート・ナース（イズミル・イスタンブールの呪い，忍耐の

ファーストクラス ほか）

新潮社 2007.11 255p 20cm 1400円 Ⓘ978-4-10-305931-8 Ⓝ498.1

『デンタルスペシャリスト歯科技工士への道』

全国歯科技工士教育協議会編

目次 1 歯科技工士を知る（歯科技工士って何だろう？，歯科技工士の魅力，歯科技工士の生活），2 歯科技工を学ぶ（歯科技工士学校へのアプローチ，学生の声，国家試験の内容）

医歯薬出版 2007.11 7, 37p 26cm 1000円 Ⓘ978-4-263-43334-8 Ⓝ498.1

技術・工学に関わる仕事

『Facebookをつくったマーク・ザッカーバーグ』

スーザン・ドビニク著，熊谷玲美訳，熊坂仁美監修

目次 第1章 フェイスブックが生まれるまで，第2章 フェイスブックのスタート，第3章 苦しみながらの成長，第4章 ビジネスの発展，第5章 政治と世間のイメージ，第6章 フェイスブックの未来

岩崎書店 2013.2 126p 23×15cm（時代をきりひらくIT企業と創設者たち 1）2000円 Ⓘ978-4-265-07906-3 Ⓝ007

続刊

『2 Twitterをつくった3人の男』
『3 Googleをつくった3人の男』
『4 Amazonをつくったジェフ・ベゾス』
『5 Wikipediaをつくったジミー・ウェールズ』
『6 Appleをつくったスティーブ・ジョブズ』

『エネルギーの世界を変える。22人の仕事―事業・政策・研究の先駆者たち』

諸富徹監修，若手再エネ実践者研究会編著

目次 自然エネルギービジネスの現場で働く1―独立起業して働く（だれかが始めないと始まらない―バイオマス+温泉事業（ローカルベンチャー 井筒耕平），エネルギーから世界を変える―発電所開発・建設・運営事業（国際ベンチャー 川戸健司）ほか），自然エネルギービジネスの現場で働く2―組織で働く（だれからも奪わない暮らし―百姓発電支援事業（農民連職員 佐々木健洋），地域再生をかけた未来への投資―風力発電融資事業（地方銀行員 佐藤幸司）ほか），自然エネルギー事業を支える現場で働く（プレーヤーたちを支える舞台裏―実践者支援（環境コンサルタント 榎原友樹），百年持続する森づくりとともに

—木質バイオマス事業支援（森林経営コンサルタント 相川高信）ほか），自然エネルギー政策・研究の現場で働く（制度をつくる現場—FIT制度設計（国家公務員 安田將人），エネルギー自治を興すために—市民連携・行政実践（地方自治体職員 池本未和）ほか）

（京都）学芸出版社 2015.4 201p 19cm 1800円 Ⓘ978-4-7615-1350-4 Ⓝ501.6

『企業の研究者をめざす皆さんへ—Research that matters』

丸山宏著

内容 刻々と変化する世界経済や企業戦略の中で、基礎研究部門の果たすべき役割とは？研究員に求められるあり様とは？グローバル企業IBMの東京基礎研究所で所長を務めた著者が、これらの解答として日々発信してきたレターを集大成！さらにこれから企業の研究所を目指す学生にも重要なアドバイスを送ります。研究は「面白いから」やるのではない。「必要だから」やるのだ。

目次 第1章 企業における研究のあり方，第2章 研究について，第3章 コミュニケーションの大切さ，第4章 研究者のキャリア，第5章 リーダーシップについて，第6章 企業の研究所のマネジメント，第7章 知財・契約・技術倫理，第8章 研究所の風土，第9章 企業の研究者をめざす学生の皆さんへ

近代科学社 2009.10 187p 19cm 1600円 Ⓘ978-4-7649-0382-1 Ⓝ507.6

『国づくり人づくりのコンシエルジュ—こんな土木技術者がいる』

土木学会コンサルタント委員会国際競争力特別小委員会編

目次 掌の中の「ひも」は世界平和にのびている／加藤欣一，老技士が言った「you are my family」／土屋紋一郎，「飢えた子を前に何ができるか」を問いながら／吉田恒昭，受益者の「顔が見える、名前が見える、心も見える」／佐藤周一，労苦を共にして「人を育てる」「人が育つ」喜び／福田勝行，「契約」は複合民族社会の必然のルールだった／市川寛，「プロブレムと向き合う旅」はまだまだ終らない／草柳俊二

土木学会，丸善〔発売〕2008.5 189，10p 19cm 1000円 Ⓘ978-4-8106-0659-1 Ⓝ510.4

『建築学生のハローワーク』改訂増補版

五十嵐太郎編

内容 建築士からコミュニティデザイナーまで、各方面で活躍する29人をインタビュー。

目次 設計に自信がある，企画・運用は大切だ，ものづくりの現場で働く，建築をサポートする，研究・教育・文化を盛り上げる，海外で働く，建築以外のジャンルに興味あり

彰国社 2012.2 287p 19cm（建築文化シナジー）2000円
Ⓘ978-4-395-24118-7 Ⓝ520.9

『棟梁―技を伝え、人を育てる』

小川三夫著，塩野米松聞き書き

内容 時代に逆行する「徒弟制度」「共同生活」が、技の継承に必要なのはなぜか？法隆寺最後の宮大工・故西岡常一の内弟子を務めた後、「鵤工舎」を設立、数々の寺社建設を手がけ、後進を育てた著者が、引退を機に語る金言。「技を身につけるのに、早道も近道も裏道もない」「任せる時期が遅かったら人は腐るで」。心に染みる言葉の数々。

目次 第1章 西岡棟梁との出会い，第2章 修業時代，第3章 鵤工舎，第4章「育つ」と「育てる」，第5章 不器用，第6章 執念のものづくり，第7章 任せる，第8章 口伝を渡す，技の伝承を追いかけて―聞き書き者あとがき

文藝春秋 2011.1 230p 15cm（文春文庫）571円 Ⓘ978-4-16-780120-5 Ⓝ521.8

『こどものためのお酒入門』

山同敦子著

内容 お酒は20歳になってから。でも！この本は、未成年でも大丈夫！もっともわかりやすく、もっとも深い「酒」の話。中学生以上。

目次 第1章 自然の恵みと人間の知恵と。だから「お酒」は、生きている。―さまざまなお酒と、情熱の造り手たち（日本酒，ビール，ワイン，焼酎，琉球泡盛），第2章 むこうみずの出発から、素敵なお酒の仲人へ。―酒屋とソムリエ、お酒を深～く伝える仕事（酒屋のご主人・君嶋哲至さん，ソムリエ・佐藤陽一さん）

理論社 2009.2 241p 19cm（よりみちパン！セ）1500円 Ⓘ978-4-652-07842-6 Ⓝ588.5

『ゲームの教科書』

馬場保仁，山本貴光著

内容 人気ゲームの作者が、ゲーム開発の秘密をぜんぶ教えます。プロになりたい人から教養として知りたい人まで、ゲームの「全体像」をつかめる一冊。

目次 第1章 ゲームってなに？，第2章 ゲーム開発ってどんな仕事？（ゲーム開発の手順，ゲーム開発にかかるコストとリスク，或るゲーム開発者の1日），第3章 ゲーム開発者になるには？（ゲーム開発者への道，なにを学んだらよいか，就職活動のためのヒント），第4章 1カ月でゲームを作ろう！（第1週，第2週，第3週，第4週）

筑摩書房 2008.12 188p 18cm（ちくまプリマー新書）780円 Ⓘ978-4-480-68802-6 Ⓝ589.7

産業に関わる仕事

『屠場―みる・きく・たべる・かく　食肉センターで働く人びと』

三浦耕吉郎編著

内容 屠場とはどんな所なのか。牛や豚が食するために屠られ肉へとかわる「その場所」で働く人びとの息づかいや仕事への熱い思いを描き出し「いのちと食」について考える。

目次 第1部 屠るという仕事（風情の屠夫，偶然の職人），第2部 食の世界（細部を見る目と見わたす目―食肉卸業者の仕事，これぞプロの味！―内臓屋さんのホルモン講座），第3部 状況のなかの屠場（存亡の危機に立つ食肉センター，仕事の両義性、もしくは慣れるということ），第4部 食肉センターを支える人びと（こんなんないかなぁ、に応える仕事，裏方の仕事―職場づくりのダイナミクス），第5部 明日の屠場（「屋根」という境界，食肉センターの将来展望）

晃洋書房 2008.4 237p 19cm 1900円 ①978-4-7710-1968-3 Ⓝ648.2

『声をかけなくても！売ってしまうトップ販売員の習慣』

成田直人著

内容 お客様から声をかけられる、お客様に声をかけても断られない、そんな、あなたの接客が楽しくなる「45の方法」を教えます。元・個人売上全国No.1のトップ販売員が教える、お客様がついつい買ってしまう接客術。

目次 1 声をかけたくなる販売員の身だしなみと姿勢，2 声をかけられてもいいような準備をする，3 声をかけたくなる店内での待ち方，4 声をかけたくなる店内での動き方・テクニック，5 声をかけて欲しいお客様の見分け方，6 声をかけてもらいやすくなるチームプレー，7 声をかけてよかったと思われる接客術

明日香出版社 2012.2 206p 19cm（アスカビジネス）1400円 ①978-4-7569-1525-2 Ⓝ673.3

『男子、カフェを仕事にしました。―男性オーナー12人に学ぶお店のはじめかた』

田川ミユ編・著

内容 「カフェ」で食べていくということ。「自分だけの店」を本気で実現する、生きかた。

目次 1 HOW TO become a cafe owner（PEACE，caféイカニカ，CAFÉ FACON，base cafe ほか），2 INTERVIEW to cafe owners（vivement dimanche，le Lion，connacht，長屋茶房 天真庵）

雷鳥社 2012.8 125p 21cm 1600円 ①978-4-8441-3594-4 Ⓝ673.9

『フードコーディネーターという仕事―食の現場第一線で働く』

ジャパン・フードコーディネーター・スクール監修

内容 食のプロフェッショナルたちが語るフードコーディネーターのやりがい、楽しさ。

目次 第1章「食」にまつわるお仕事の現状―フードビジネス・コーディネーターってどんなことするの?，第2章 食の最前線で光る彼女達のストーリー―いきいきインタビュー！才能を活かす転職に挑戦し夢をつかんだ10人，第3章 フードコーディネーターってこんなに楽しい！―わくわく座談会 私がこの仕事に魅力を感じる理由，第4章 食のお仕事を選んだ賢女たちの日々―食の最前線で活躍する7人が実践する仕事のスタイル，第5章 夢をつかめ！講師陣の熱いメッセージ―フードビジネスの権威が語るその魅力、やりがい、可能性，巻末付録 30の質問に答えて自分のタイプを知ろう！

現代書林 2009.12 175p 19cm 1300円 Ⓘ978-4-7745-1215-0 Ⓝ673.9

『ぼくが葬儀屋さんになった理由』

冨安徳久著

内容 映画『おくりびと』の大ヒットもあり、葬儀のあり方や葬儀業界に関心が高まっている。著者・冨安徳久は、18歳で飛び込んだ葬儀業界で旧習や悪弊と闘い続けてきた。腐乱死体の処理などの、身を切られるような辛い体験、先方の親の反対による婚約破棄などの、謂れのない偏見もあった。だが、遺族との心の交流を大切にすることで、さまざまな困難を乗り越えてきた。読めば元気になる、生きる意欲が湧いてくる感動ノンフィクション。

目次 第1章 18歳で"天職"に出会う（破談，なぜ勉強しろって言わないの？ ほか），第2章 遺族の悲しみに寄り添う（はじめて遺体と接触，担当を替えてくれ！ ほか），第3章 命の尊厳に触れる（故郷、愛知県一宮に帰る，警察の指定葬儀社 ほか），第4章 理想の"お見送り"を求めて（セレモニー・ハンター，応援してくれた婦長さん ほか），第5章 葬儀ビジネスに新しい風を！（天の配剤としか思えない，組織があれば理念などいらない？ ほか）

講談社 2009.9 266p 16cm（講談社＋α文庫）743円 Ⓘ978-4-06-281314-3 Ⓝ673.9

『女子のりもの系就職図鑑』

東京乗り物研究会編

内容 操縦・運転・整備など、乗り物に直接かかわる職業についた22人の女性たち。彼女たちのプロフェッショナルな仕事の中身を、制服イラストとインタビューで大公開。

目次 鉄道（函館市電（運転士），上毛電気鉄道（運転士）ほか），空の乗り物（航空自衛隊（航空救難団パイロット），航空自衛隊（ブルーインパルス整備員）ほか），海の乗り物（日本郵船（航海士＆機関士），ＪＲ九州高速船（航海士）ほか），陸

の乗り物（国際興業バス（運転士），警視庁（自動車警ら隊）ほか）

光人社 2008.12 111p 20×15cm 1700円 Ⓘ978-4-7698-1405-4 Ⓝ680

『船しごと、海しごと。』

商船高専キャリア教育研究会編

目次 「仕事」って何だろう？，人びとの暮らしを育む海と船，船乗りの魅力，船舶職員になるための方法，航海士・船長の仕事，機関士・機関長の仕事，港湾での仕事，船造所での仕事，エンジニアの仕事〔ほか〕

海文堂出版 2009.2 223p 21cm 2200円 Ⓘ978-4-303-11530-2 Ⓝ683.8

『東京ディズニーリゾート キャストの仕事』

講談社編

内容 キャストの職種をすべて紹介！掲載写真600点以上。なぜそこにはいつも笑顔があるのか。現役キャストに聞いた生の声満載。

目次 東京ディズニーリゾートのキャストの職種一覧（アトラクションキャスト，カストーディアルキャスト，ワールドバザールキャスト，セキュリティオフィサー ほか），キャストインタビュー（東京ディズニーリゾートキャストStory―パークで働くことの魅力とは，東京ディズニーリゾートキャスト座談会 ほか），キャストについてもっと知ろう！（イベントを開催！表彰制度やスキルアップ支援も充実！―キャストだけの特典がいっぱい！，こんなとき、どうする？―キャスト別シチュエーションクイズ ほか）

講談社 2015.2 94p 26cm（Disney in Pocket）1250円 Ⓘ978-4-06-219334-4 Ⓝ689.5

『黄金の鍵で心、読みます。―コンシェルジュという究極のサービス』

多桃子著

内容 日本人として初めての「コンシェルジュ」となり、最高のサービスの象徴である“黄金の鍵”を持つ著者の、「おもてなしの心」の原点。

目次 1 黄金の鍵と呼ばれる仕事（究極のサービス係、コンシェルジュの仕事，お客様から学んだサービスの原点 ほか），2 一瞬で、「心、読みます。」（どうすれば喜んいただけるのか，十人十色の心を読むために ほか），3「信頼」という言葉の重み（最後まで従業員を信じた総支配人，「人から必要とされる人になりたい」，努力のすべてが究極の信頼につながる，怒っているお客様がほんとうに求めているもの），4「思いやる心」の凄い効果（お客様からの「思い」をいただいた日々，もっとも大切で、もっとも難しいこと ほか），5 感動を呼ぶ一流のサービス（一流のサービスは3パーセントの付加価値で決まる，「Ａ様」に喜ばれたことが「Ｂ様」には通じないとき ほか）

祥伝社 2006.6 220p 19cm 1400円 Ⓘ4-396-68108-9 Ⓝ689.8

『アナウンサーになろう！―愛される話し方入門』

堤江実著

内容 アナウンサーを目指して自分を磨き始めることは、あなたの将来にきっと役に立ちます。発声、発音、敬語のルールなど日本語の常識と、あなたを素敵にする笑顔や姿勢を、元アナウンサーが教えます。

目次 第1章 アナウンサーって、どんな仕事？，第2章 アナウンサーの声の出し方，第3章 アナウンサーの発音，第4章 言葉の力，第5章 アナウンサーの常識，第6章 さあ、あともう少し！

PHP研究所 2014.4 125p 19cm（YA心の友だちシリーズ）1150円
Ⓘ978-4-569-78383-3 Ⓝ699.3

芸術・美術・スポーツに関わる仕事

『現代美術キュレーター・ハンドブック』

難波祐子著

内容 魅力的な展覧会を企画して、時代の新たな価値観や感性を提案するキュレーターという仕事。その醍醐味を紹介すると同時に、華やかに見える仕事の実際の姿を、実務的な展覧会の企画から実施までの流れに沿って具体的に解説する。アーティストとの契約書の雛型など、資料も充実の入門的な手引書。

目次 第1章 キュレーターになるには，第2章 展覧会をつくる，第3章 資金調達と予算管理，第4章 作家・作品の選定と展示計画，第5章 作品の借用と輸送，第6章 会場設営と撤収，第7章 内覧会、関連イベント、会期中の管理，第8章 広報，第9章 カタログ制作

青弓社 2015.9 266p 19cm 2000円 Ⓘ978-4-7872-7381-9 Ⓝ706.9

『イラストレーターの仕事―プロとして知っておきたいノウハウ』

イラストノート編集部編，関根まさみち絵

内容 イラストレーターに求められる資質、受注から納品までの流れ、入稿の作法、売り込み先へのアプローチ方法…など、プロとしてやっていくために必要な知識が満載。

目次 第1章 イラストレーターの仕事／プロの条件（いいイラストレーション、求められるイラストレーション，イラストレーターが活躍する場 ほか），第2章 仕事を増やす／営業のノウハウ（仕事を獲得するコツ，次の仕事に繋げるために ほか），第3章 自己発信による作品アピール（自己発信メディアできっかけをつかむ，展覧会を企画する ほか），第4章 作品スタイルを確立するためのスキルアップ（自分のスタイルを確立し技術を向上させるには，よいものをたくさん見て吸

収し、取り入れてみる ほか)

誠文堂新光社 2009.5 127p 21cm 1600円 Ⓘ978-4-416-80960-0 Ⓝ726.5

『職人を生きる』

鮫島敦著

内容 ものづくりに生きる職人の世界とはどんな世界なのだろう。押絵羽子板、手描き提灯、江戸切子、藍染など伝統的な工芸品にたずさわる職人たちを紹介します。弟子入りのきっかけや厳しい修業の様子、日々の暮らしぶり、技へのこだわりなど、その知られざる素顔に迫ります。手に職をつけ自分らしく生きるための仕事案内。

目次 第1章 職人の世界で、俺は生きる!—覚悟の想い、それぞれに…, 第2章「一人前の職人」、その意味するもの—涙と驚きの修業時代, 第3章 おのれの看板、暖簾を掲げて—独立、腕一本に思いを込めて, 第4章 老舗商家の職人たちは、いま—ブランドを社員として支える、委託生産者として支える, 第5章 技を極める人生、その周辺にあるもの—信念と情熱で伝統工芸を守る

岩波書店 2008.12 207, 9p 18cm (岩波ジュニア新書) 780円 Ⓘ978-4-00-500611-3 Ⓝ750

『女職人になる』

鈴木裕子著

内容 女職人という仕事を学ぶ。仕事の中身から、女というメリット・デメリットまで働く場所としての「女職人」をみつめる。「和の仕事」に就職する方法。

目次 江戸切子, 結城紬, 東京手描友禅, 和裁, 京竹工芸, 陶芸, 和菓子, 岩谷堂箪笥

アスペクト 2005.11 223p 19cm 1500円 Ⓘ4-7572-1197-X Ⓝ750

『図説日本の職人』

神山典士文, 杉全泰写真

内容 日本が誇る職人たちの神の手技、ここに極まる。現代の名工30人の物づくりにかける情熱とその逸品を写真と文章で紹介。

目次 北海道 小樽ガラス, 秋田 樺工芸, 岩手 南部鉄器, 宮城 ビスポーク靴, 新潟 加茂桐箪笥, 東京亀戸 江戸鼈甲, 東京深川 江戸桶, 東京柴又 江戸小物細工, 東京浜町 江戸半纏, 東京浅草 洋傘, 神奈川 箱根寄木細工, 山梨 甲州印伝, 富山 高岡銅器, 愛知 尾張七宝, 石川輪島 漆器, 三重 伊賀組紐, 滋賀 再興湖東焼, 京都 刃物鍛冶, 京都 染物, 京都 京唐紙, 大阪 手打ち鍋, 神戸 帽子, 香川 丸亀団扇, 広島 福山箏, 島根 松江和菓子, 山口 萩焼き, 福岡 博多織, 長崎 波佐見焼, 沖縄 宮古上布

河出書房新社 2007.10 143p 22cm (ふくろうの本) 1800円 Ⓘ978-4-309-76104-6 Ⓝ750.2

『デザインとものづくりのすてきなお仕事』

矢崎順子編著

内容 好きなことを仕事にする、25人のワーキングスペース。

目次 自宅兼アトリエではたらく（イラストレーター（東ちなつ），グラフィックデザイナー（天野美保子／デザインスタジオZU2）ほか），こだわりの空間ではたらく（照明デザイナー（村角千亜希／spangle），フラワーデコレーター（岩尾真紀／Pierre Queue）ほか），気になるお店や会社ではたらく（ガールズトーイディレクター（沖津奈々／株式会社タカラトミー），生活雑貨デザイナー（長谷川美左／アフタヌーンティー・リビング）ほか），自由なスタイルではたらく（ブックディストリビューター＆プレス（茂市玲子），子供服デザイナー＆カフェオーナー（皆川まり子／Mon Trésor & zozöi）ほか）

ビー・エヌ・エヌ新社 2009.10 135p 21cm 1800円 Ⓘ978-4-86100-649-4 Ⓝ757

『デザイナーへの道を知る30人の言葉』

石田純子著，デザインの現場編集部編

内容 今最も活躍するデザイナーが語る、悩みに満ちた若い時代からトップデザイナーに駆け上がるまでの道のり。『デザインの現場』連載、「先輩に聞け！」登場の30人を全て収録。

目次 1章 デザイナーの意志と言葉（箭内道彦，佐藤卓，グエナエル・ニコラ，東海林小百合，小泉誠 ほか），2章 歩みの軌跡を知る（セキユリヲ，松下計，藤森泰司，松永真，広田尚子 ほか）

美術出版社 2009.6 199p 21cm 2000円 Ⓘ978-4-568-50390-6 Ⓝ757

『音楽とキャリア—学生から大人まで、よりよく生きるための新たなアドバイス』

久保田慶一著

内容 音楽とともによく生きていくとはどういうことか。自分のキャリアをどういかして音楽とともに人生を歩むのか。音楽を学び接していく視点から、キャリアとはどういうものかを解説する。特に、高校生や大学生など、今後の進路を決めるための指針としてキャリアという考え方を用いて、自ら進む道を考えていくガイドとなる内容。また、6人の音楽に携わる人々が、どのような経緯でその職につき、現在どう音楽と向かい合っているのかも紹介。音楽と少しでも関係を持った人に、あらためて問う、新たな生き方ガイドブック。

目次 第1部「音楽とキャリア」（キャリアとは，プロになるためには，働くとはどういうことか，職業を選択するとはどういうことか，音楽によるキャリア形成の難しさ，キャリアをデザインする），第2部「音楽を生涯の友に！」（生涯学習として学ぶ音楽，大学教養として学ぶ音楽，音楽大学で学ぶ音楽，音楽大学生のインターンシップ，社会人大学生として学ぶ音楽，職場での音楽），第3部「音楽に生きる人々」（「音楽は自分と向き合うきっかけ」，「仕事を通して音楽の聴き方が変わる」,「音楽との共生を求めて」「いつも傍らに音楽が」,「まずはやってごらんよ、きっとできるから」,「音楽は一生の友達」, キャリアを学ぶ)

スタイルノート 2008.8 213p 21cm 1600円 Ⓘ978-4-903238-20-3 Ⓝ760

『俳優になりたいあなたへ』

鴻上尚史著

内容 どうやって俳優になるの？いい演技って？ルックスは重要？将来の生活は？女優・男優を夢見る人たちに愛を込めて贈る、最良の入門書。

目次 序章 それは東北新幹線の中で始まった, 第1章 俳優ってなんだろう？, 第2章 演技ってなんだろう？, 第3章 俳優の仕事ってなんだろう？, 第4章 どうやって俳優になるんだろう？, 第5章 いい俳優ってなんだろう？, 第6章『テーマ』ってなんだろう？, 第7章 俳優を続けるために大切なことってなんだろう？

筑摩書房 2006.5 175p 18cm（ちくまプリマー新書）760円 Ⓘ4-480-68735-1 Ⓝ771.7

『スポーツライターになろう！』

川端康生著

内容 「見て楽しむ」から「書いて楽しむ」へ！企画の立て方、取材のノウハウ、記事の書き方、インタビューの仕方･書き方、文章力アップの秘策、売り込みのコツ…。取材して書いて楽しむためのフリーランスライター講座。

目次 第1章 スポーツライターになるには（スポーツライターである前に, スポーツライターという職業 ほか), 第2章「取材」をする（「取材をする」とは, 取材をするためには ほか), 第3章「原稿」を書く（「原稿を書く」とは, 原稿の書き方 ほか), 第4章「企画」を立てる（「企画を立てる」とは, 企画を立てるには ほか), 第5章 スポーツライターになったら（たとえばこんなスポーツライター, スポーツライターの「競争」と「対価」ほか)

青弓社 2009.10 203p 19cm 1600円 Ⓘ978-4-7872-9192-9 Ⓝ780

『ボクらの蹴活―夢をかなえた19人の少年時代　プロサッカー選手になりたい』

目次 「とにかく強いヤツらとやってみたかった」内田篤人,「オレの人生、ダイビングヘッドで切り開く！」岡崎慎司,「ボールを触るのが楽しくてしょうがない」玉田圭司,「サッカーが好き。ならば道は開ける」中村憲剛,「毎夜3時間！自主練習でドリブルに磨きをかけた帝京高時代」田中達也,「継続は力なり」小川佳純,「“当たって砕けろ精神”で‼」安田理大,「不器用だから努力する」前田遼一,「“うまいな、すごいな”その気持ちが自分を成長させてくれた」小林大悟,「自分にしかできないプレーをしたい！」石川直宏〔ほか〕

学習研究社 2009.7 248p 19cm（Gakken sports books）1400円 Ⓘ978-4-05-404225-4 Ⓝ783.4

続刊
『続ボクらの蹴活』2012.3

『愛するサッカーを仕事にする本―関連業種を完全ガイド』

フロムワン編

内容 どうすれば仕事に就ける？どれくらいの収入が得られる？実況アナウンサー、フリーライター、サッカー誌編集者、通訳、スカウト、代理人、グラウンドキーパー…etc.30業種35人の先輩が疑問にズバリ答える。

目次 メディア編（八塚浩さん・実況アナウンサー，中村義昭さん・実況アナウンサー ほか），特別対談Part1 2人の会社経営者が語り尽くすサッカー業界の現在地（西岡明彦さん・（株）フットメディア／代表取締役，田辺伸明さん・（株）ジェブエンターテイメント／代表取締役），クラブ編（村林裕さん・社長（FC東京／代表取締役社長），小池晃義さん・強化部（清水エスパルス／強化部課長）ほか），特別対談Part2 メディアとサポーター、双方向からの視点 サッカー人気再燃へメディアが持つ役割（岡田康宏さん・『サポティスタ』編集人，岩本義弘さん・（株）フロムワン／出版本部長），その他職業（間瀬こず枝さん・マネージャー（（株）ソル・スポーツマネージメント），木村精孝さん・代理人（エージェント）ほか）

アスペクト 2008.8 191p 21cm 1429円 Ⓘ978-4-7572-1531-3 Ⓝ783.4

言葉・文学に関わる仕事

『書いて稼ぐ技術』

永江朗著

内容 フリーライターは名乗れば誰でもなれるが、それで食べていけるかどうかが肝心。何をどう書き、得意ジャンルをいかに確立するか。自らのキャリアをどのようにデザインするか。そして、世間をどう渡っていくか―。文筆稼業25年の著者が自らの体験を披瀝し、「書いて生きる方法」を説く。

目次 1 書いて生きるということ（不況だからこそフリーライター，ライター業の手始め，人生設計をどう立てるか），2 読み書きのしかた（永江式発想術，取材のABC，ライターは読者の代行業である），3 世渡りのしかた（業界を渡る、世間を渡る，お金の話，リスク管理術）

平凡社 2009.11 219p 18cm（平凡社新書）740円 Ⓘ978-4-582-85494-7 Ⓝ021.3

『書く仕事入門―プロが語る書いて生きるための14のヒント』

編集の学校文章の学校監修

内容 作家、エッセイスト、ジャーナリスト、ライター、詩人、書家が語る。書いて暮らせるなんて、こんな素敵なことはない。

目次 三浦しをん・作家，吉田豪・プロインタビュアー・書評家，ゲッツ板谷・ライター，本間美紀・キッチンジャーナリスト，宮沢やすみ・コラムニスト，藤臣柊子・漫画家・エッセイスト，矢部澄翔・書道家，たかのてるこ・旅人OL・エッセイスト，藤田徳人・整形外科医・作家，原納暢子・文化ジャーナリスト・音楽評論家，マドモアゼル・愛・西洋占星術家，加藤圭子・児童文学作家，中沢けい・作家，ハタタケル・癒し人

雷鳥社 2008.7 183p 21cm 1500円 ①978-4-8441-3505-0 Ⓝ021.3

『楽しい文章教室―今すぐ作家になれる 2巻 創作ができる』

牧野節子監修

目次 創作の世界にようこそ，創作の形態を知ろう，創作って何？ ジャンルいろいろ，キャラクターの設定 生きている登場人物，活やくする舞台 どこにいる？いつのこと？，作品の組み立て方 物語の構成，ワクワクドキドキストーリー プラスとマイナス，コンクールにちょうせん 読んでもらおう，魔法の力

教育画劇 2011.4 63p 23cm 3300円 ①978-4-7746-1233-1 Ⓝ816

進路・進学先を選ぶ

文・外国語系統
政治・経済・経営・商系統
法系統
教育系統
国際系統
社会系統
理学系統
工学系統

農学系統
環境・総合科学系統
医療・看護・薬学系統
芸術系統
体育系統
高校卒業後の進路に向けて
海外留学で世界を学ぼう

進路・進学先を選ぶ

高校卒業後の進路に向けて、本章では大学入試のための小論文対策に必須の本（主に新書）を学問系統別に選びました。また、大学で学んだことをいかして将来どのような仕事に就きたいのか、進路計画を立てるための学校選びに役立つ本を紹介しています。具体的な目標設定が実現への近道となるでしょう。

文・外国語系統

『哲学入門』

戸田山和久著

内容 神は死んだ（ニーチェもね)。いまや世界のありようを解明するのは科学である。万物は詰まるところ素粒子のダンスにすぎないのだ。こうした世界観のもとでは、哲学が得意げに語ってきたものたちが、そもそも本当に存在するのかさえ疑わしい。「ことばの意味とは何か」「私たちは自由意志をもつのか」「道徳は可能か」、そして「人生に意味はあるのか」…すべての哲学問題は、根底から問い直される必要がある！科学が明らかにした世界像のただなかで人間とは何かを探究する、最もラディカルにして普遍的な入門書。他に類を見ない傑作です。

目次 序 これがホントの哲学だ, 第1章 意味, 第2章 機能, 第3章 情報, 第4章 表象, 第5章 目的, 第6章 自由, 第7章 道徳, 人生の意味—むすびにかえて

筑摩書房 2014.3 446p 18cm（ちくま新書）1000円 ⒾSBN978-4-480-06768-5 Ⓝ100

『高校生のための哲学入門』

長谷川宏著

内容 「自分」とは、「社会」とは。私たちの「生きにくさ」はどこから来ているのか。難解な語を排し、日常の言葉で綴る待望の哲学入門。

目次 第1章 自分と向き合う, 第2章 人と交わる, 第3章 社会の目, 第4章 遊ぶ, 第5章 老いと死, 第6章 芸術を楽しむ, 第7章 宗教の遠さと近さ, 第8章 知と思考の力

筑摩書房 2007.7 212p 18cm（ちくま新書）700円 Ⓘ978-4-480-06360-1 Ⓝ100

『中学生からの哲学「超」入門—自分の意志を持つということ』

竹田青嗣著

内容 自分とは何か。なぜ宗教は生まれたのか。人を殺してはいけない理由は何

か。何となく幸福じゃないと感じるのはなぜなのか…。読めば聡明になる、悩みや疑問に対する哲学的考え方。

目次 1 自分とは何者か（神経症―私はなぜ哲学者になったか, 欲望論哲学の出発点）, 2 世界はどうなっているか（宗教のテーブルと哲学のテーブル, 哲学のテーマ―「神」と「形而上学」について, 宗教と哲学の弱点）, 3 なぜルールがあるのか（大貧民ゲームで近代社会を体験する）, 4 幸福とは何か（ガウェインの結婚―「自分の意志を持つこと」）

筑摩書房 2009.7 207p 18cm（ちくまプリマー新書）800円 Ⓘ978-4-480-68819-4 Ⓝ100

『哲学の使い方』

鷲田清一著

内容 答えがすぐには出ない、あるいは答えが複数ありうる、いや答えがあるかどうかもよくわからない」―そんな時代に、社会生活や人生において、私たちは哲学をどう「使う」ことがきるのか。新たな世界のあり方を考える。

目次 1 哲学の入口（哲学の手前で, 哲学の着手点, 哲学のアンチ・マニュアル）, 2 哲学の場所（哲学とその『外部』, 哲学の知, 哲学と「教養」）, 3 哲学の臨床（哲学の「現場」, 哲学のフィールドワーク, ダイアローグとしての哲学）, 哲学という広場

岩波書店 2014.9 245p 18cm 800円 Ⓘ978-4-00-431500-1 Ⓝ104

『「あなた」の哲学』

村瀬学著

内容「わたし」と「他者」だけで世界はできてはいない！思想史上の重大な欠落を問う。

目次 序章「あなた」と「他者」, 第1章 “三世代存在”としての「あなた」, 第2章「人称」の世界へ, 第3章 飢えと老いのなかの「あなた」, 第4章 ブーバー、レヴィナス、そして西田, 終章「あなた」の方へ

講談社 2010.1 237p 18cm（講談社現代新書）740円 Ⓘ978-4-06-288032-9 Ⓝ114

『西洋哲学の10冊』

左近司祥子編著

内容 ギリシアから現代まで、西洋哲学の名著の入り口に立ってみよう。もっと読んでみたくなる1冊がきっと見つかる哲学読書案内。

目次 恋が求める究極のもの―プラトン・饗宴, 人と関わりながらよく生きる―アリストテレス・ニコマコス倫理学, 自分の中で自分に出会う―アウグスティヌス・告白,「わたし」から出発する―デカルト・方法序説, 理性の運命を物語ろう―カント・純粋理性批判, 人間の自然―ルソー・告白, だれでも読めるが、だれにも読めない書物―ニーチェ・ツァラトゥストラはこう言った,「自由に生きること」

とは―ベルクソン・時間と自由,「存在への問い」を問いつづける―ハイデガー・存在と時間,ブタへの熱意を持ちつづけること―ラッセル・幸福論

岩波書店 2009.1 219,2p 18cm（岩波ジュニア新書）780円 Ⓘ978-4-00-500613-7 Ⓝ130

『自分で考える勇気―カント哲学入門』

御子柴善之著

内容 人は誰しも幸福になりたい。では、幸福に値するように「善く生きる」とはどのような生き方だろうか。カントはこうした問題を考え続け、人間社会に「最高善」という理想を掲げる可能性を見出そうとした。『純粋理性批判』『永遠平和のために』など、彼の主要著作を一緒に読み、自分で考える勇気をもった大人への一歩を踏み出そう。

目次 1章 港町・ケーニヒスベルクの哲人,2章「自由」なくして善悪なし―『純粋理性批判』を読む（"いちばん善いこと"よりもっと善いこと,その"善いこと"は誰にとっても善いはずだ。しかし… ほか）,3章 "善く生きる"って難しい？―『実践理性批判』を読む（善と悪を分けるもの,意志への問い ほか）,4章 自然の世界で自由に生きる？―『判断力批判』を読む（個物との出会い,判断するということ ほか）,5章 最高善をめざす私たち―『永遠平和のために』を中心に1790年代のカントを読む（人間には悪が巣くっている！,権利の領域を確立せよ ほか）

岩波書店 2015.3 196,3p 18cm（岩波ジュニア新書）840円 Ⓘ978-4-00-500798-1 Ⓝ134.2

『ものがたり宗教史』

浅野典夫著

内容 ユダヤ教、キリスト教、イスラム教、仏教、ヒンドゥー教の成立過程・教義・相互関係がこの一冊でやさしくわかる。

目次 1 ユダヤ教,2 キリスト教,3 中世ヨーロッパのユダヤ教とキリスト教,4 イスラーム教,5 仏教,6 ヒンドゥー教,7 近代以降のイスラーム世界

筑摩書房 2009.8 175p 18cm（ちくまプリマー新書）760円 Ⓘ978-4-480-68820-0 Ⓝ162

『神社ってどんなところ？』

平藤喜久子著

内容 七五三や初詣で神社を訪れる人は多いでしょう。日本に約8万社あると言われる神社ですが、訪れた神社の由来を知っている人は少ないのではないでしょうか。身近にある神社についてもう少し深く知ってみませんか？

目次 第1章 神社とは,第2章 神さまのはなし,第3章 神社のなかにはなにがある？,第4章 日本人の生活と神社,第5章 神社の祭り,第6章 日本の神話

筑摩書房 2015.2 201p 18cm（ちくまプリマー新書）820円 Ⓘ978-4-480-68929-0 Ⓝ175

『キリスト教入門』

山我哲雄著

内容 2000年に及ぶ歴史を通じて、欧米の文化の精神的支柱としての役割を果たしてきたキリスト教。本書を読めば、ユダヤ教を母体として生まれ、独立した世界宗教へと発展し、諸教派に分かれていったその歴史と現在や、欧米の歴史、思想、文化との深い関係を学ぶことができます。現代の世界を理解するために役立つ、教養としてのキリスト教入門。

目次 第1章 ユダヤ教とキリスト教, 第2章 ナザレのイエス, 第3章 キリスト教の成立, 第4章 キリスト教の発展―キリスト教の西と東, 第5章 ローマ・カトリック教会, 第6章 東方正教会, 第7章 宗教改革とプロテスタント教会

岩波書店 2014.12 236,6p 18cm（岩波ジュニア新書）860円 Ⓘ978-4-00-500792-9 Ⓝ190

『はじめて読む聖書』

田川建三ほか著

内容 「史上最大のベストセラー」には、何が書かれているのか―。旧約と新約の比較やその成立背景、「新約聖書の個人全訳」という偉業に挑む聖書学者の格闘の歴史、作家や批評家がひもとく文学や思想との関係など、さまざまな読み手の導きを頼りに聖書に近づけば、2000年以上にわたって生きながらえてきた、力強い言葉の数々に出会うことができる。「なんとなく苦手」という人にこそ読んでほしい、ぜいたくな聖書入門。

目次 1 聖書ってどんな本？（山形孝夫）, 2 読み終えることのない本（池澤夏樹）, 3 旧約聖書は意外に新しかった（秋吉輝雄）, 4 レヴィナスを通して読む「旧約聖書」（内田樹）, 5 神を信じないクリスチャン（田川建三）（聞き手・湯川豊）, 6 聖書学という科学（山我哲雄）, 7 旧約的なものと新約的なもの（橋本治）, 8 マタイ伝を読んだ頃（吉本隆明）, 9 聖書を読むための本（山本貴光）

新潮社 2014.8 206p 18cm（新潮新書）720円 Ⓘ978-4-10-610582-1 Ⓝ193

『日本語と外国語』

鈴木孝夫著

内容 辞書を頼りに小説や文献を読んでいるだけでは、他国や他民族の理解は難しいのではないか。六色の虹、黄色い太陽、恥部としての足など、興味深い例をあげながら、国による文化の違いを語るとともに、漢字の知られざる働きに光を当てて日本語の長所をも浮き彫りにする。真の国際理解を進める上で必読の、ことばについてのユニークな考察。

目次 第1章 ことばで世界をどう捉えるか（序論―ことばによる環境認識, orangeはオレンジとは限らない ほか）, 第2章 虹は七色か（世界認識の反映としての言語, 英語の辞書・事典の中の虹 ほか）, 第3章 日本人はイギリスを理解しているか（文献依存の外国文化研究はなぜ生まれたのか, 国際交流の第一歩は何か ほか）, 第4章

漢字の知られざる働き（1）音読みと訓読みの関係（意味論的透明性と不透明性, 高級語彙と基本語彙の関係 ほか）, 第5章 漢字の知られざる働き（2）視覚的弁別要素の必要性（貧弱な音韻・音節構造を補う, 抽象的な意味構造を補う ほか）

岩波書店 2003.4 242p 18cm（岩波新書）780円 Ⓘ4-00-430101-7 Ⓝ804

『日本語教室』

井上ひさし著

内容 井上ひさしが生涯考え続けた、日本と日本語のこと。母語と脳の関係、カタカナ語の弊害、東北弁標準語説、やまとことばの強み、駄洒落の快感…溢れる知識が、縦横無尽に語られる。「日本語とは精神そのもの。一人一人の日本語を磨くことでしか、未来は開かれない」—母校・上智大学で行われた伝説の連続講義を完全再現。日本語を生きるこれからの私たちへ、“やさしく、ふかく、おもしろい”最後の言葉。

目次 第1講 日本語はいまどうなっているのか（母語は精神そのものです, FANCLをファンケルとなぜ読む ほか）, 第2講 日本語はどうつくられたのか（「レモンティー」が正しい日本語, 日本語はどこからきたのか ほか）, 第3講 日本語はどのように話されるのか（最後はかならず母音でおわる, 五つの音色の使い分け ほか）, 第4講 日本語はどのように表現されるのか（日本人に文法はいらない, 日本語の不確定さ ほか）

新潮社 2011.3 182p 18cm（新潮新書）680円 Ⓘ978-4-10-610410-7 Ⓝ810.4

『日本語という外国語』

荒川洋平著

内容 留学生に教えてわかった、意外なおもしろさ・難しさ。日本人のための日本語再入門。

目次 第1章 日本語はどんな外国語か？, 第2章 日本語の読み書きは難しい？, 第3章 日本語の音はこう聞こえる, 第4章 外国語として日本語文法を眺めてみると, 第5章 日本語表現のゆたかさを考える, 第6章 日本語教育の世界へ, 日本語学・日本語教育についてもっと知りたい人のためのブックガイド

講談社 2009.8 249p 18cm（講談社現代新書）740円 Ⓘ978-4-06-288013-8 Ⓝ810.7

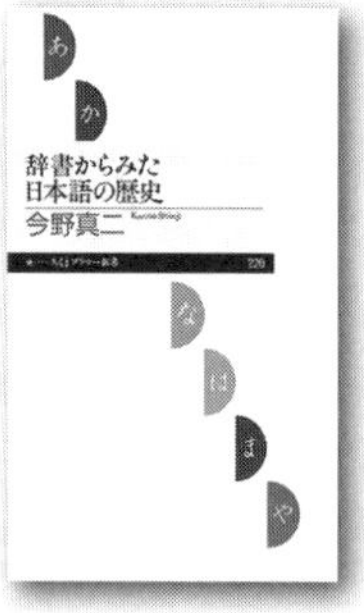

『辞書からみた日本語の歴史』

今野真二著

内容 「日本語の歴史」シリーズ第二弾。現代において辞書は買って使うものだが、江戸時代以前は写すことで所持し、自分で作り上げるものだった。辞書の「作り手」「使い手」の姿を通して、各時代の日本語を活写する。

目次 第1章 辞書の「作り手」と「使い手」—平安～鎌倉時代

の辞書（百科事典的な『和名類聚抄』，漢文訓読がうんだ『類聚名義抄』），第2章 辞書を写す―文学にも日常生活にも対応する室町時代の辞書（成長する辞書『下学集』，文学とも関わりが深い『節用集』），第3章 日本語の時間軸を意識する―江戸時代の三大辞書（「今、ここ」のことばを集めた『俚言集覧』，古典を読むための『雅言集覧』，現代の国語辞書の先駆者『和訓栞』），第4章 西洋との接触が辞書にもたらしたこと―明治期の辞書（ヘボン式ローマ字綴りのもととなった『和英語林集成』，いろは順の横組み辞書『「漢英対照」いろは辞典』，五十音順配列の辞書『言海』）

筑摩書房 2014.10 191p 18cm（ちくまプリマー新書）780円 Ⓘ978-4-480-68923-8 Ⓝ813

『辞書を編む』

飯間浩明著

内容 「右」「愛」「萌え」「キャバクラ」…。あなたなら、これらのことばをどう定義するだろうか。国語辞典を引くと、語釈の特徴が辞書によってそれぞれ違う。われらが『三省堂国語辞典（サンコク）』は、他の辞書とは違った視点で集めたことばに、誰にもまねのできない語釈をつけたい。でも、どうやって？―『サンコク』の改訂作業に追われる辞書編纂者が、辞書作りの実際を惜しみなく公開、「感動する辞書を作りたい」という情熱を語る。街なかでの用例採集、語釈をめぐる他辞書との競争など、知られざるエピソードを通じて、国語辞典がいかに魅力に満ちた書物であるかを伝える。

目次 第1章「編集方針」，第2章「用例採集」，第3章「取捨選択」，第4章「語釈」，第5章「手入れ」，第6章「これからの国語辞典」

光文社 2013.4 268p 18cm（光文社新書）800円 Ⓘ978-4-334-03738-3 Ⓝ813.1

『「私」を伝える文章作法』

森下育彦著

内容 心のもやもやを文字にしよう。答えは自分の中にしかない。記憶の引き出しから「私」を形作っているものを見つけ出そう。

目次 第1章「書く」とはどういう営みか，第2章「私」の言葉へ，第3章 書きだす前に，第4章 エピソードを書く，第5章 空間を描く 観察すること・感じること，第6章「私」を開く，第7章 感覚の経験

筑摩書房 2015.3 255p 17cm（ちくまプリマー新書）880円 Ⓘ978-4-480-68936-8 Ⓝ816

『考える力をつける論文教室』

今野雅方著

内容 まっさらな状態で「文章を書け」といわれても、まず書けない。「論文の書き方」の本を読んではみても、添削は赤字だらけ。自分に言いたいことがなければ小手先の文章で終わる。社会を知り、自分を知ることから始める、戦略的論

文入門。

目次 1 文章の読み方・要約の仕方―竹内敏晴著『ことばが劈かれるとき』を題材に（課題文 1 引き裂かれたからだ―Nの場合, 課題文の筆者と演習の結果, なぜ的確に考え書くことができなかったか, 論文を一本仕上げるまでの過程, 授業では, 課題文の予備的検討, 課題文の本格的検討と戦略的検討）, 2 設問の核心に迫る方法―藤木久志著『戦国の作法』の「はしがき」から（課題文 2 藤木久志著『戦国の作法』の「はしがき」から, 検討方法のおさらい, 課題文の本格的検討, 課題文の戦略的検討）, 3 自分の感じ方をどうことばにするか―歴史家アラン・コルバンのインタビュー記事に即して（予備的検討, 課題文の戦略的検討, 課題文の本格的検討）

筑摩書房 2011.4 223p 18cm（ちくまプリマー新書）840円 Ⓘ978-4-480-68861-3 Ⓝ816.5

『漢字の歴史―古くて新しい文字の話』

笹原宏之著

内容 そもそもは中国語を表す文字だった漢字。その漢字と日本語という本来は異質なものがどう融合してきたのだろうか。試行錯誤の歴史を解き明かす。

目次 第1章 文字とはなんだろう（そもそも文字とは, 文字の造られ方 ほか）, 第2章 漢字とはなんだろう（漢字の起源, 漢字とはなんだろう ほか）, 第3章 国境を越える漢字（漢字、国境を越える, 日本にやってきた漢字 ほか）, 第4章 日本語に入った漢字（漢字音とは, 万葉仮名 ほか）, 第5章 文字資料で見てみよう（文字資料の残され方・失われ方, 日本に残っている文字の資料）

筑摩書房 2014.9 201p 18cm（ちくまプリマー新書）820円 Ⓘ978-4-480-68922-1 Ⓝ821.2

『国際共通語としての英語』

鳥飼玖美子著

内容 いま、どんな英語力が求められているのか。ネイティブ並みに話せなくてもいい、グローバル時代では自分らしい英語の発信を。「通じる」英語を目指す！

目次 第1章 通じる英語とは何か, 第2章 発信するための英語, 第3章「グローバル時代の英語」が意味するもの, 第4章 国際共通語としての英語と学校教育, 第5章 英語教育で文化をどう扱うか, 第6章 国際英語は動機づけになるか

講談社 2011.4 194p 18cm（講談社現代新書）740円 Ⓘ978-4-06-288104-3 Ⓝ830.4

『高校生のための英語学習ガイドブック』

佐藤誠司著

内容 もっと英語を読む力をつけたい、聞く力をつけたい―そんな願いに応える本。パソコン、インターネットを利用して、効果的な学びができる。リスニングには動画サイトのニュースやアニメ、単語学習にはExcelを使った単語データベースづくりなど、ツールと使い方をしめした。

目次 第1章 英語学習の目的（あなたの人生と英語との関わり, 日本人の英語力 ほか）, 第2章 英語学習の分野とツール（英語学習の全体像, 英語学習の分野 ほか）, 第3章 英単語の学習法（単語の何を覚えるか, 英単語集の選び方 ほか）, 第4章 英語の基本ルール（音声の基本的なルール, 文法の基本的なルール）, 第5章 大学入試の英語（入試英語の変化, 大学入試（英語）の基礎知識 ほか）

岩波書店 2012.3 213p 18cm（岩波ジュニア新書）840円 Ⓘ978-4-00-500708-0 Ⓝ830.7

『語源の音で聴きとる！英語リスニング』

山並陞一著

内容 「読み書き英語」で学習してきた日本人に欠ける聴きとり能力。これを克服するのが山並メソッドだ。たった200の基本音を覚えることで相手の言っていることに瞬時に対応できるようになる。英会話が滑らかに進む画期的な学習法。

目次 複雑な英語も音しだい, 古代ギリシャの神殿と女神たち, 種を育てる, どっしり座る太陽, 獲物ときまり, 村の暮し, 押す、引く、まわす, 手仕事とからだの機能, くう寝るところに住むところ, 森と湖, 心は揺れる, 脳のはたらき, 時間、空間, 形、性状、そのはたらき, バカにできない木片, うごく, パー perと通る

文藝春秋 2011.12 286p 18cm（文春新書）820円 Ⓘ978-4-16-660837-9 Ⓝ832

『物語もっと深読み教室』

宮川健郎著

内容 文学作品は、何が書いてあるか（内容）だけでなく、どう書いてあるか（表現）に着目して読むと、もっと深く読みこむことができます。語られ方に注目して、主人公、語り手、作者など、作品の要素に気を配りながら、宮沢賢治の童話や夏目漱石の「こころ」など、教科書でもおなじみの名作を講義形式で楽しく読み解いていきます。

目次 1「物語」に驚ける？, 2 語っているのはだれ？, 3 だれが見たことを語っているの？, 4「ファンタジー」ってなんだろう, 5 日本の近代小説を「ファンタジー」として読むと…, 6「作者」をわすれる練習, 7 新しい現実を創り出すことば, 8 それなら、どのように書く？

岩波書店 2013.3 209p 18cm（岩波ジュニア新書）820円 Ⓘ978-4-00-500739-4 Ⓝ901.3

『書き出しは誘惑する―小説の楽しみ』

中村邦生著

内容 作品の手応えをどう伝えるか。誘いの力となる書き出しには、小説家たちの多彩なアイデアと工夫が凝集されている。それらを導きの糸として、小説の魅力や読む楽しさを解説する。名作、問題作、異色作、あらゆるジャンルの小説を洋の東西、長短編にかかわらず多様な切り口から紹介する。巻末には作品リストを付す。

目次 1 まず笑ってしまう―ユーモアにご用心, 2 早くも異変の兆しが―事件のゆくえ, 3 風景が浮かびあがる―物語の舞台, 4 ある都市の肖像―さまよう心, 5 この断言に心ひかれて―アフォリズムで決める, 6 いきなり手紙をのぞく―書簡体小説の秘密, 7 こんな気分に誘われて―感情と心理の動き, 8 このような人がいます―人物紹介からのはじまり, 9「こんな書き出しは、どうでしょう？」―会話は簡単そうで難しい, 10 プロムナード―まだあります、こんな書き出し

岩波書店 2014.1 223p 17cm（岩波ジュニア新書）840円 Ⓘ978-4-00-500763-9 Ⓝ902.3

『心と響き合う読書案内』

小川洋子著

内容 人間が虫になることよりも、さらに不気味な不条理を描いている『変身』（カフカ）。言葉では書けないことを言葉で書いた『風の歌を聴け』（村上春樹）。「自分のために詠まれたのでは」と思える歌が必ずある『万葉集』…。小川洋子さんと一緒に、文学の喜びを分かち合いませんか？本書では未来に残したい文学遺産を52編紹介します。若い方にとっては最高の文学入門。「本の虫」を自認する方にとっては、新たな発見が必ずある作品論です。人気のFM番組「Melodious Library」、待望の書籍化。

目次 第1章 春の読書案内（『わたしと小鳥とすずと』金子みすゞ―個人の感情を越えた寂しさ、切なさ,『ながい旅』大岡昇平―謝罪する時にこそ、人間の本質があらわれる ほか）, 第2章 夏の読書案内（『変身』カフカ―人間が虫になる不条理よりも不気味なもの,『父の帽子』森茉莉―父に溺愛された娘の自由自在な精神 ほか）, 第3章 秋の読書案内（「ジョゼと虎と魚たち」田辺聖子―男の子なら愛さないではいられないジョゼの女心,『星の王子さま』サン・テグジュペリ―肝心なことはいつでも心の中にある ほか）, 第4章 冬の読書案内（『グレート・ギャツビー』スコット・フィッツジェラルド―絶望という一点にのみ突き進んでゆく悲劇,『冬の犬』アリステア・マクラウド―厳寒の島に暮らす少年と犬の別れを、淡々と描く ほか）

PHP研究所 2009.3 317p 18cm（PHP新書）840円 Ⓘ978-4-569-70509-5 Ⓝ904

『本へのとびら―岩波少年文庫を語る』

宮崎駿著

内容 「生まれてきてよかったんだ、と子どもにエールを送るのが児童文学」。アニメーション界のトップランナーとして世界的に注目される著者が、長年親しんできた岩波少年文庫の中からお薦めの50冊を紹介。あわせて、自らの読書体験、児童文学の挿絵の魅力、そして震災後の世界についてなど、本への、子どもへの熱い思いを語る。

目次 1 岩波少年文庫の50冊（星の王子さま, バラとゆびわ, チポリーノの冒険, ムギと王さま, 三銃士 ほか）, 2 大切な本が、1冊あればいい（自分の1冊にめぐり逢う―少年文庫を語る, 3月11日のあとに―子どもたちの隣から）

岩波書店 2011.10 167p 18cm（岩波新書）1000円 Ⓘ978-4-00-431332-8 Ⓝ908

『ふしぎなふしぎな子どもの物語―なぜ成長を描かなくなったのか？』

ひこ・田中著

内容 「ドラゴンクエスト」「ファイナルファンタジー」「ペルソナ」などのテレビゲームから、ウルトラシリーズや仮面ライダーシリーズなどのテレビヒーローもの、「ガンダム」「エヴァンゲリオン」「魔法使いサリー」などのアニメ、「ベルサイユのばら」「綿の国星」「ホットロード」などのマンガ、そして著者が専門の児童文学まで、あらゆるジャンルの「子どもの物語」を串刺しにして読み解く試み。そこから見えてきた、「子どもの物語」の大きな変化とは―。

目次 1章 テレビゲーム, 2章 テレビヒーロー, 3章 アニメ（男の子編）, 4章 アニメ（女の子編）―魔法少女, 5章 世界名作劇場, 6章 マンガ, 7章 児童文学, 8章 子どもの物語たちが示すもの

光文社 2011.8 372p 18cm（光文社新書）950円 Ⓘ978-4-334-03638-6 Ⓝ909.3

『古典を読んでみましょう』

橋本治著

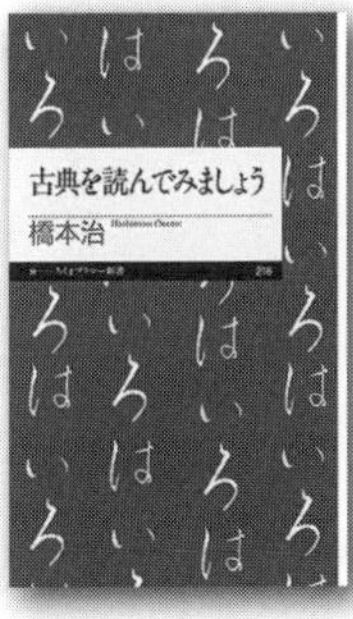

内容 えっ、浦島太郎はじいさんじゃなくて、鶴になったの？一寸法師はじつは性格が悪くてやりたい放題だった？日本の古典は自由で、とても豊かだ。時代によっていろいろある古典が、これで初めてよくわかる。

目次 「古典」て、なんでしょう, 古典を読んでみましょう, ちょっと意地悪な樋口一葉, 和文脈の文章と漢文脈の文章, 日本語は不思議に続いている, はっきりした説明をしない小野小町, 春はどうして「曙」なのか？, 分からないものを読んでもよく分からない, 亀の恩返し, 古典を読んだ方がいい理由, 今とは違うこと, 意外に今と同じこと, 歴史はくるくると変わる, 日本語が変わる時, 人の声が言葉を作る, 漢文の役割,『日本書紀』の読み方, 王朝の物語を読んでみましょう

筑摩書房 2014.7 239p 18cm（ちくまプリマー新書）860円 Ⓘ978-4-480-68920-7 Ⓝ910.2

『未来力養成教室』

日本SF作家クラブ編

内容 使い方を間違えれば、誤解を生んだり相手を傷つけることもあるけれど、うまく鍛えれば、冒険の後押しをしてくれたり、不幸を防いだり、夢を実現する力を与えてくれる―、そんな「想像力」を使いこなし、自分の未来を切りひらく秘訣とは？日々想像力を駆使する9人の人気SF作家が、それぞれの10代を振り返りながら語ります。

目次 小さなお部屋（新井素子）, SFを読むことが冒険だった頃（荒俣宏）, 夢と悪夢の間で（上田早夕里）, 未来は来るのか作るのか（神坂一）, 想像しなくて

は生きていけない（神林長平），IT'S FULL OF FUTURES…（新城カズマ），皆さんに受け渡す未来のバトンについて（長谷敏司），想像力の使い途（三雲岳斗），物語の彼方へ―SFのことなど（夢枕獏）

岩波書店 2013.7 150p 18cm（岩波ジュニア新書）780円 Ⓘ978-4-00-500750-9 Ⓝ910.2

『世界の読者に伝えるということ』

河野至恩著

内容 “日本”が世界で読まれるための戦略とは。クールジャパンを唱える前に、日本文化の発信に大切なことは、何だろう？アメリカで森鴎外を学んだ著者が、文学と批評から考える。

目次 「世界の読者」の視点，第1部 ひとつめのレンズ比較文学篇―世界文学としての日本文学（アメリカで学んだ、日本文学の大切なこと，「世界の読者」から読みかえる村上春樹，「世界文学」という読みかた，海外の大学から見る「日本文学の発信」），第2部 ふたつめのレンズ地域研究篇―日本研究からみる日本文化・ポピュラーカルチャー・現代日本の批評（日本研究という視点，日本研究で「日本らしさ」を語ることのむずかしさ，日本のポピュラーカルチャーを研究する，海外の日本研究から読む、現代日本の批評），すべての文化は「世界の財産」である

講談社 2014.3 246p 18cm（講談社現代新書）800円 Ⓘ978-4-06-288255-2 Ⓝ910.4

『古典和歌入門』

渡部泰明著

内容 理想の春、恋人への言い訳、旅のルポ、観音様のお告げ―勅撰集の部立てにならい、四季、恋、雑（世の中・人生）、祈りの4章を立て、和歌史を代表する48首を選出。詠まれた状況、歌人や文法の解説を交え、やさしく読みほどきます。時を越え、人々の願いを今に伝える“祈りの文学”、古典和歌の魅力を味わおう。「あとがき―和歌の一生」では、和歌文化を簡潔に解説。

目次 1 四季（春，夏 ほか），2 恋，3 雑―世の中・人生（賀，旅 ほか），4 祈り（神，仏 ほか）

岩波書店 2014.6 215,4p 17cm（岩波ジュニア新書）840円 Ⓘ978-4-00-500775-2 Ⓝ911.1

『漢詩のレッスン』

川合康三著

内容 たった4行からなる漢詩「絶句」。この本では、唐の時代に作られた有名な15首をじっくり味わいます。試験に合格した喜び、恋人との別れ、はるかな故郷への思い、山や川の美しい風景…。1000年以上も愛されてきた詩は、いまも変わらず私たちの心へ響きます。漢詩の歴史や読み方など、基本的な知識も丁寧に解説しています。気軽に漢詩の世界をのぞいてみませんか。

目次 1 絶句を知ろう（詩のかたち, 唐詩の時期区分, 詩を作る人々, 日本人と漢詩）, 2 絶句を読もう（小鳥さえずる春の朝―孟浩然「春暁」, 月光のもとに故郷を思う―李白「静夜思」, 去年と同じ春―杜甫「絶句」（江碧にして）, 柳の色がさそう悲しみ―王昌齢「閨怨」, 夢破れて老いる―張九齢「鏡に照らして白髪を見る」ほか）

岩波書店 2014.11 260p 18cm（岩波ジュニア新書）880円 Ⓘ978-4-00-500789-9 Ⓝ921.4

『英詩のこころ』

福田昇八著

内容 唱歌「蛍の光」は知っていますね。では、そのメロディーで歌われる英詩をご存じですか？「忘れられようか幼なじみ」ではじまるバーンズ作「遠いあのころ」です。愉快なうた、恋のうた、かっこいいうた、これぞsadというううた、…。名文句の宝庫である英詩を、まず原文のひびきを伝える訳詩で、つぎに原詩を、声を出して味わってみませんか。

目次 1 こんな愉快な詩がある, 2 前を向いて生きよう！, 3 もし、こんな風にくどかれたら, 4 かっこよさの極み, 5 これぞsad, 6 これぞsweet, 7 悠々たる語り口を楽しもう

岩波書店 2014.1 208,2p 17cm（岩波ジュニア新書）820円 Ⓘ978-4-00-500764-6 Ⓝ931

歴史・文化

『考古学の挑戦―地中に問いかける歴史学』

阿部芳郎編著

内容 縄文人は何を食べていた？石器のキズは何を語る？貝の腕輪はどうやって作った？モノの用途や技術を解明して、文字のない時代に歴史の光を当てる考古学は、さまざまな分野と協力して新しい事実を明らかにしようとしています。6人の研究者たちが“現在と未来を結ぶ人間学”としての魅力をつたえる本。

目次 序章 発掘からはじまる歴史学, 第1章 炭の粒で年代を測る, 第2章 森の資源とその利用, 第3章 食べたものを明らかにする, 第4章 石器が語る「使用履歴」, 第5章 ミクロの痕跡から情報を読みとる, 第6章 漆のふしぎとジャパン, 第7章 貝輪作りと実験考古学

岩波書店 2010.6 237,6p 18cm（岩波ジュニア新書）860円 Ⓘ978-4-00-500657-1 Ⓝ202.5

『人類の歴史を変えた8つのできごと 1 言語・宗教・農耕・お金編』

眞淳平著

内容 人類の文明はどのように進化してきたのだろうか。第1巻では、人類の歴史に大きな影響を及ぼした、言語、宗教、農耕、お金の4つに焦点を当て、その発生や成立、伝播の過程、社会に与えた影響や意義について解説、長い人類の歩みのなかで文明がどのように進化したのかわかりやすく論じる。

目次 第1章 言語の登場―100万年以上前（言語がつくり出した人間社会, 動物たちの音声コミュニケーション ほか）, 第2章 宗教の誕生―数万年前（人間の心の奥深くに入り込んだ宗教, 宗教が芽生えたネアンデルタール ほか）, 第3章 農耕の開始―紀元前1万年頃（定住を後押しした農耕, 定住を始めた人類 ほか）, 第4章 お金の登場―紀元前7世紀前後（お金の交換機能, 経済の発展とお金の登場 ほか）

岩波書店 2012.4 262,8p 18cm（岩波ジュニア新書）880円 ①978-4-00-500711-0 Ⓝ209

続刊

2 民主主義・報道機関・産業革命・原子爆弾編』2012.5

『世界史読書案内』

津野田興一著

内容 時間と空間を、読書で自由にかけめぐってみよう！さまざまなテーマの本から迫れば、丸暗記するだけの教科ではなく、自分と今をつかむための本当の「世界史」が見えてきます。古代から現代まで、背伸びして読む専門書からマンガまで、わくわくする書目が並ぶブックガイド。歴史がもっと楽しくなります。

目次 第1章 国民国家が生まれ、広がる, 第2章 20世紀という時代, 第3章 世界各地の「個性」がつくられた！, 第4章 世界がひとつにつながった！, 終章 歴史の中で生きてゆく

岩波書店 2010.5 204p 18cm（岩波ジュニア新書）820円 ①978-4-00-500655-7 Ⓝ209

『NHKさかのぼり日本史 1 戦後 経済大国の“漂流”』

五百旗頭真著

内容 歴史には時代の流れを決定づけたターニングポイントがあり、それが起こった原因を探っていくことで「日本が来た道」が見えてくる。金融グローバル化や新興国の台頭に対応できない「漂流国家・現代日本」―その要因を1989年→1982年→1955年→1951年の“日米関係”のなかに見出す。

目次 第1章 冷戦終結日本の試練―1989年（平成元年）（戦後最大の変動期, 崩れ落ちるベルリンの壁 ほか）, 第2章 “戦後政治の総決算”のゆくえ―1982年（昭和57年）（「21世紀の巨人」か「ひよわな花」か, 復活する日本 ほか）, 第3章 55年吉田路線の選択―1955年（昭和30年）（党人派政治家・鳩山一郎, 吉田と鳩山の確執 ほか）, 第4章 戦後の原点 講和と安保―1951年（昭和26年）（吉田茂という個性, 思いがけない首相就任 ほか）

NHK出版 2011.7 123p 19cm 950円 ①978-4-14-081485-7 Ⓝ210.1

続刊

『**2 昭和 とめられなかった戦争**』加藤陽子著 2011.7
『**3 昭和～明治―挫折した政党政治**』御厨貴著 2011.9

『**4 明治「官僚国家」への道**』佐々木克著 2011.10
『**5 幕末 危機が生んだ挙国一致**』三谷博著 2011.12
『**6 江戸“天下泰平”の礎**』磯田道史著 2012.1
『**7 戦国 富を制する者が天下を制す**』小和田哲男著 2012.2
『**8 室町・鎌倉“武士の世”の幕開け**』本郷和人著 2012.3
『**9 平安藤原氏はなぜ権力を持ち続けたのか**』朧谷寿著 2012.5
『**10 奈良・飛鳥“都”がつくる古代国家**』仁藤敦史著 2012.6
『**外交篇 1 戦後“経済外交”の軌跡**』井上寿一著 2012.9
『**外交篇 2 昭和“外交敗戦”の教訓**』服部龍二著 2012.9
『**外交篇 3 大正・明治帝国外交の光と影**』北岡伸一著 2012.10
『**外交篇 4 幕末 独立を守った“現実外交”**』犬塚孝明著 2012.11
『**外交篇 5 江戸 外交としての“鎖国”**』山本博文著 2013.1
『**外交篇 6 戦国 富と野望の外交戦略**』村井章介著 2013.2
『**外交篇 7 室町“日本国王”と勘合貿易**』橋本雄著 2013.3
『**外交篇 8 鎌倉「武家外交」の誕生**』石井正敏著 2013.5
『**外交篇 9 平安・奈良 外交から貿易への大転換**』山内晋次著 2013.7
『**外交篇 10 飛鳥～縄文こうして“クニ”が生まれた**』加藤謙吉, 仁藤敦史, 設楽博己著 2013.8

『縄文人に学ぶ』

上田篤著

内容 縄文を知らずして日本人を名乗るなかれ。私たちが旬の味覚を楽しむのも、南向きの部屋を好むのも、鍋料理が恋しくなるのも、主婦が家計を預かるのも、玄関で靴を脱ぐのも、家々に神棚や仏壇を祀るのも、みなルーツは縄文にあった！驚くほど「豊か」で平和なこの時代には、持続可能な社会のモデルがある。建築学者でありながら、縄文研究を30年来のライフワークとしてきた著者が熱く語る「縄文からみた日本論」。

目次 縄文人って何？, 山海に生きる, 日の出を遙拝する, 土鍋を火に掛ける, 土器に魂を込める, 旬を食べる, 注連縄を張る, 漆を塗る, 玉をつける, 晴れを着る, 恋を歌う, 男は山野を歩く, 女は里を守る, 祖先と太陽を拝む, 大和魂に生きる, 和して楽しむ,「縄文日本」の未来

新潮社 2013.6 223p 18cm（新潮新書）720円 Ⓘ978-4-10-610524-1 Ⓝ210.2

『戦争と沖縄』改版

池宮城秀意著

内容 1945年、米軍の攻撃を受け悲惨な戦場となった沖縄。守備軍はもとより中学生、女学生までも戦闘にかり出され、多くの住民が戦火のなかを逃げまどいました。多くの人命を失った沖縄戦の実相をつぶさに描き、琉球王朝成立から戦後の本土復帰にいたる沖縄の歴史と人びとのくらしを語ります。沖縄への修学旅行にも役立つ一冊。

目次 1 ひめゆり学徒隊, 2 戦争と沖縄（学童疎開船の悲劇, アメリカ軍の上陸まで ほか）, 3 沖縄の歴史から（沖縄という島, 琉球王朝の成立 ほか）, 4 近代日本のなかの沖縄（廃藩置県と琉球処分, 県政初期のころ ほか）, 5 日本復帰まで（収容所の生活, 戦後の混乱 ほか）

岩波書店 2012.2 199p 17cm（岩波ジュニア新書）820円 Ⓘ4-00-500019-3 Ⓝ219.9

『帝国のシルクロード―新しい世界史のために』

山内昌之著

内容 「帝国」の栄枯盛衰を見つめたシルクロード。その有為転変と人びとの「運命」をイスラムと国際政治に通じた筆者が綴る。司馬遼太郎、カフカ、松本清張は、この路に何を仮託し、島津斉彬とムハンマド・アリー、東西の傑物は何を残したか。東西の歴史をつなぐシルクロードに埋もれる逸話の数々、いま、世界史と日本史の像がいきいきと結びつく。

目次 第1部 歴史と文学をつなぐシルクロード（司馬遼太郎とカフカ, シルクロードのノーベル賞作家―パムクとイスラーム史 ほか）, 第2部 シルクロード古今抄（苦悩する現代のシルクロード, トルコとアルメニアの和解は可能か ほか）, 第3部 日本史とシルクロード異聞（斉明天皇と「麻薬の酒」―『火の路』としてのシルクロード, オスマン宮廷料理と徳川将軍の台所 ほか）, おわりに アジアゲートウェイの未来に向けて

朝日新聞出版 2008.8 260,2p 18×11cm（朝日新書）740円 Ⓘ978-4-02-273225-5 Ⓝ220

『イスラームから世界を見る』

内藤正典著

内容 誤解や偏見とともに語られがちなイスラーム。その本当の姿をイスラーム世界の内側から解き明かす。イスラームの「いま」を知り、「これから」を考えるための一冊。誕生・発展の歴史から、各地で相次ぐ民主化運動の背景まで、知っておきたい基礎知識をしっかり解説。

目次 第1章 誤解されてきたイスラーム, 第2章 イスラームの世界地図, 第3章「アラブの春」とイスラーム, 第4章 イスラームと民主主義, 第5章 世俗主義国家からムスリム国家へ―トルコの挑戦, 第6章 アメリカは、なぜタリバンに勝てないのか, 第7章 ヨーロッパとイスラーム

筑摩書房 2012.8 239p 18cm（ちくまプリマー新書）860円 Ⓘ978-4-480-68885-9 Ⓝ302.2

『知らないと恥をかく世界の大問題 6 21世紀の曲がり角。世界はどこへ向かうのか？』

池上彰著

内容 宗教、経済、資源…世界は大きな転換期を迎えている。深まる混沌と対立。解決の糸口を見いだせるのか？戦後70年、阪神・淡路大震災、地下鉄サリン事件から20年の節目に、21世紀のあるべき世界の姿を考える。

目次 プロローグ 大転換期を迎えた世界, 第1章 大国アメリカの野望と世界への責任, 第2章 ヨーロッパ、衝突の現場から, 第3章 イスラムの台頭—文明の衝突は避けられないのか？, 第4章 人類共通の問題に立ち向かえるのか？, 第5章 戦後70年を迎える東アジアの未来志向, 第6章 突き進む安倍政権が目指すもの, エピローグ 21世紀の世界のつくり方

KADOKAWA 2015.5 278p 18cm（角川新書）820円 Ⓘ978-4-04-082015-6 Ⓝ304

続刊

『**知らないと恥をかく世界の大問題**』2009.11
『**知らないと恥をかく世界の大問題 2**』2011.3
『**知らないと恥をかく世界の大問題 3**』2012.5
『**知らないと恥をかく世界の大問題 4 日本が対峙する大国の思惑**』2013.5
『**知らないと恥をかく世界の大問題 5 どうする世界のリーダー？—新たな東西冷戦**』2014.5

『中東から世界が見える—イラク戦争から「アラブの春」へ』

酒井啓子著

内容 デモによって独裁政権を倒した「アラブの春」から数年。中東地域は、ますます混乱し、テロや内戦が続いている。なぜそんなことになったのだろう。国際社会や宗教は、どう関係したのか。また、中東政治のカギを握る若者たちは、デモや戦場で、何を求めて動いているのか。中東問題を「ちゃんと」知りたい人のためのはじめの一冊です。

目次 序章 イラク戦争から「アラブの春」へ, 第1章 アラブに民主主義はやってくる？（「アラブの春」が始まった, アラブでは民主化は起きないと思われていた, イラク戦争と「民主化」,「アラブの春」の混沌と外圧, 軍への依存）, 第2章 イスラームと政治（宗教が国を割る？, イスラーム主義はなぜ生まれたか, イスラーム政党の台頭）, 第3章 中東の若者が目指すもの（若者たちのフラストレーション, なぜ若者が「テロ」に走ったのか, 新たな運動の形成）, 終章 日本とアラブ

岩波書店 2014.3 216,14p 18cm（岩波ジュニア新書"知の航海"シリーズ）840円
Ⓘ978-4-00-500767-7 Ⓝ312.2

『日本辺境論』

内田樹著

内容 日本人とは辺境人である―「日本人とは何ものか」という大きな問いに、著者は正面から答える。常にどこかに「世界の中心」を必要とする辺境の民、それが日本人なのだ、と。日露戦争から太平洋戦争までは、辺境人が自らの特性を忘れた特異な時期だった。丸山眞男、澤庵、武士道から水戸黄門、養老孟司、マンガまで、多様なテーマを自在に扱いつつ日本を論じる。読み出したら止らない、日本論の金字塔、ここに誕生。

目次 1 日本人は辺境人である（「大きな物語」が消えてしまった, 日本人はきょろきょろする ほか）, 2 辺境人の「学び」は効率がいい（「アメリカの司馬遼太郎」, 君が代と日の丸の根拠 ほか）, 3「機」の思想（どこか遠くにあるはずの叡智, 極楽でも地獄でもよい ほか）, 4 辺境人は日本語と共に（「ぼく」がなぜこの本を書けなかったのか,「もしもし」が伝わること ほか）

新潮社 2009.11 255p 18cm（新潮新書）740円 Ⓘ978-4-10-610336-0 Ⓝ361.4

心理学

『心理学とは何なのか―人間を理解するために』

永田良昭著

内容 「髪をいじるのは会話が退屈だから？」…人の性格や本音を明らかにするのが心理学だとも言われるが、それは違う。心理学は、私たちがどのように世界を認識し意味を読み取り行動しているか、つまり「こころ」の働きの仕組みを追究する学問である。フロイトの夢解釈、アヴェロンの野生児、ケーラーの実験など、代表的な事例を丹念に解説し、心理学がどのような人間像を作り上げようとしてきたのか、その理論と体系を概説する。

目次 序章 心理学のイメージ, 第1章 心理学は何をしようとしているのか, 第2章「こころ」に関する発見と理論の構成, 第3章 環境とどのように関わるか, 第4章 意味の世界の構築, 第5章 人の社会性の基盤と集団・組織体・社会, 終章 心理学の広がり

中央公論新社 2011.8 274p 18cm（中公新書）840円 Ⓘ978-4-12-102125-0 Ⓝ140

『心は前を向いている』

串崎真志著

内容 3カ月児から大人までを対象としたさまざまな心理学実験は、人の心の基本設計をどう浮き上がらせているのか？信頼、想像、錯覚、がまん、疲労、悲しみなどのキーワードごとに、興味深い実験を通して心の向き方を解説します。ネガティブな感情にも役立つ機能があることから、前を向くための秘訣も見えてきます。

目次 第1章 信頼する力, 第2章 想像する力, 第3章 錯覚する力, 第4章 前を向く脳, 第5章 がまんする力, 第6章 疲労は大敵, 第7章 悲しむ力, 第8章 希望の力

岩波書店 2013.12 209p 18cm（岩波ジュニア新書）820円 Ⓘ978-4-00-500762-2 Ⓝ141.5

『動きが心をつくる―身体心理学への招待』

春木豊著

内容 赤ちゃんは周囲の人を自分にひきつけるための反応を生得的に備えて生まれてくる。ひよこの緊急時に発するピーという高い発声に対して、親鳥は敏感に反応する。人間でも赤ちゃんの独特の泣き声は、親を動かす。また大人からみて微笑と見える赤ちゃんの顔面筋肉の反応は、周りの大人にかわいいと思わせるためのものであると考えられている。脳科学ではわからない心と身体の動きとの深～い関係。心身統一のための実践的ボディワークも紹介。

目次 第1章 心が生まれる前, 第2章 心の誕生, 第3章 動き、体、心, 第4章 心が先か、動きが先か, 第5章 動きから心へ, 第6章 レスペラント反応と生理・心理との関係, 第7章 新しい人間の全体像, 第8章 人間の根源の様相, 第9章 からだ言葉, 第10章 エンボディド・マインド, 第11章 生活を豊かにする心身統一ワーク

講談社 2011.8 238p 18cm（講談社現代新書）760円 Ⓘ978-4-06-288119-7 Ⓝ141.7

『「認められたい」の正体―承認不安の時代』

山竹伸二著

目次 第1章「認められたい」の暴走（家族の「空虚な承認ゲーム」,「認められたい」若者たち ほか）, 第2章 なぜ認められたいのか？（アイヒマン実験, 服従の心理と承認欲望 ほか）, 第3章 家族の承認を超えて（発生論的観点からの考察, 承認欲望の起源 ほか）, 第4章 現代は「認められたい」時代か？（「認められたい」欲望の普遍性, 自由か、それとも承認か ほか）, 第5章 承認不安からの脱出（「認められたい」不安からの出口, 自己決定による納得 ほか）

講談社 2011.3 221p 18cm（講談社現代新書）720円 Ⓘ978-4-06-288094-7 Ⓝ141.9

『見られる自分―マザ・コンと自立の臨床発達心理学』

鈴木研二著

内容 あなたの身につけている「カラ」はどのタイプ？心理療法家として、独自の心の発達観を探究しつづけてきた著者が,「三年寝太郎」「一寸法師」「手なし娘」などの昔話や夢を素材に、人生前半に身につける「カラ」（=見られる自分）に焦点をあてて書き下ろしたユニークな深層心理学的発達論。

目次 1部 性格の基本的類型（くっちゃね―「三年寝太郎」, ヤブ女とヤブ男―「飯くわぬ女」, 子どものカラ―「一寸法師」, カラと中身）, 2部 おとなになるということ（一寸法師の旅, 手―「手なし娘」, 脱皮―「桃太郎」と「瓜子姫」, 見られる自分, 彼方からくるもの）

（大阪）創元社 2004.2 366p 19cm 2500円 Ⓘ4-422-11295-3 Ⓝ146.1

『からだ上手 こころ上手』

齋藤孝著

内容 コミュニケーション能力が高く、リーダーシップもある、そんな人を「対人体温」が高い人とよぶ。「対人体温」を上げる能力を獲得するために、「からだ」と「こころ」を整える技術を知ろう。

目次 1日目 こころを整える（「こころ」と「からだ」は分けられない,「こころ」を遭難させないために ほか）, 2日目 からだを整える（「からだ」と自分の関係について考えてみよう, 理想的な「からだ」とは何か ほか）, 3日目 対人体温をあげる（コミュニケーションはなぜ大事か, コミュニケーションできる「からだ」の構え ほか）, 補講 3分でできる「対人体温」の高め方（「対人体温」を即、高めたいとき,「対人体温」が上がりやすいからだをつくる体操）

筑摩書房 2011.2 184p 18cm（ちくまプリマー新書）780円 Ⓘ978-4-480-68856-9 Ⓝ159.7

『コミュニケーションを学ぶ』

高田明典著

内容 一口に「コミュニケーション」と言っても、状況や目的、相手によって、どんなテクニックをどう使うべきかはまったく異なってくる。各種の技術を、理論的に説明しながら、実践での使い方を示す。一生使える「コミュニケーション」の道具箱。

目次 第1章 コミュニケーションは「スキル」である, 第2章 コミュニケーションにもいろいろある, 第3章 相手の態度は？自分の目的は？, 第4章 コミュニケーションを実行する, 第5章 コミュニケーションの基本ワザ, 第6章 交流のためのスキル, 第7章 交渉のためのスキル, 第8章 スタイル変容のスキル

筑摩書房 2012.9 189p 18cm（ちくまプリマー新書）780円 Ⓘ978-4-480-68888-0 Ⓝ361.4

『「しがらみ」を科学する―高校生からの社会心理学入門』

山岸俊男著

内容 社会とは、私たちの「こころ」が作り出す「しがらみ」だ。いじめを止めたいのに傍観してしまう子どものように、望んでもいない行動をとるよう、私たちに仕向ける。そんな社会の構造を解き明かし、自由に生きる道を考える。

目次 第1章 ジントニックと凶悪犯罪―「心でっかち」のワナ（ジントニックのクイズ, 計算式で解こうとすると… ほか）, 第2章 天才は先生に作られる―社会は自分たちで作るもの（教室のピグマリオン, 銀行の取り付け騒ぎ ほか）, 第3章 クジャクのハネと「いじめ」の螺旋―社会ができるプロセス（クジャクのハネはなぜ派手なのか？, 誰も望まない社会現象が生まれるワケ ほか）, 第4章 ぐるぐる巻きの赤ちゃん―社会が分かるとは（文化の違いってなんだろう？, 赤ちゃんをぐるぐる巻きにするのはなぜ？ ほか）, 第5章 空気と社会―がんじがらめの日本社会（日本には、世間はあるけど社会がない？, まわりに気をつかう日本人 ほか）

筑摩書房 2011.11 188p 18cm（ちくまプリマー新書）780円 Ⓘ978-4-480-68871-2 Ⓝ361.4

『安心して絶望できる人生』

向谷地生良，浦河べてるの家著

内容 北海道にある浦河べてるの家。統合失調症などを抱える人たちが暮らす共同体だ。最近べてるの家では、自分の病気を自分で研究する「当事者研究」が盛ん。「幻聴さん」と一緒に暮らし思いが極まれば「爆発」する。そんな自分を「研究」してみると、いつもの苦労や絶望のお蔭で、何だか自分の助け方がわかるように思えるから不思議だね。弱いから虚しいから、絶望の裏返しの希望を見晴かせる。逆転の人生哲学の「爆発」だ。

目次 第1部 自分自身で、共に―弱さを絆に、苦労を取り戻す（「当事者研究」までのプロローグ，べてるの家の「当事者研究」），第2部「弱さの情報公開」をはじめよう―「当事者研究」の実際（「べてるウイルス感染症候群の研究」，「“劇場型”統合失調症の研究」，「“人格障害”の研究その1」，「“人格障害”の研究その2 見捨てられ不安の研究」，「人間アレルギー症候群の研究」，「“サトラレ”の研究」，「起業の研究」，「救急車の乗り方の研究」，「どうにも止まらない涙の研究」），第3部 苦労や悩みが人をつなげる―座談会「私たちにとっての当事者研究」

日本放送出版協会 2006.11 246p 18cm（生活人新書）740円 ①4-14-088199-2 Ⓝ369.2

『ダンゴムシに心はあるのか―新しい心の科学』

森山徹著

内容 「ファーブル昆虫記」にも出てくる、庭先によくいる小さくて丸くなるダンゴムシ。このダンゴムシにも「心」があると考え、行動実験を試みた若い研究者がいた。迷路実験、行き止まり実験、水包囲実験など、未知の状況と課題を与え、ついにダンゴムシから「常識」では考えられない突飛な行動を引き出すことに成功した。大脳がないダンゴムシにも心があり、道具を使う知能もあることを示唆するユニークな実験を紹介し、「心－脳」問題に一石を投ずる。

目次 第1章 心とは何か―「心の定義」を提案する（心とは言葉である，日常的な心の概念 ほか），第2章 ダンゴムシの実験（会社で学んだこと，ダンゴムシとの出会い ほか），第3章 ダンゴムシ実験の動物行動学的意味（心の研究と動物行動学，動物行動学における四つの「なぜ」ほか），第4章「心の科学」の新展開（心とは何であったか，知能の遍在性 ほか）

PHP研究所 2011.4 223p 18cm（PHPサイエンス・ワールド新書）
800円 ①978-4-569-79655-0 Ⓝ481.7

『メンタル失敗学―エゴグラムで読み解く「5つの性格」』

岡本正善著

内容 人はなぜ、同じ過ちを何度もくり返すか。「失敗続き」の人生が激変する3分間メントレ。「勝負所」「逆境」で勝ちを拾える人、拾えない人！「性格別失敗パターン克服法」を教示。

目次 第1章 なぜ、人は「失敗」をくり返すか？（「メンタル」が失敗の原因，メンタル失敗学のすすめ ほか），第2章 エゴグラムで読み解く「性格別失敗パターン」（くり返される「失敗パターン」，性格分析法「エゴグラム」ほか），第3章「成功心」を手にするメンタルトレーニング（「成功する心」とはなにか，メントレ効果UPの5ポイント ほか），第4章 失敗から立ち直るメンタルスイッチング術（「立ち直り力」で逆境から大逆転，ストップ法と行動による条件付け ほか），第5章「大成功」したいならリズムを掴め（小さな労力で大成功する，自分の「山」と「谷」を知ろう ほか）

講談社 2008.9 188p 18cm（講談社プラスアルファ新書）800円 Ⓘ978-4-06-272524-8 Ⓝ498.3

政治・経済・経営・商系統

『14歳からの靖国問題』

小菅信子著

内容 英霊、名誉の戦死、戦犯合祀…。いまなお靖国神社につきまとう様々な問題を通して、戦死者の追悼を平和と和解の未来へつなげるにはどうしたらよいかを考える。

目次 はじめに―100点満点の答えのない問題，第1章「靖国神社」に行ってみる，第2章 英霊，第3章 戦死者を追悼する，第4章 名誉の戦死，第5章 敗戦と靖国神社，第6章 靖国問題を解くために

筑摩書房 2010.7 174p 18cm（ちくまプリマー新書）760円
Ⓘ978-4-480-68844-6 Ⓝ175.1

『政治のキホン100』

吉田文和著

内容 16テーマで全100話。政治の疑問をやさしく解説。

目次 1 キホンのキホン 政治のはじまり（集まる，統合する，決める ほか），2 政治を動かす人たち 政治の参加者（分類，参加方法，中間の団体 ほか），3 政治の仕組み（1）国会と政党 国会（構成，役割，両院の関係 ほか），4 政治の仕組み（2）政府と財政 首相と内閣（行政組織，閣僚と官邸，大統領との比較 ほか），5 私たちと政治 選挙（参政権の歴史，役割，制度 ほか），6 地方の政治と国際政治 地方の政治（歴史と理念，団体自治，住民自治 ほか），7 未来のために 明日の政治を目指して（国際環境，国内環境，政治の構図 ほか）

岩波書店 2014.9 215p 18cm（岩波ジュニア新書）840円 Ⓘ978-4-00-500783-7 Ⓝ310

『政治のしくみがわかる本』

山口二郎著

内容 日本の政治はどんなしくみになっているのでしょうか。政治家とはどんな人たちで、国会や内閣で何をしているのでしょう。政治は私たちの生き方を大きく左右しますが、どこに注意をして、どういうふうに接したらよいのでしょうか。政治を見たり考えたりするときのヒントがたっぷりな一冊です。

目次 1章 政治とは何のためにあるか, 2章 理想の力、現実の重み—世の中をどうやって変えるのか, 3章 メディアと政治—政治を見るときに注意すること, 4章 政治家と政党—どういう人たちが何をしているか, 5章 議会制民主主義とは何か—国会が大切なわけ, 6章 議院内閣制のしくみ—総理大臣がいちばん偉い？, 7章 現代日本の民主政治—どんな問題があるか, 8章 私たちが政治を動かす

岩波書店 2009.7 195p 18cm（岩波ジュニア新書）740円 Ⓘ978-4-00-500632-8 Ⓝ310

『政治の精神』

佐々木毅著

内容 複合的な危機のなか、政治が融解している。問題の核心は何か。政治を支える精神的な素地をどこに求めたらよいのか。マキアヴェッリやトクヴィル、ウェーバー、丸山真男らの思索を手がかりに、政治という営みの本質について、原点に立ち返って吟味。政治家のみならず、政治を取り囲む人々の精神、さらには政党政治の条件について考察する。

目次 第1章 政治を考える視点（丸山真男、1945年の問いかけ—政治的統合をめぐって, 政治的統合の基本構造, 主体の複数性と政治的統合の手続き, 政治的統合のメカニズム, 政治権力の「魔性」）, 第2章 政治をする精神（政治家と権力, 政治家と魂の「大きさ」, 政治家と権力感情、そして堕落, 政治家と判断力、そしてスキル, 政治家と責任問題）, 第3章 政治に関与する精神（丸山真男の問題提起—政治的な思考法とは, 政治参加の意味と無意味をめぐって, 競争と選択のモデル,「正しく理解された自己利益」からの出発）, 終章 政党政治の精神—日本政治のための覚書（政党政治はもつのか, 政党政治の独特な構造, 政治主導、政治家主導、首相主導, 自民党システムの歴史性, 政党改革の一つのツールとしてのマニフェスト）

岩波書店 2009.6 238p 18cm（岩波新書）780円 Ⓘ978-4-00-431189-8 Ⓝ311

『ナショナリズム入門』

植村和秀著

内容 クリミア・尖閣・竹島…衝突は、なぜ起こるのか？21世紀最大の難問。

目次 はじめに ナショナリズムを見た日, 第1章 ネイションの作り方, 第2章 ネイションの自明性—日本の形, 第3章 ネイションの多義性—ドイツの変形, 第4章 人間集団単位のネイション形成（1）—ドイツと東欧, 第5章 人間集団単位のネイション形成（2）—ユーゴスラヴィアの滅亡, 第6章 地域単位のネイション形成（1）—アメリカ大陸の状況, 第7章 地域単位のネイション形成（2）—ヨーロッパの西と南,

第8章 ネイション形成のせめぎ合い―重複と複雑化, 第9章 ナショナリズムのせめぎ合い―東アジアの未来, 第10章 政治的仕組みとネイション

講談社 2014.5 283p 17cm（講談社現代新書）840円 Ⓘ978-4-06-288263-7 Ⓝ311.3

『池上彰の政治の学校』増補版

池上彰著

内容 「票集め」に走る政治家と、「幸せの青い鳥」を求める国民。今の政治の問題点は何でしょう？国会、政党、選挙、官僚制など政治の基礎から、混迷する現在の政局まで、池上彰がわかりやすく解説。ポイントさえおさえれば、政治は難しくない！安倍政権がわかる「特別授業」を追加。投票前の必読書。

目次 ホームルーム 日本の政治の本質を見抜こう, 特別授業・1 安倍政権を徹底解剖, 1限目 選挙―小選挙区制で様変わり, 特別授業・2 米国大統領選挙でわかる民主主義, 2限目 政党―政策よりも票集めと席取り, 3限目 国会―国会の主役はあくまで国民, 4限目 官僚―表で裏で政治家を操る, 特別授業・3「国家元首」をめぐるアラカルト―世界政治から見える日本, 5限目 ネットと政治―新聞・テレビの特権が崩壊, 6限目 ポピュリズム―民主主義政治の病, ホームルーム 良い政治家と国民を育てるために

朝日新聞出版 2013.6 270p 18cm（朝日新書）780円 Ⓘ978-4-02-273511-9 Ⓝ312.1

『まるわかり政治語事典―目からうろこの精選600語』

塩田潮著

内容 政局にする、大臣病患者、ゆ党、ねじれ、身体検査、ハネムーン、踏み絵、死に体…。どんな世界にも専門語や業界用語があるが、政治の世界でも独特の言葉や表現が使われる。政界特有の用語、本来の意味から転じた俗語、隠語、新語、流行語、政治家の語録―。秘蔵の「政治語ノート」から600語を厳選、「言葉で動く政治」の時代を読み解く。

目次 序章「3・11」以後―危機と「政治の言葉」, 第1章 政権運営の政治語―組閣から首相退陣まで, 第2章 民主党政権の政治語―結党から政権奪取、そして八方塞がり, 第3章 権力闘争の政治語―倒す・奪う・守り抜く・撃退する, 第4章 政治家の顔と姿の政治語―実像と虚像と残像, 第5章 政治家の語録―金言・殺し文句・減らず口・逃げ口上・捨て台詞

平凡社 2011.6 358p 18cm（平凡社新書）880円 Ⓘ978-4-582-85590-6 Ⓝ312.1

『政治をみる眼 24の経験則』

芹川洋一著

内容 人間をみれば、政治がみえる。政治をみれば、人間がみえる―。長年の取

材経験と理論研究をベースに、日本政治のゆくえを読み解く24の経験則。一読するだけで、別世界の住人のように思われた政治家が、身近な存在にみえてきて、ニュースが断然おもしろくなる。

目次 第1章 政治は数である, 第2章 政治は権力闘争である, 第3章 政治は言葉である, 第4章 政治は合意形成である, 第5章 政治は立地である, 第6章 政治は風まかせである, 第7章 政治は平等追求の歴史である, 第8章 政治は情報である

日本経済新聞出版社 2008.10 235p 18×11cm (日経プレミアシリーズ) 850円 Ⓘ978-4-532-26021-7 Ⓝ312.1

『行政ってなんだろう』新版

新藤宗幸著

内容 行政の基本的な考え方と役割の歴史的な変化をふまえながら、日本の行政制度のしくみについてやさしく解説して大好評だった旧版に、2000年以降の行政改革による省庁再編や地方分権の進み具合などを大幅加筆。政治と行政の関係、公共事業や福祉政策などの問題点を明らかにしつつ、私たちのくらしに必要な行政のあり方を提示します。

目次 プロローグ 行政をみる眼（ひとつの寓話, 政治と行政はどのような関係をもつのだろうか）, 第1章 行政国家の広がりとその変化（福祉国家への道とその反転, 行政国家とはなんだろうか）, 第2章 日本の行政制度の変遷と現状（日本国憲法による原理の転換と戦前, 議院内閣制と内閣の位置, 省庁の設置と管理はどうなっているか, 公務員制度はどうなっているか, 2000年改革後の中央省庁と自治体との関係）, 第3章 行政の働きが変えた市民のくらし（行政の活動とその手段はなんだろうか, 政府規制の過去といま, 公共事業はどうなっているか, 福祉政策はどのような状況にあるのだろうか, 政府事業の「市場化」とその実際）, エピローグ 市民のコントロールによる行政（いま、行政になにが問われているのだろうか, 上昇型の政府システムをつくろう, 市民の手で行政をコントロールし、新しいパブリックをつくろう

岩波書店 2008.2 230p 18×11cm (岩波ジュニア新書) 780円 Ⓘ978-4-00-500586-4 Ⓝ317

『10万人を超す命を救った沖縄県知事・島田叡』

TBSテレビ報道局『生きろ』取材班著

内容 こんな日本人がいた！命がけで人を守り、戦いぬいた男、島田叡。1945年1月太平洋戦争の最中、米軍が迫る沖縄に戦中最後の知事として赴任。5カ月の間だが、県民保護の立場を貫き通し、沖縄県民と最後まで行動をともにした。玉砕が叫ばれる中で「生きろ」と言い続けた島田の生き方を通して、沖縄戦とはどのようなものだったかを伝え、命の重みを問う。

目次 第1章 赴任直後に県政を再生, 第2章 移動を続ける県庁を指揮, 第3章 島田叡という人間を作ったもの, 第4章 名選手から異色の官僚へ, 第5章 今をもって県庁を解散する, 第6章 島田叡の目指した道

ポプラ社 2014.8 221p 18cm (ポプラ新書) 780円 Ⓘ978-4-591-14125-0 Ⓝ318.2

『やらなきゃゼロ！―財政破綻した夕張を元気にする全国最年少市長の挑戦』

鈴木直道著

内容 夕張メロンで知られる北海道夕張市に全国最年少の市長が誕生した。元東京都職員のごく普通の若者が、財政破綻したまちの再生に取り組む。厳しい財政事情、全国一高い高齢化率、最低水準の行政サービス…難問山積のなか、持ち前の行動力を発揮し、夢と情熱をもって地域再生にチャレンジする若き市長の奮闘記。

目次 30歳。全国最年少市長誕生！（退職金ゼロ、年収は200万円ダウン，落選すれば婚約解消？，「息子は帰ってこないけれど、鈴木さんは帰ってきてくれた」，1000人も集まった街頭演説，全国一高齢化率の高い夕張市に全国一若い市長が誕生），夕張との出会い（中学生の時に出会った恩師，大学を諦め、都庁へ，東京から夕張へ，さまざまなボランティア活動，再生市民アンケートに込めた思い，あなたの声を全国に届けます），財政破綻した夕張の現実（炭鉱から観光へ，353億円の借金を抱えて財政破綻，人口12万人が今では1万人に，全国最低の行政サービス、全国最高の住民負担，毎年26億円返済という重圧），若きチャレンジャー（守っているだけでは死んでしまう，夕張の夢の家，1か月に配った名刺は600枚，さらなる負担増、水道料金の値上げ，国、北海道及び夕張市の三者協議，やらなきゃゼロ！，市民との対話こそ源，世界中から注目されて，夕張を未来のモデルケースに）

岩波書店 2012.12 213p 17cm（岩波ジュニア新書）820円 Ⓘ978-4-00-500731-8 Ⓝ318.2

『経済学に何ができるか―文明社会の制度的枠組み』

猪木武徳著

内容 さまざまな「価値」がぶつかり合う、現代の自由社会。その結果、数々の難問が私たちの前に立ちはだかっている。金融危機、中央銀行のあり方、格差と貧困、知的独占の功罪、自由と平等のバランス、そして人間にとって正義とは、幸福とは―。本書は、経済学の基本的な論理を解説しながら、問題の本質に迫る。鍵を握るのは「制度」の役割である。デモクラシーのもとにおける経済学の可能性と限界を問い直す試み。

目次 第1部 自由と責任（税と国債―ギリシャ危機を通して見る，中央銀行の責任―なぜ「独立性」が重要なのか，インフレーションの不安―貨幣は正確には操作できない），第2部 平等と偶然（不確実性と投資―「賭ける」ことの意味，貧困と失業の罠―その発見から現在まで，なぜ所得格差が問題なのか―人間の満足度の構造，知識は公共財か―学問の自由と知的独占，消費の外部性―消費者の持つべき倫理を考える），第3部 中庸と幸福（中間組織の役割―個人でもなく国家でもなく，分配の正義と交換の正義―体制をいかにデザインするか，経済的厚生と幸福―GDPを補完するもの，経済学に何ができるか）

中央公論新社 2012.10 254p 18cm（中公新書）820円 Ⓘ978-4-12-102185-4 Ⓝ331

『経済学の名著30』

松原隆一郎著

内容 市場経済はいかにして驚異的な経済成長を可能にするのか。そうして社会が豊かになっても貧富の格差が拡大するのはなぜだろうか。また、資本主義が不可避的にバブルや不況を繰り返す原因はどこにあるのか—。スミス、マルクスから、ケインズ、ハイエクを経てセンまで、本書は厳選された30冊の核心を明快に解きほぐすブックガイドである。それぞれの時代の経済問題に真っ直ぐ対峙することで生まれた古典は、私たちが直面する現下の危機を考えるうえで豊穣な知見に満ちていよう。

目次 1（ロック『統治論』—私的所有権がもたらす自由とその限界，ヒューム『経済論集』—奢侈と技術が文明社会を築く，スミス『道徳感情論』—共和主義と商業主義をつなぐ「同感」ほか），2（マルクス『資本論』—貨幣と労働の神話を解く，ワルラス『純粋経済学要論』——般均衡理論が実現する社会主義，ヴェブレン『有閑階級の理論』—大企業と見せびらかしが生み出す野蛮な文明 ほか），3（バーリ＝ミーンズ『近代株式会社と私有財産』—株式会社は誰のものか，ケインズ『雇用・利子および貨幣の一般理論』—貨幣経済を動かす確信と不安，ポラニー『大転換』—経済自由化は「悪魔の挽き臼」だ！ ほか）

筑摩書房 2009.5 297p 18cm（ちくま新書）860円 Ⓘ978-4-480-06491-2 Ⓝ331

『高校生のための経済学入門』

小塩隆士著

内容 わが国の高校では、経済学がほとんど教えられていない。「政治・経済」という科目に経済学の基礎が説明されているが、この科目自体の影が薄い。一方、世の人々の経済に対する関心はけっして低くない。本書では高校生にもわかるように、ポイントをきちんと抑えながら、経済学の基本的な考え方を解説する。理論そのものよりも、現実の経済問題の解決に経済学の考え方がどのように生かせるかという、実践的な面を重視する。

目次 序章 経済学を学ぶ前に，第1章 需要と供給の決まり方，第2章 市場メカニズムの魅力，第3章 なぜ政府が必要なのか，第4章 経済全体の動きをつかむ，第5章 お金の回り方を探る，第6章 税金と財政のあり方を考える

筑摩書房 2002.3 221p 18cm（ちくま新書）700円 Ⓘ4-480-05936-9 Ⓝ331

『入門 経済学の歴史』

根井雅弘著

内容 経済システムを貫く客観的法則をはじめて見出したケネー。国民を豊かにするために何が必要かを徹底的に考え抜いたスミス。こうした経済学の草創期からリカード、マルクス、ワルラスらを経てケインズ、シュンペーター、ガルブレイス、そしてフリードマンやマンキューなど現代の経済理論に至るまでを平明に解説。重要トピックごとに学説史を再構成することで、それぞれの経済学者が提

示した理論間のつながり・対立点が鮮やかに浮き彫りになる。第一人者による入門書の決定版。

目次 プロローグ 経済学史の全体像をおさえる, 第1章 経済循環の発見, 第2章 価値と分配の理論, 第3章 ケインズ革命, 第4章 多様なケインジアン, 第5章 制度主義の展開

筑摩書房 2010.4 250p 18cm（ちくま新書）760円 Ⓘ978-4-480-06532-2 Ⓝ331.2

『幸せのための経済学—効率と衡平の考え方』

蓼沼宏一著

内容 経済のグローバル化、人口の高齢化、地球環境問題など、さまざまな課題を抱える現代社会…。私たちは今後、どう生きていくべきなのでしょうか。「効率」と「衡平」をキーワードに、ひとの福祉とは何か、人々の福祉を高めるために望ましい社会経済システムとはどのようなものなのかを考えます。

目次 1 経済とは？, 2 ひとの福祉とは？, 3 無駄のない経済システムとは？—効率性の考え方, 4 市場システムの効率性, 5 格差のない社会とは？—衡平性の考え方, 6 消費・労働に関する衡平性—無羨望配分の考え方, 7 消費・労働に関する衡平性—平等等価の考え方, 8 機能に関する衡平性, 9 経済学の役割, 10 さらに学びたいひとのために

岩波書店 2011.6 189p 18cm（岩波ジュニア新書-"知の航海"シリーズ）
780円 Ⓘ978-4-00-500688-5 Ⓝ331.7

『よくわかる日本経済入門』増補改訂版

塚崎公義著

内容 「常識」として知っておきたい経済知識、日本経済の生の姿がこの1冊でわかる！日々の経済ニュースを本当に理解するためには、その背景や関連事項を知っておく必要がある。戦後、日本経済がたどった道とは？日本経済の未来は？私たちの暮らしはどう変わるのか—？わかりやすく、コンパクトにまとめた29項目。

目次 第1章 戦後日本経済史（戦後日本経済の概略, 戦後の金利、為替、株価 ほか）, 第2章 暮らしの中の経済（日本の人口構造, 家計消費と貯蓄 ほか）, 第3章 企業・産業・金融の動き（企業の姿, 日本的経営 ほか）, 第4章 財政と景気（日本の財政, 財政赤字 ほか）

朝日新聞出版 2015.1 279,7p 18cm（朝日新書）820円 Ⓘ978-4-02-273598-0 Ⓝ332.1

『ASEANは日本経済をどう変えるのか』

西濵徹著

内容 2015年の「共同体」設立を目前に、ASEANに高い注目が集まっている。果たしてASEANは日本経済を救う鍵になるのか。気鋭のエコノミストが最新の

情報をもとに、域内分業化が進む「大メコン川流域圏」、計画中の巨大都市「イスカンダル」、共同体設立で誕生する「6億人超の経済圏」など、生産・物流・消費をめぐる大きな変化を描き出す。目下、激動を続けるASEANの行方をわかりやすく解説する一冊。

目次 第1章 ASEANが日本経済を動かす, 第2章「大メコン川流域圏」が生産・物流を変える, 第3章 なぜマレー半島の国々は急成長できたのか, 第4章 超巨大市場で日本はいかに戦っていくべきか, 第5章 ASEANに「試練のとき」が忍び寄っている, 終章 これからのASEANとの付き合い方

NHK出版 2014.5 200p 17cm (NHK出版新書) 740円 ①978-4-14-088434-8 Ⓝ332.2

『大災害の経済学』

林敏彦著

内容 巨大災害有事における復旧復興の道筋とその際の政策対応はどうあるべきか？アメリカにおける9.11同時多発テロ、ハリケーン・カトリーナの連邦政府対応や、著者自身も設立に関わった阪神・淡路大震災における震災復興基金などの事例をもとに、いかに復興をファイナンスできるのかを検証し提言する。大災害のような緊急事態では、平時の常識を超えた異例な対応が必要。被災地住民の自力復興を中心とする民間努力を基本としつつも、地方自治体のみならず政府のコミットメントが不可欠であると説く。

目次 序にかえて―デジャ・ヴュ, 災害大国日本, 緊急事態法制, 日本の政治指導力, 震災復興基金, アメリカの政治指導力, 国土安全保障省とハリケーン・カトリーナ, 阪神・淡路大震災, 経済復興の10年, 災害復興計画, まぼろしの免税島構想, 経済被害と災害復興, 東日本大震災からの復興に向けて

PHP研究所 2011.9 283p 18cm (PHP新書) 800円 ①978-4-569-79874-5 Ⓝ333

『景気ってなんだろう』

岩田規久男著

内容 景気が良くなったり悪くなったりするのはなぜなのだろう？アメリカのサブプライムローン問題が、なぜ日本の経済に影響を及ぼすのか？景気は悪いのに、どうして物価が上がるのだろうか？デフレとは？日銀の役割とは？景気変動の疑問点をわかりやすく解説する。

目次 序章 景気とはなんだろう, 第1章 景気はなぜ良くなったり悪くなったりするのだろうか？, 第2章 設備投資は南極探検のようなものだ！, 第3章 日本の景気は海外の景気とどう連動するか, 第4章 お父さんの会社は景気とどういう関係があるのか, 第5章 いろいろな価格は景気とどう関係するのか, 第6章 景気を安定させる方法はあるのだろうか？, 第7章 インフレにどう対応するか, 付論 イワタ流景気動向指数の見方

筑摩書房 2008.10 175p 18cm (ちくまプリマー新書) 760円 ①978-4-480-68798-2 Ⓝ337.9

『「通貨」を知れば世界が読める―“1ドル50円時代”は何をもたらすのか？』

浜矩子著

内容 なぜ我々は「円高・円安」に一喜一憂しなくてはならないのか、そもそも「通貨」とは何なのか…そんな壮大なテーマを、人気エコノミストがわかりやすくも刺激的に説いていくのが本書。通貨の発祥から基軸通貨ドルの没落、ユーロの限界、そして「1ドル50円」時代を迎える日本の未来まで、知的好奇心を満たすのはもちろん、明日のビジネスにも必ず役立つ一冊。

目次 はじめに―通貨を知ることは、世界経済を知るということ, 第1章 我々はなぜ、通貨の動きに一喜一憂するのか？―「1ドル50円」に向かいつつある世界にて, 第2章 基軸通貨を巡る国家の興亡―世界経済を支配するのもラクではない, 第3章 通貨の「神々の黄昏」―「まさか」の連続が世界を震撼させた, 第4章 これからのドル、ユーロ、そして円と日本―基軸通貨なき時代はどのように進んでいくのか？, 終章 来るべき「21世紀的通貨」のあり方とは？

PHP研究所 2011.6 221p 18cm（PHPビジネス新書）800円 Ⓘ978-4-569-79620-8 Ⓝ338.9

『経済学はこう考える』

根井雅弘著

内容 私たちはなぜ、何のために経済学を学ぶのだろうか？「冷静な頭脳と温かい心」「豊富の中の貧困」など、経済学者たちはこれまで、考えを尽くし、さまざまな名言を残してきた。彼らの苦悩のあとを辿り、経済学の魅力を伝授する。

目次 第1章 冷静な頭脳と温かい心（貧富の差への憤り, 経済騎士道の精神 ほか）, 第2章 豊富のなかの貧困―ケインズ革命（マーシャルからの「逸脱」,「セーの法則」への挑戦 ほか）, 第3章 経済学者にだまされないこと（J.ロビンソンの「主流派経済学」批判, 何のための雇用か ほか）, 第4章 時流にながされないこと（資本主義と社会主義, ハイエク=フリードマンの思想 ほか）

筑摩書房 2009.1 124p 18×11cm（ちくまプリマー新書）680円 Ⓘ978-4-480-68801-9 Ⓝ361.4

『就活のまえに―良い仕事、良い職場とは？』

中沢孝夫著

内容 世の中には無数の仕事と職場がある。その中から何を選ぶのか。どこが自分には向いているのか。就職情報誌や企業のホームページに惑わされずに、働くことの意味を考える、就活一歩前の道案内。

目次 第1章「良い仕事」と「良い職場」, 第2章 仕事と自己実現, 第3章 就活の決め手・この人物と働きたい, 第4章 説明できる自分があるか, 第5章 転職や好きな仕事について, 第6章 公平や平等の考え方, 第7章「職業」と「道楽」について, 終章 働くことということ

筑摩書房 2010.1 199p 18cm（ちくまプリマー新書）800円 Ⓘ978-4-480-68830-9 Ⓝ366

労働・格差問題

『いま、働くということ』

橘木俊詔著

内容 人はなぜ働くのか、どのように働けばいいのか。人類の歴史は「働くということ」に向き合ってきた歴史であり、古今東西の数多の偉人たちが人間と労働の関係について考えを巡らせてきた。本書では、働くことの意味、余暇とは何か、女性の労働、働かないことなど、様々な側面から「働くということ」に切り込み、ますます多様化する現代社会が直面している諸課題を展望するための足掛かりとする。

目次 第1章 偉人は働くことをどう考えたか，第2章 人間にとって余暇とは―余暇の大切さと日本人の思い，第3章 働くことって意義あるのか，第4章 女性の労働，第5章 働かないということ，第6章 意欲を持って働くことは可能か

（京都）ミネルヴァ書房 2011.9 194,10p 19cm 2000円 Ⓘ978-4-623-06109-9 Ⓝ366

『しあわせに働ける社会へ』

竹信三恵子著

内容 長引く不況の影響を受け、若者たちの就職が厳しさを増す一方、働き口があっても苛酷な労働に心身の健康を損ねて退職を余儀なくされる者もいる。誰もがしあわせに働ける社会にするために必要な労働政策とは何か？働く者に必要な知識とは？多くの労働現場を丹念に取材してきた著者が、さまざまな事例をもとに提言する。

目次 第1章 就職難は若者のせいなのか（それは「ぜいたく」なのか，それは「スキル」のせいなのか ほか），第2章 正社員、大手企業なら安心なのか（会社は「働く」の足がかりにすぎない，「社畜」といわれた人びと ほか），第3章 まともな働き方をさぐる（「前期ロスジェネ」からの出発，ブラック企業の連続 ほか），第4章 落とし穴に備える自分づくり（落とし穴を知っている人、知らない人，働くことの楽しさと苦しさ ほか），第5章 しあわせに働ける仕組みづくり（それは偉い人が考えればいいこと？，過労死を防ぐ労働時間制度 ほか）

岩波書店 2012.6 191,3p 18cm（岩波ジュニア新書）820円 Ⓘ978-4-00-500715-8 Ⓝ366

『「武器」としての労働基準法―自分の時間、お金、権利を守る！』

布施直春著

内容 「ブラック企業」などという言葉すらよく聞くようになった昨今。働く人にとって厳しい時代が続いている。その中でどうやって、自分の時間、賃金、権利を守ればいいのか。労働基準法を中心に、そのための「法律武装」の知識を説くのが本書だ。労使問題のエキスパートが、「サービス残業」「名ばかり管理職」「不

当解雇」など数々の問題に対してどう立ち向かっていくべきかを説く。

目次 第1章 労働基準法という「武器」を手に入れる，第2章「賃金トラブル」と戦うための知識，第3章「労働時間トラブル」と戦うための知識，第4章「企業内のさまざまなトラブル」と戦うための知識，第5章「会社を辞める・辞めないトラブル」と戦うための知識，第6章「パート・契約社員」が戦うための知識，第7章「こんな会社、訴えてやる！」と思ったら

PHP研究所 2013.4 253p 18cm（PHPビジネス新書）860円 Ⓘ978-4-569-81096-6 Ⓝ366.1

『若者と労働―「入社」の仕組みから解きほぐす』

濱口桂一郎著

内容 ブラック企業、限定正社員、非正規雇用…様々な議論の中で、もみくちゃにされる若者の労働問題。日本型雇用システムの特殊性とは？現在発生している軋みの根本原因は？労働政策に造詣の深い論客が雇用の「入口」に焦点を当てた決定版。感情論を捨て、ここから議論を始めよう。

目次 序章 若者雇用問題がなかった日本，第1章「就職」型社会と「入社」型社会，第2章「社員」の仕組み，第3章「入社」のための教育システム，第4章「入社」システムの縮小と排除された若者，第5章 若者雇用問題の「政策」化，第6章 正社員は幸せか？，第7章 若者雇用問題への「処方箋」

中央公論新社 2013.8 290p 18cm（中公新書ラクレ）880円 Ⓘ978-4-12-150465-4 Ⓝ366.2

『「働く」ために必要なこと―就労不安定にならないために』

品川裕香著

内容 せっかく就職したのに3年以内に離職する人、約30%。経験者扱いもされず卒業後4年めからは新卒扱いにもならない。正規採用への道は困難だ。なのに、働きつづけられないのはなぜなのか。「就労支援」の現場から見えてきた、「働く」ために必要なこと。

目次 序章 未経験者が正社員になれるのは、基本的に新卒のときだけ（仕事に定着したいのにうまくいかない若者たち，フリーターやニートが正社員になるのはむずかしい ほか），第1章「働く」がわからない（仕事に定着できない若者たちの言い分，企業側が理解できない新人たちの増加 ほか），第2章 教育現場や家庭では何が起こっているのか（就職予備校になっている大学，小学校・中学校・高校でやっていること ほか），第3章 社会に適応できる、自立した人間になるために必要なこと（「自立する」とはどういう意味か，リスク要因と保護要因という考え方 ほか），第4章 自分の特性を理解すれば、道はきっと開ける（第1章に登場する若者たちは、なぜうまくいかなかったのか，「自己理解」から始めよう）

筑摩書房 2013.5 201p 18cm（ちくまプリマー新書）820円 Ⓘ978-4-480-68898-9 Ⓝ366.2

『パワハラに負けない！—労働安全衛生法指南』

笹山尚人著

内容 職場でのいじめや嫌がらせから、自分を守るにはどうしたらいいの？誰もがイキイキと働ける社会にするにはどうしたらいいの？数々の労働事件や若者の労働相談にのってきた著者が具体的なケースをもとにアドバイスする。あわせて働く人を守ってくれる労働安全衛生法についてもていねいに解説。『労働法はぼくらの味方！』に続く、働く人を元気にする一冊。

目次 序章 弁護士生活スタート, 1章 職場って、働く人をむしばむことだらけ？, 2章 労働契約とは、全人格の支配ではない, 3章 労働安全衛生法等による労働者の身体保護, 4章 労働災害と長時間労働, 5章 働く人間を壊してしまうパワハラ, 6章 職場でパワハラ予防をはかる, 7章 パワハラ事件を真に解決する, 8章 阿久津君からのメッセージ—私たちにできること, 終章 佐々木弁護士からの補足

岩波書店 2013.11 231p 18cm（岩波ジュニア新書）840円 Ⓘ978-4-00-500758-5 Ⓝ366.3

『女子のキャリア—“男社会”のしくみ、教えます』

海老原嗣生著

内容 ハピキャリでいくかバリキャリでいくか、「雇用のカリスマ」が徹底検証。

目次 第1章 クリスマスケーキってなんですか？—女子のキャリアの歴史, 第2章 男社会って厳しいですか？—企業のホンネ、教えます, 第3章 女性が輝く会社って本当ですか？—“できる女”でわかるその会社の女子活用度合い, 第4章 事務職ってダメな生き方ですか？—複線ワーカーの庶務は、驚くほど強いキャリア, 第5章「配慮」はされるが「理解」はされない。ママキャリの苦闘—両立の危機に直面する30代女子, 第6章「35歳」が女性を苦しめ過ぎている—20代に修学・就職・仕事・恋愛・結婚・出産なんて, おわりに 50歳の私に、何が残せるのですか？

筑摩書房 2012.10 223p 18cm（ちくまプリマー新書）840円 Ⓘ978-4-480-68890-3 Ⓝ366.3

『世界「比較貧困学」入門—日本はほんとうに恵まれているのか』

石井光太著

内容 世界の最底辺を取材してきた著者は、途上国の貧困を「絶対貧困」、先進国の貧困を「相対貧困」と定義し、住居、労働、結婚、食事といった生活の隅々で両者の実態を比較する。日本全体で約2000万人、6人に1人が相対貧困であるという事実。世界とくらべて、日本の貧困にはどのような特徴があるのか。スラムに住む子どもたちが笑顔で生き、かたや充実した社会保障に守られながら希望をもてない人たちがいる。豊かさの真実を知るための必読書。

目次 第1章 住居—コミュニティー化するスラム、孤立化する生活保護世帯, 第2章 路上生活—家族と暮らす路上生活者、

切り離されるホームレス, 第3章 教育―話し合う術をもたない社会、貧しさを自覚させられる社会, 第4章 労働―危険だが希望のある生活、保障はあるが希望のない生活, 第5章 結婚―子どもによって救われるか、破滅するか, 第6章 犯罪―生きるための必要悪か、刑務所で人間らしく暮らすか, 第7章 食事―階層化された食物、アルコールへの依存, 第8章 病と死―コミュニティーによる弔い、行政による埋葬

PHP研究所 2014.5 267p 18cm（PHP新書）780円 Ⓘ978-4-569-81620-3 Ⓝ368.2

『貧困を考えよう』

生田武志著

内容 大阪市のある区では、就学援助支給率が50%にもなっているという。いま、経済的理由で進学できなかったり、中退する生徒も各地で急増している。子どもや若者、また女性や高齢者の生活に重大な影響をおよぼす貧困。その実態を見つめ、問題解決の方法を考えてみよう。

目次 1章 二人のひろし, 2章 日雇労働者の貧困―あいりん小中学校, 3章 子どもの貧困, 4章 大阪市西成区で, 5章 激化する貧困, 6章 貧困の解決のために

岩波書店 2009.10 223p 18cm（岩波ジュニア新書）780円 Ⓘ978-4-00-500638-0 Ⓝ368.2

『地域を豊かにする働き方―被災地復興から見えてきたこと』

関満博著

内容 震災により、私たちは「地域」をベースに暮らしていることが痛感された。しかし地域社会は、20世紀型の経済発展モデルに疲弊しきっている。本書は、国内外8000工場を踏査した「現場学者」が被災地を訪ね歩き、地域、そして自分自身が豊かになる働き方を考えた渾身のレポートである。

目次 第1章 震災で鮮明化した「地域」の大切さ―成熟社会の私たちのあり方, 第2章 岩手県大槌町／津波災害と地域産業―すべてを波にさらわれた町で（大槌町の被災と復旧の状況, すべてを波にさらわれた跡地で, 被災を免れたモノづくり中小企業, 小さな港町の地域産業のあり方）, 第3章 福島県浪江町／原発災害と地域産業―避難する中小事業者の取り組み（浪江町の被災と避難状況, 故郷を離れて, 避難した人びとを支えるサービス業、小売業, 全てを失い、避難地で再開する製造業, 中小企業は地域の「力ある市民」）, 第4章 茨城県日立地区／地震災害と地域産業―近くの異業種、遠くの同業種の交流（日立周辺の被災と復旧の状況, ひたち立志塾とネットワーク, 驚異的なスピードで回復した製造業,「近くの異業種、遠くの同業種」）, 第5章 地域産業と私たちのこれから

筑摩書房 2012.8 169p 18cm（ちくまプリマー新書）780円 Ⓘ978-4-480-68887-3 Ⓝ601.1

法　系　統

『未成年のための法律入門』

愛甲栄治著

内容 本書では、少年事件や一般民事事件を数多く手がける弁護士の著者が、社会生活を送るうえで、最低限知っておきたい法律の知識をわかりやすく解説しています。未成年だけでなく、法律について知りたいすべての人々にとって、単純明快な法律の入門書。

目次 第1章 犯罪・刑罰や刑事手続の基本（刑法とは？，犯罪って何？ ほか），第2章 少年法と少年審判を君は知っているか？（成人の刑事事件との根本的な違いとは？，どんな少年が審判の対象になるの？ ほか），第3章 刑法の原則を学ぼう（国外犯，不作為犯 ほか），第4章 それぞれの犯罪について知ろう（傷害罪，現場助成罪 ほか），第5章 未成年のための民法入門（民法って何？，行為能力 ほか）

毎日コミュニケーションズ 2011.8 215p 18cm（マイコミ新書）830円
Ⓘ978-4-8399-3695-2 Ⓝ320

『理系のための法律入門―技術者・研究者が知っておきたい権利と責任』

井野邊陽著

内容 技術者・研究者が知っておきたい法律を網羅！理系であっても、最小限の法律知識がないと、大事な権利を失ったり、思いがけぬ責任を負うことになるかもしれません。企業の技術者や、大学の研究者ならば、知的財産権や製造物責任法（PL法）は知っておく必要がありますし、管理職に就いたときに、契約に関する最小限の法的理解や裁判の流れなどの知識を有していれば、憂いなく仕事に臨むことができます。本書は、理系にとって必要な基本的な法律を網羅し、わかりやすく解説します。

目次 第1部 基礎知識編（法律と裁判の基礎知識，契約と民事責任の基礎知識），第2部 知的財産に関する法律知識編（知的財産法とは何か，特許権，著作権，デザインと商標の保護，技術情報の漏洩禁止（不正競争防止法）），第3部 技術に関する法律知識編（製造物責任法（PL法），商品などの表示に関する規制（不正競争防止法など），内部告発）

講談社 2009.4 349p 18cm（ブルーバックス）1140円 Ⓘ978-4-06-257636-9 Ⓝ320

『ロースクール生と学ぶ 法ってどんなもの？』

東大大村ゼミ著，大村敦志監修

内容 髪形を校則で決めることができるの？うっかりお店の壺を割っちゃった！どうしてお酒を飲めないの？中高生に日常起きる問題や疑問について、法律ではどんな判断をするのだろうか。若いロースクール生が高校生たちと会話しながら、いっしょに考えていく。身近な話題を通じて、法律ってこんな考え方をするんだとわかる本。

目次 第1章 学校って無法地帯？—学校と法, 第2章 一人暮らしをはじめたい！—契約法, 第3章 お店の壷を割っちゃった！—不法行為, 第4章 私たち、結婚できるの？—婚姻, 第5章 えっ、警察に捕まった!?—刑事手続, 第6章 10代のきみも法律と無関係じゃない—未成年と法

岩波書店 2009.3 233p 18cm（岩波ジュニア新書）780円 Ⓘ978-4-00-500619-9 Ⓝ320

『10代の憲法な毎日』

伊藤真著

内容 校則と個人の自由、10代の結婚、生徒会や部活動でのトラブル等。高校生活で起こる出来事を憲法にてらして高校生達が大考察。“憲法の伝道師”伊藤先生の指南のもと見えてきたのは、一人一人の自由や権利を守るために憲法があり、その精神を持ってあらゆるルールを運用する必要性。憲法を生活にいかす方法を具体的に学べる一冊。

目次 1章 学校内での自由と権利とは？（茶髪はルール違反、それとも…, 学校外の生活にまで口をはさむって… ほか）, 2章 学校という制度のあり方を考える（学校が序列化されてきている?!, 私学助成は憲法違反なの？ ほか）, 3章 家の中での自由と権利とは？（門限とか小遣いのこと, 家の手伝いはしなくちゃいけないの？ ほか）, 4章 社会生活の中の自由と権利（習い事をする、自分を高める, 生活保護、社会保障は権利！ ほか）

岩波書店 2014.11 220p 18cm（岩波ジュニア新書）840円 Ⓘ978-4-00-500788-2 Ⓝ323.1

『池上彰の憲法入門』

池上彰著

内容 憲法はとても大事なものだから変えるにしろ守るにしろ、しっかり考える必要がある。おしえて池上さん！憲法についてのギモン点！『憲法はむずかしくない』に大幅加筆・修正した憲法入門決定版。

目次 はじめに—憲法は実は身近なもの, 第1章 そもそも憲法ってなんだろう？, 第2章 日本国憲法はこうして生まれた, 第3章 池上さんと、日本国憲法を読んでみよう（前半）—私たちの権利・義務編, 第4章 池上さんと、日本国憲法を読んでみよう（後半）—「国の組織」編, 第5章 第九条が常に争点になってきた, 第6章 今こそ考えたい、憲法改正は必要か？, おわりに—憲法を読んでみよう

筑摩書房 2013.10 220p 18cm（ちくまプリマー新書）840円 Ⓘ978-4-480-68906-1 Ⓝ323.1

『憲法読本』第4版

杉原泰雄著

内容 “憲法がはっきりと認めていることがらについて、憲法がはっきりと認めている方法でしか、権力者は政治を行うことができない”という立憲主義の解説から始まる、日本国憲法の定評ある入門書の最新版。現憲法は、近現代における人類の苦しみを克服しようとする原理・原則をもつ。人権保障、権力の民主化、平和主義など、その考え方を深く学ぼう。

目次 1 現代社会と立憲主義, 2 日本の立憲主義のはじまり―大日本帝国憲法（明治憲法）, 3 日本国憲法の制定, 4 日本国憲法のしくみ, 5 日本国憲法はどのように運用されてきたか, 6 日本国憲法を国民の手に―主権者・国民の出番

岩波書店 2014.3 288p 18cm（岩波ジュニア新書）1000円 Ⓘ978-4-00-500768-4 Ⓝ323.1

『憲法への招待』新版

渋谷秀樹著

内容 「憲法は私たちが守らなくてはならないものか」「憲法改正手続を定める憲法96条は改正できるか」「日本の上空を通過する他国を攻撃するミサイルを撃ち落とすことは合憲か」など、24の問いに答えながら、日本国憲法の思想と骨格を平明に解説。社会問題となっている事象と憲法との関係をときほぐす、市民のための憲法入門。

目次 第1章 憲法とは何か（聖徳太子の十七条憲法は「憲法」か, 権利の規定に比べて義務の規定が少ないのはなぜか ほか）, 第2章 人権とはそもそも何か（人権は無制限に保障されるのか, 「国民」と「外国人」の間に人権保障の差はあるのか ほか）, 第3章 どのような人権が保障されるのか（女性の再婚禁止期間の規定は「法の下の平等」に反するか, 「日の丸」と「君が代」の強制はなぜ問題か ほか）, 第4章 政府を動かす原理は何か（内閣総理大臣の公選制に合理性はあるか, 国民代表が決めた法律を裁判所が違憲・無効とできるのはなぜか ほか）, 第5章 政府の活動内容は具体体にどのようなものか（国会は何を法律として定めることができるか, 内閣は「法の執行」以上のことをしているのではないか ほか）

岩波書店 2014.2 239p 18cm（岩波新書）800円 Ⓘ978-4-00-431470-7 Ⓝ323.1

『中高生のための憲法教室』

伊藤真著

内容 改憲論議の高まりのなか、教育基本法が改正され国民投票法も成立。その流れに危機感をおぼえた著者が、明日の主権者として未来を生きる若者たちに、日本国憲法のもつ力と価値をあますところなく伝えるとともに、自立した市民としていかに生きるかを説く。雑誌『世界』連載中から大好評だったコラムをまとめた一冊。

目次 第1限「憲法の理念」ってなんだろう，第2限 自分の幸せを自分で決める権利とは，第3限「自由」と「義務」について考える，第4限 憲法改正は必要なのだろうか，第5限 国民としての主体性とは何か，第6限 平和な社会がつくるもの

岩波書店 2009.1 212p 18cm（岩波ジュニア新書）780円 Ⓘ978-4-00-500612-0 Ⓝ323.1

『はじめての刑法入門』

谷岡一郎著

内容 刑法は誰のために書かれているのか？何をしたら犯罪なのか？刑罰の思想とは？裁判のポイントを見誤らないために、知っておきたいエキスが詰まった15講。

目次 規範と刑法，刑罰は重くなっている？—厳罰化の時代，国が「刑罰を与える」という意味—罪刑法定主義と刑法，駐車違反も犯罪？—犯罪成立要件について，誰も犯罪の数を知らない—犯罪統計の不思議な実態，犯罪って何種類あるの？—総論と各論，刑法は誰のために書かれているか—刑法の二つの機能，日本の刑事裁判，酔っていて、よく覚えておりません…—責任の話，死刑になるかもしれない年齢—少年法と刑法，刑罰の始まりはいつ？どんな刑？—刑罰の思想，カメラは正直者—環境と犯罪，死刑存廃論争，競馬が賭博罪に違反しない理由など—違法性阻却事由，国際法と国際刑事裁判所—パワー・ポリティクスろ刑事司法，刑法改正の方向性について—日本の刑法がより機能するために必要なこと

筑摩書房 2009.11 187p 18cm（ちくまプリマー新書）780円 Ⓘ978-4-480-68824-8 Ⓝ326

『市民のための裁判入門』

井上薫著

内容 裁判員制度の導入により、一般市民にも裁判の知識が必要になった。しかし、そもそも裁判員制度は憲法違反であると著者は言う。憲法が規定する「法律に基づく裁判の原則」が守られず、基準なき裁判となるからだ。このように、裁判を正しくとらえるには、憲法のような原理原則から、着実な理解を積み上げることが求められる。本書は「裁判の意味」「裁判官の独立」「上告と控訴の違い」といった基礎知識から、「蛇足判決」など現代司法の矛盾点まで、知っておきたい事柄を網羅。元判事が親しみやすい語り口で解説。

目次 第1章 そもそも裁判とは何か？，第2章 司法権の位置づけ，第3章 裁判権の基礎，第4章 裁判所とはどのような組織なのか，第5章 裁判の手続，第6章 裁判員制度

PHP研究所 2008.4 267p 17×11cm（PHP新書）740円 Ⓘ978-4-569-69861-8 Ⓝ327

『裁判官の人情お言葉集』

長嶺超輝著

内容 「困ったときには私に会いに来てもいい。そのときは裁判官としてできるだけのことをします」—公判中、氏名を黙秘し続けた窃盗犯に罰金刑を言いわたして。情を交えず、客観的な証拠だけに基づいて判決を下すのが裁判官の仕事。

しかし彼らも人の子。重い刑を言いわたす前には大いに迷うし、法律と世間の常識のギャップに悩むこともある。葛藤を乗り越えて、自らの信条を賭して語りかけるとき、被告人の頑なな心が氷解しはじめる―。ベストセラー『爆笑お言葉集』に続く涙のお言葉集。

目次 第1章 裁判所は悲しくなります, 第2章 裁きっぱなしでは終わらせない, 第3章 名古屋地裁やじうま傍聴記, 第4章 社会の巨悪に物申す, 第5章 世界の爆笑お言葉集, 第6章 反省の見分け方、教えます, 第7章 法律の壁に挑む, 第8章 危険運転致死傷罪は宝の持ち腐れ？, 第9章 一緒に幸せを探しましょう

幻冬舎 2008.9 222p 18×11cm（幻冬舎新書）740円 Ⓘ978-4-344-98096-9 Ⓝ327

教育系統

『何のために「学ぶ」のか―中学生からの大学講義 1』

外山滋比古, 前田英樹, 今福龍太, 茂木健一郎, 本川達雄ほか著, 桐光学園, ちくまプリマー新書編集部編

内容 大事なのは知識じゃない。正解のない問いに直面したときに、考え続けるための知恵である。変化の激しい時代を生きる若い人たちへ、学びの達人たちが語る、心に響くメッセージ。

目次 知ること、考えること（外山滋比古）, 独学する心（前田英樹）, 学問の殻を破る―世界に向けて自己を開放すること（今福龍太）, 脳の上手な使い方（茂木健一郎）, 生物学を学ぶ意味（本川達雄）, 学ぶことの根拠（小林康夫）,「賢くある」ということ（鷲田清一）

筑摩書房 2015.1 202p 18cm（ちくまプリマー新書）820円 Ⓘ978-4-480-68931-3 Ⓝ002

続刊

『**考える方法―中学生からの大学講義 2**』2015.2
『**科学は未来をひらく―中学生からの大学講義 3**』2015.3
『**揺らぐ世界―中学生からの大学講義 4**』2015.4

『わたしの先生』

岩波書店編集部編

内容 一人の先生との出会いがその後の人生を決めることは多い。作家、科学者、写真家、タレントなど、各界で活躍する12人が、背中を押してくれたあの一言、影響を受けた先生との思い出を熱く語ります。こんな先生にめぐり会いたい！こんな先生になりたい！というあなたに贈る、人生の先輩からのメッセージ。

目次 人生の師、4つの教え（水野俊平）, 世界への扉―語学と仲良くなりたい人

へ（三宮麻由子），微笑み、痛み…すべての人が先生（アグネス・チャン），人は諦めさえしなければ何でもできる（ピーター・フランクル），師は兄、美の先生は北斎（何森仁），二度目の見習工時代（小関智弘），今西先生の思い出（五百沢智也），動物行動学へのみちびき（日高敏隆），仲間とともに、高めあう（茂木清夫），一日の師をも疎んずべからず（田沼武能），戦時のめぐりあい（伊波園子），「自然」と「病気」が人生の師（河合雅雄）

岩波書店 2004.1 199p 18cm（岩波ジュニア新書）740円 Ⓘ4-00-500459-8 Ⓝ281

『友だちは永遠じゃない—社会学でつながりを考える』

森真一著

内容 凝り固まって息苦しいように感じられる人間関係や社会も「一時的協力理論」というフィルターを通すとちょっと違った成立の姿が見えてくる。そんな社会の像やそこで考えられる可能性を想像してみよう。

目次 第1章「無縁社会」って本当ですか？（無縁社会という捉え方，つながりのきっかけが変わってきた，無縁社会説が見逃していること），第2章「一時的協力」で考えてみよう（一時的協力理論とは何か，人と人との協力のあり方，協力に協力してくれる存在），第3章 集団・組織での一時的協力とは（一時的協力はいつも不確か，協力を持続可能にする工夫，集団における一時的協力の見直し），第4章 一時的協力理論がひらく可能性（ほころびだらけでも大丈夫な社会，協力しないことの意義，集団の存在意義を獲得する）

筑摩書房 2014.11 167p 18cm（ちくまプリマー新書）780円 Ⓘ978-4-480-68924-5 Ⓝ361.3

『友だち幻想—人と人の“つながり”を考える』

菅野仁著

内容 友だちは何よりも大切。でも、なぜこんなに友だちとの関係で傷つき、悩むのだろう。人と人との距離感覚をみがいて、上手に“つながり”を築けるようになるための本。

目次 第1章 人は一人では生きられない？，第2章 幸せも苦しみも他者がもたらす，第3章 共同性の幻想—なぜ「友だち」のことで悩みは尽きないのか，第4章「ルール関係」と「フィーリング共有関係」，第5章 熱心さゆえの教育幻想，第6章 家族との関係と、大人になること，第7章「傷つきやすい私」と友だち幻想，第8章 言葉によって自分を作り変える

筑摩書房 2008.3 156p 18cm（ちくまプリマー新書）720円 Ⓘ978-4-480-68780-7 Ⓝ361.4

『ヒトはなぜヒトをいじめるのか—いじめの起源と芽生え』

正高信男著

内容 ヒトがヒトをいじめるのは動物の本能なのか。いじめは加害者と被害者のほかに見て見ぬふりをする傍観者がいてはじめて成り立つ。これは動物の世界に

はない、ヒト固有の行動だ。そして、母親密着、父性不在、希薄な人間関係が子どもをいじめへと駆りたてる。親離れして自立する「一人力」を養うことでいじめは防げるのか。気鋭のサル学者がいじめと家族との関係を分析した「新しい家族論」。

目次 第1章 動物の世界に「いじめ」はない，第2章「いじめ」の起源，第3章「いじめ」の芽生え，第4章「いじめ」が成立するとき，第5章「いじめ」に駆りたてるもの，第6章 父性不在が「いじめ」を生むのか，第7章 一人力の大切さ

講談社 2007.6 173p 18cm（ブルーバックス）780円 Ⓘ978-4-06-257556-0 Ⓝ361.4

『子どもにかかわる仕事』

汐見稔幸編

内容 学校、診察室、地域などの現場で子どもたちのいのち、育ち、心、そして生きづらさにひたむきに寄りそい、支える13人が自らの仕事を語る。仕事の喜びや意義だけでなく、迷いや難しさを率直に伝えることで、進路や生き方に悩む若者にとって大きな励ましとなる一冊。

目次 1 いのちに寄りそう（いのちの現場からのメッセージ―あなたが持つ生きる力，僕は小児科医），2 育ちに寄りそう（泣いて笑って育ちあう，子どもとともに学び、生きるって、幸せ！，子どもとともに育つ伴走者，人生の「土台」づくりにかかわる，それでもがっぷり受け止めたい），3 心に寄りそう（思春期と育ちあう，子どもたちを支え、支えられ―スクールソーシャルワークという仕事，「自分づくり」のサポーター，不登校の子どものためのもう一つの小さな学校），4 生きづらさに寄りそう（非行は自立への一里塚，子どもの人権救済活動―いじめ・虐待・少年非行の現場で）

岩波書店 2011.5 203p 18cm（岩波ジュニア新書）820円 Ⓘ978-4-00-500683-0 Ⓝ366.2

『子どもが育つ条件―家族心理学から考える』

柏木惠子著

内容 自己肯定感の低下、コミュニケーション不全の高まりなど、子どもの「育ち」をめぐって、様々な“異変”が起きている。一方、子育てのストレスから、虐待や育児放棄に走る親も目立つ。こうした問題の要因を、家族関係の変化や、親と子の心理の変化に注目して読み解き、親と子ども双方が育ちあえる社会の有り様を考える。

目次 第1章 育児不安の心理（日本に顕著な育児不安―「母の手で」規範の陰に，「子育てだけ」が招く社会的孤立，父親の育児不在という問題），第2章「先回り育児」の加速がもたらすもの―少子化時代の子どもの「育ち」（変わる子どもの価値―子どもを「つくる」時代の親の心理，「少子良育戦略」と子どもの「育ち」，「よい子の反乱」が意味するもの―顕在化する親子の葛藤），第3章 子育て、親子を取巻く家族の変化（「便利さ」は家族をどう変えたのか，変貌する結婚と家族，高まる家族内ケアの重要性），第4章 子どもが育つ条件とは―“人間の発達”の原則からみ

る（“人間の発達”の原則と子育て,「子育て支援」から「子育ち支援」へ, 子育てを社会化する意義）, 第5章 子どもも育つ、親も育つ―“生涯発達”の視点（子どもの育ちと親の育ち, 急がれるワーク・ライフ・バランスの確立）

岩波書店 2008.7 228p 18×11cm（岩波新書）740円 Ⓘ978-4-00-431142-3 Ⓝ367.3

『いじめと不登校』

河合隼雄著

内容 「いじめ」や「不登校」が増えているという。これを乗り越えるには子どもの「生きる力」を鍛えねばならない。その力はどうしたら育つのか？悪いと知りつつ「悪」をやって、それをどう解決しようかと悩むことにより､子どもは鍛えられ「生きる力」が身につく。まわりの大人は手を出すのを我慢して、それを見守ってやらねばならない。この困難な時代を生き抜くために、今こそ聞きたい河合隼雄の言葉。

目次 1 生きる力と学ぶ力（子どもの幸福とは何か, 生きる力を育てる, 学ぶ力を育てる ほか）, 2 いじめと不登校（不登校明るく悩むために, 教育に何ができるか, いじめの深層 ほか）, 3「河合隼雄」に聞く（子どもの成長に「悪」は必要だ, 母性社会の変容と現代人の生きる道, ナイフ事件でわかった'98日本 ほか）

新潮社 2009.9 346p 15cm（新潮文庫）514円 Ⓘ978-4-10-125228-5 Ⓝ370.4

『教室内（スクール）カースト』

鈴木翔著, 本田由紀解説

内容 スクールカーストとは、主に中学・高校のクラス内で発生するヒエラルキーのことで、小学校からその萌芽はみられる。同学年の子どもたちが、集団の中で、お互いがお互いを値踏みし、ランク付けしていることは以前から指摘されており、いじめや不登校の原因となるとも言われてきた。本書では、これまでのいじめ研究を参照しながら、新たに学生や教師へのインタビュー調査を実施。教室の実態や生徒・教師の本音を生々しく聞き出している。生徒には「権力」の構造として映るランク付けが、教師にとっては別の様相に見えていることも明らかに…。本書ではまた、中学生への大規模アンケート調査結果もふまえながら、今後の日本の学校教育のあり方に示唆を与える。

目次 第1章「スクールカースト」とは何か？, 第2章 なぜ今､「スクールカースト」なのか？, 第3章「スクールカースト」の世界, 第4章「スクールカースト」の戦略, 第5章 教師にとっての「スクールカースト」, 第6章 まとめと、これからのこと

光文社 2012.12 308p 18cm（光文社新書）840円 Ⓘ978-4-334-03719-2 Ⓝ371.3

『好きなのにはワケがある―宮崎アニメと思春期のこころ』

岩宮恵子著

内容 思春期相談室の現場で、どうしてこんなに宮崎アニメの話が出るのか。そんな疑問から、臨床心理士としてのこの分析は始まった。子どもから大人になるときの、言葉にできないさまざまな想いが、「どうしてそれが好きなのか？」から、スリリングにひもとかれる。

目次 序章 思春期と喪失―『海のトリトン』をてがかりに, 第1章 となりのトトロ―世界との一体感に包まれて, 第2章 千と千尋の神隠し 1―親がブタになったとき, 第3章 千と千尋の神隠し 2―世界と自分を取り戻す, 第4章 もののけ姫と魔女の宅急便―「思春期の呪い」をとく, 第5章 ハウルの動く城―私が私でいるために, 終章 思春期がもたらすもの

筑摩書房 2013.12 187p 18cm（ちくまプリマー新書）780円 Ⓘ978-4-480-68909-2 Ⓝ371.4

『日本の子どもの自尊感情はなぜ低いのか―児童精神科医の現場報告』

古荘純一著

内容 児童精神科医として診察をし、学校現場からの相談も受けている著者は、「居場所がない」「疲れた」と訴える子どもたちと接している。そのような中、日本語の子ども版QOL尺度の開発に関わり、調査を行ったところ、多くの子どもたちが自分に自信がなく、自分自身や学校などの満足度に関する質問に対し、下から2番目の「ほとんどない」という答えを選択していることに衝撃を受ける。5段階の下から2番目が「標準」となっている日本の子どもたちの心の現状。ユニセフの調査でも、日本の子どもの主観的な幸福度は、他国と比べて突出して低いことが報告されている。本書では、調査結果や診療・学校現場での豊富な事例をもとに、自尊感情という視点から、子どもたちの現況を見つめ直す。

目次 第1章 注目のキーワード「自尊感情」を問い直す, 第2章 子どもの精神面の健康度を測る―QOL尺度の開発, 第3章 自尊感情が低い日本の子どもたち, 第4章 なぜ子どもたちの自尊感情が低いのか, 第5章 専門外来で診る子どもたちと自尊感情, 第6章 学校現場で子どもの心の問題をサポートする, 第7章 社会・教育病理現象と自尊感情, 第8章 子どもとどう関わったらよいのか？

光文社 2009.5 268p 18cm（光文社新書）800円 Ⓘ978-4-334-03506-8 Ⓝ371.4

『思春期ってなんだろう』

金子由美子著

内容 養護教諭として、保健室で、思春期を生きる生徒たちの悩みと長年向き合ってきた著者は、教室では「からだ・こころ・性の学習」に積極的に取り組んでいます。成長による変化を自ら知り、心身の成熟を喜べる感性をつちかうことが生きる力につながると考えるからです。思春期をより豊かに生きる知恵や考え方をアドバイスします。

目次 序章 思春期っていつからなんだろう, 1章 からだの変化、こころの変化, 2

章 だれかとワタシ、ボクとだれか, 3章 泣いて、笑って、家族, 4章 未来を考える, 5章 社会を見る目, 6章 自立への階段

岩波書店 2008.6 198p 18cm（岩波ジュニア新書）740円 Ⓘ978-4-00-500597-0 Ⓝ371.4

『教育で平和をつくる―国際教育協力のしごと』

小松太郎著

内容 世界各地の民族の相互理解を深め平和を築くために、教育の分野でできることとは？紛争後の地で新しい教育プログラムを作る国連暫定政府教育行政官、ユネスコ教育担当官、JICA教育政策アドバイザーなど、すべての子どもたちが教育を受けるための仕事について、実体験として語ります。

目次 1 教育行政官のしごと―教育を始める（いざ、コソボ, ミッション・インポッシブル ほか）, 2 教育行政官のしごと―教育と民族問題に取り組む（異なる民族・異なる学校・異なるカリキュラム, 対立民族の接点を見つける ほか）, 3 教育アドバイザーのしごと―教育をサポートする（ユネスコ・サラエボ事務所への転職, ボスニアという国 ほか）, 4 教育研究者のしごと―教育を「しらべる」（調査研究の仕事とは, 宗教学校とテロ ほか）

岩波書店 2006.12 191p 18cm（岩波ジュニア新書）780円 Ⓘ4-00-500550-0 Ⓝ372.3

『先生！』

池上彰編

内容 「先生！」―この言葉から喚起されるエピソードは何ですか？池上彰さんの呼びかけに、現場で実際教えている人のほか、作家、医師、職人、タレントなど各界で活躍の27名が答えた。いじめや暴力問題にゆれ、教育制度改革が繰り返されているけれど、子どもと先生との関係は、かくも多様でおもしろい！希望のヒント満載のエッセイ集。

目次 センセイの最期（しりあがり寿）, 西日の渡り廊下で（天野篤）, 想像力は無限だ（岡野雅行）,「歌の時間」（稲泉連）, 先生がくれた、光（押切もえ）, 先生は…（関口光太郎）, 大切な「症状」（田中茂樹）, 手紙（増田ユリヤ）, 柔道とは？（山口香）, 中学・高校生に願うこと（柳沢幸雄）〔ほか〕

岩波書店 2013.7 234p 18cm（岩波新書）820円 Ⓘ978-4-00-431434-9 Ⓝ374.3

『大震災でわかった学校の大問題―被災地の教室からの提言』

大森直樹著

内容 東日本大震災からの教育の「復旧」「復興」の問題は、先送りにできない緊急の課題です。復興においては、現場を知らない「お上」からの画一的な方策ではなく、多様性や創意を大切にした現場の声を踏まえたものにしなければなりません。本

書では、教育現場を見続けてきた研究者が、管理強化と効率第一主義の「改革」によって先生が子どもと向き合う時間がなくなった現状を改め、教育を子どもと先生のもとへ取り戻すことの大切さを訴えます。教育を再生する力は、現場にしかないのです。

目次 第1章 3月11日の子どもたち, 第2章 大震災後の先生と子どもたち, 第3章 原発事故に振り回される子どもたち, 第4章 これからの学校はどうあるべきか, 第5章 政府の震災対応と教育政策への提言, 第6章 被災地の復興から学校教育の再生へ

小学館 2011.8 190p 18cm（小学館101新書）700円 Ⓘ978-4-09-825116-2 Ⓝ374.9

『部活魂！』

岩波書店編集部編

内容 全国レベルで活躍する部活、創造性豊かな活動をしている部活、地域と積極的に交流している部活、部員が少なくてもがんばっている部活…、全国の中学校や高校のさまざまなクラブ活動を中高生たちが自ら紹介します。厳しい練習に耐え、勝って喜び、負けて涙を流し、仲間と共に悩みながら成長した10代の記録。

目次 1部 ひたむきに活動中！（伝える。とは, 全国大会四連覇を目指して, マイてっけん ほか）, 2部 創造性豊かに！（真心と共に, こんぶのほんぶ, 一筆入魂 ほか）, 3部 仲間と共に！（頑張れの意味, 私と器楽部, 自由への挑戦 ほか）

岩波書店 2009.7 196p 18cm（岩波ジュニア新書）740円 Ⓘ978-4-00-500633-5 Ⓝ375.1

『こんなに厳しい！世界の校則—「日本ほど校則の厳しい国はない」と思ったら、大間違い！』

二宮皓監修

内容 あなたは「日本の校則は厳しい」と思っていないだろうか。教育がある以上、世界中に校則は存在するし、それぞれの国情を背負った「厳しい校則」「妙な校則」もいくらでもある。本書では、「マイナス18℃以上の日は外で遊ぶこと」など、世界19ヵ国の「それホント⁉」的な校則を多数紹介。各国の思想や事情を楽しく学んでいくうちにやがて「日本の常識」の奇妙さも見えてくる奥深い一冊。

目次 はじめに 煙たい校則の見方が変わる⁉, 第1章 生徒心得, 第2章 校内でのふるまい, 第3章 持ち物, 第4章 登校, 第5章 その他の留意事項, おわりに 日本の校則、ここが足りない

メディアファクトリー 2011.6 186p 18cm（メディアファクトリー新書）740円
Ⓘ978-4-8401-3959-5 Ⓝ375.2

『教育の職業的意義—若者、学校、社会をつなぐ』

本田由紀著

内容 1990年代に、若者の仕事は大きく変貌した。非正規社員の増加、不安定な雇用、劣悪な賃金…。なぜ若年労働者ばかりが、過酷な就労環境に甘んじなければならないのか。それは、戦後日本において「教育の職業的意義」が軽視され、学校で職業能力を形成する機会が失われてきたことと密接な関係がある。本書で

は、教育学、社会学、運動論のさまざまな議論を整理しながら、“適応”と“抵抗”の両面を備えた「教育の職業的意義」をさぐっていく。「柔軟な専門性」という原理によって、遮断された教育と社会とにもういちど架橋し、教育という一隅から日本社会の再編に取り組む。

目次 序章 あらかじめの反論, 第1章 なぜ今「教育の職業的意義」が求められるのか, 第2章 見失われてきた「教育の職業的意義」, 第3章 国際的に見た日本の「教育の職業的意義」の特異性, 第4章「教育の職金的意義」にとっての障害, 第5章「教育の職業的意義」の構築に向けて

筑摩書房 2009.12 224p 18cm（ちくま新書）740円 Ⓘ978-4-480-06523-0 Ⓝ375.6

『まねが育むヒトの心』

明和政子著

内容 心はいつ生まれ、どのように育つのでしょうか。サルやチンパンジーとヒトの赤ちゃんの発達をくらべると、ヒトらしい心が成り立ってきた道すじがみえてきます。赤ちゃんがみせる「まね」と「共感」をキーワードに、ヒトらしい心の誕生の謎にせまります。

目次 第1章 心が生まれる道すじ, 第2章 共鳴する心, 第3章 誕生前の心, 第4章 他者と重ねる心, 第5章 他者と向き合う心, 第6章 みなで育てる心

岩波書店 2012.11 236,4p 18cm（岩波ジュニア新書）860円 Ⓘ978-4-00-500728-8 Ⓝ376.1

『なぜ「大学は出ておきなさい」と言われるのか―キャリアにつながる学び方』

浦坂純子著

内容 将来のキャリアを意識した大学の選び方、受験勉強の仕方、大学での学び方とは？就活を有利にするのは留学でも資格でもない！数々のデータから読み解く「大学で何を学ぶか」。

目次 はじめに 大きくなったら何になりたい？, 第1章「働く」ことの5W2H, 第2章 何のために勉強するのか―可能性を広げる教育, 第3章 進路選択に向き合うとき, 第4章 学び方が変わる―大学入学準備講座, 第5章 本当に身につけるべき「チカラ」とは

筑摩書房 2009.1 170p 18×11cm（ちくまプリマー新書）760円 Ⓘ978-4-480-68800-2 Ⓝ377

『障害児教育を考える』

茂木俊彦著

内容 2007年4月、従来の「特殊教育」は「特別支援教育」に移行した。その理念と制度は、どのようなものか。これによって障害児教育に開かれる可能性、また残された課題は何か。教室で格闘する教師らの注目すべき実践を紹介しながら、障害児との向き合い方を考え、すべての子に学習と発達を保障する学校教育への

道筋を描く。

目次 序章 変わってきた障害者の見方，第1章 障害による活動の制限，第2章 障害児とどう向き合うか，第3章 学習権・発達権と特別支援教育，第4章 学習と発達の保障をめざして，終章 障害者の自立を励ます社会へ

岩波書店 2007.12 205p 18cm（岩波新書）700円 Ⓘ978-4-00-431110-2 Ⓝ378

『ぼくらの中の発達障害』

青木省三著

内容 人とのやり取りが苦手だったり、こだわりが強かったり、発達障害とは病気なのだろうか？その原因や特徴、対処法などをよく知れば、誰のうちにもそれらがあることに気づくだろう。

目次 序章「あの人」と僕は本当に違うのだろうか？，第1章 発達障害ってどんなもの？，第2章 社会性の障害とは何だろうか？—広汎性発達障害の特徴1，第3章 コミュニケーションの障害とは何だろうか？—広汎性発達障害の特徴2，第4章 こだわりとは何だろうか？—広汎性発達障害の特徴3，第5章「発達障害」を考える，第6章 発達障害を持つ人たちへのアドバイス，第7章 周囲の人たちへのアドバイス—発達障害という文化に敬意を払う，最終章 君も僕も発達障害

筑摩書房 2012.11 219p 18cm（ちくまプリマー新書）840円 Ⓘ978-4-480-68892-7 Ⓝ493.9

国際系統

『僕らが世界に出る理由』

石井光太著

内容 なにかを始めようと迷っている。一歩踏み出す勇気がない。誰かが背中を押してくれたら…。若い時から世界に飛び出した著者がいろんな疑問に答えます。夢に向かって進む人へ向けた一冊。

目次 第1章 海外へ飛び出すために（なぜ旅に出たのですか，外国へ行くメリットってなんでしょう ほか），第2章 個を創造する学び方（何をどう勉強してきましたか，うまくいく人といかない人はどこが違うのですか ほか），第3章 知っておきたいメディアの現実（メディアが報じることは事実なんですか，現場へ行かなければ、現実を知ることはできないのですか ほか），第4章 世界のためにできること（有意義な募金ってあるのですか，なぜ全員に当てはまる支援がないのですか ほか）

筑摩書房 2013.7 218p 18cm（ちくまプリマー新書）840円 Ⓘ978-4-480-68900-9 Ⓝ159.7

『グローバリゼーションの中の江戸』

田中優子著

内容 「江戸時代」のイメージは？ちょんまげ？寺子屋？鎖国？実は、海外のものを巧みに取り入れながら、世界の波に流されることもなく、独自の発展をとげた時代でした。ファッション、絵画、本などから見える海外との関わりや、中国、朝鮮、琉球との関係をたどり、「本当にグローバルであることとは」を考えます。

目次 はじめに グローバリゼーションって何？，1 江戸の西洋ファッション，2 江戸の茶碗とコップ，3 江戸の視覚七不思議，4 江戸時代が出現したグローバルな理由，おわりに どうやってグローバルになればいい？

岩波書店 2012.6 182p 18cm（岩波ジュニア新書-“知の航海”シリーズ）820円
Ⓘ978-4-00-500717-2 Ⓝ210.5

『ヨーロッパがわかる―起源から統合への道のり』

明石和康著

内容 古代ギリシャからローマ帝国、十字軍、大航海時代、ルネサンス、フランス革命、二つの世界大戦、東欧民主化…、そして現在のEUへと至るヨーロッパ形成の過程をたどります。ユーロ危機をはじめ、様々な困難を克服しながら統合への努力を続ける欧州の歴史と今を描きます。

目次 第1章 ヨーロッパの起点―カエサルから神聖ローマ帝国まで（ヨーロッパの起源，ギリシャとローマ ほか），第2章 戦争に明け暮れた近代―国民国家と帝国主義、革命の時代（主役が入れ替わる近代ヨーロッパ，スペインとハプスブルク家 ほか），第3章 不戦の誓いと統合のスタート―独仏連携築いた指導者たち（米ソ冷戦下のヨーロッパ，東西ドイツ分断とNATO創設 ほか），第4章 1989年の革命―ドイツ統一とミッテラン外交（チェコスロバキアの革命，ミッテラン、コールの登場と市場統合 ほか），第5章 ユーロは生き残れるか―欧州の未来展望（ユーロ発行、「深化・拡大」へ条約改定，デンマークの否決、国民意識とのかい離 ほか）

岩波書店 2013.12 169,11p 18cm（岩波ジュニア新書）780円 Ⓘ978-4-00-500761-5 Ⓝ230

『世界の王室うんちく大全』

八幡和郎著

内容 18世紀には、ほとんどの国に王様（君主）がいたのに、今では世界で、わずか30人を数えるばかり。しかし、王室をよく見ると、面白いことがわかってくる。たとえば、ヨーロッパの王室はみんな親戚だったり、肩書きから、国にも上下関係があることがわかったり―。歴史もゴシップも、この一冊にすべてまとめた！系図をたどれば、歴史の闇から、世界史と日本史の秘密があぶり出される。

目次 序章 帝王の肩書きには“悠久の歴史”が秘められている，第1章 女王のイギリスとフランスの万世一系，第2章 ハプスブルク家と神聖ローマ帝国, 第3章 ヨーロッパのスキャンダラスな王族列伝, 第4章 ヨーロッパの王様はみんな親戚, 第5章 イスラムの君主たち, 第6章 世界でもっとも敬愛されるタイ王室の危機, 第7章 中華帝国が4000年も続いた知恵, 第8章 韓流ドラマではわからない韓国王室事情, エピローグ 世界のなかの日本の皇室

平凡社 2013.6 279p 18cm（平凡社新書）880円 Ⓘ978-4-582-85688-0 Ⓝ288.4

『旅に出よう―世界にはいろんな生き方があふれてる』

近藤雄生著

内容 もっと自分らしく自由に生きてみたい！生き方はいろいろあっていいはずだと海外に旅立った著者は、5年以上におよぶ旅で何を感じたのか？夢を追い続ける人、自分の道を切り開こうとする人、どうにもならない大きな力によって人生を動かされている人…、各地で出会った様々な人の姿を通して、自分らしく生きるための道を探る。

目次 オーストラリア編 1 平和な国に暮らす意味―ジンバブエからの移民（西オーストラリア州バンバリー）, オーストラリア編 2 国ってなんだろう？―国を造ったおじいさん（ハットリバー公国）, 東南アジア編 1 食料を得るとは？―捕鯨村の人々（インドネシア）, 東南アジア編 2 勉強できることの幸せ―ビルマからタイへ来た若い難民たち, 東南アジア編 3 世界はみなつながっている―「残留」を選んだ日本兵（ビルマ・タイ国境地帯）, 中国編 1 絆を求めて旅をする―路上の二胡弾き（雲南省昆明市）, 中国編 2 腕一本で生きていく―格闘家の日本人（上海）, ユーラシア横断編 1 見ることと聞くことの違い―イランで出会った人たち, ユーラシア横断編 2 帰る場所―亡命チベット人（スイス）

岩波書店 2010.4 197p 18cm（岩波ジュニア新書）820円 Ⓘ978-4-00-500653-3 Ⓝ290.9

『世界の国1位と最下位―国際情勢の基礎を知ろう』

眞淳平著

内容 世界で最も人口が少ない国はどこ？最も食料自給率が高い国はどこだろう？…。面積、軍事力、貧困率、進学率など様々な分野における世界の上位と下位の国々を紹介。日本の状況を交えながら、その歴史的背景や社会情勢、課題をわかりやすく解説します。世界の大国と小国とを対比させながら学ぶ、ユニークな国際政治・経済入門。

目次 第1部 地勢・人口（面積, 人口）, 第2部 経済・政治（GDP（国内総生産）, 税金, 軍事力, 石油・天然ガスの生産、輸出）, 第3部 社会（貧困率, 食料自給率, 進学率）, 第4部 これからの世界と日本

岩波書店 2010.9 248p 18cm（岩波ジュニア新書）860円 Ⓘ978-4-00-500664-9 Ⓝ302

『人を見捨てない国、スウェーデン』

三瓶恵子著

内容 社会を支える基盤は人であると考え、一人ひとりを大事にする国スウェーデン。その社会の実態や手厚い福祉制度を、若者たちの日々の生活から浮き彫りにしていく。自立心や民主主義を支える力を、知識や技能とともに学ぶ学校。多様な家族のあり方や生き方を支える制度や施設等。そこには日本の目指すべき未来へのヒントがある。

目次 序章 ピッピの国の若者たち（ピッピの国の若者たち, この国で大人になるということ ほか）, 1章 学校が実社会への手引きになる（いっぱいタダのスウェーデン, スウェーデンの学期 ほか）, 2章 家庭、そして家族（家族が一番, いろいろな結婚 ほか）, 3章 人を見捨てることのない社会（二番は友だち, 放課後に何をするか ほか）, 終章 若者が考えるこれからのスウェーデン（スウェーデンの子どもは幸福か？, 何を改善するか ほか）

岩波書店 2013.2 175p 18cm（岩波ジュニア新書）820円 Ⓘ978-4-00-500734-9 Ⓝ302.3

『アフリカのいまを知ろう』

山田肖子編著

内容 “支援する地”“資源を持つ地”としても世界から大きく注目されているアフリカ。日本はどのようにかかわっていけばいいのでしょうか。近現代史・政治・経済・社会・文化など、さまざまな分野の研究者へのインタビューで、アフリカの国と人々のダイナミックな魅力を知り、本当の支援について考えます。

目次 1 アフリカを知ろう, 2 アフリカの研究者にきいてみよう―インタビューで読むアフリカのいま（日本とアフリカの交流史, 村から国家と経済をみる, 農業と人々の暮らし, アフリカ経済と援助, 紛争・平和構築と「外部者」, ろう者と手話, アフリカの女性と健康, アフリカ音楽と若者たち, 村の社会と仮面結社, 文学と社会, 自然環境に依存する人々の暮らし）

岩波書店 2008.3 245,3p 17×11cm（岩波ジュニア新書）780円 Ⓘ978-4-00-500588-8 Ⓝ302.4

『平和ってなんだろう―「軍隊をすてた国」コスタリカから考える』

足立力也著

内容 「軍隊をすてた国」として注目を浴びる国、中米コスタリカ。コスタリカの人びとが考える平和とはどのようなものなのだろう？民主的な選挙システムや憲法小法廷、窓口負担無料の医療制度、環境を守る活動などを紹介。自由と民主主義を重んじる社会の中で育まれる人々の意識を探りながら、あらためて平和とはなにかを考える。

目次 第1章「王様は裸だ！」と言った人たち, 第2章 コスタリカ略史, 第3章 平和の礎としての民主主義, 第4章 人権先進国としてのアピールと実情, 第5章「環境先進国」を目指して, 第6章 コスタリカにおける平和の文化

岩波書店 2009.5 186p 18cm（岩波ジュニア新書）740円 Ⓘ978-4-00-500622-9 Ⓝ302.5

『21世紀はどんな世界になるのか―国際情勢、科学技術、社会の「未来」を予測する』

眞淳平著

内容 未来を予測するのは難しい作業です。これに対して本書では、多様なデータをもとに、今までの傾向が続きそうな分野（出生率の低下など）と、日進月歩で研究・開発が進んでいく分野（宇宙探査、次世代エネルギー、医療技術、ロボット、BMI、軍事技術など）、双方の将来像を予測し、今世紀の社会の姿を浮き彫りにしていきます。21世紀の世界を一緒に見ていきましょう！

目次 かなり確実な未来, 可能性の高い未来 1―国家と国際情勢の変容, 可能性の高い未来 2―科学技術が社会を変える, 危険な未来―制御できない社会の激変、そして危機に直面する世界, 私たちはどのような未来を選択するのか

岩波書店 2014.4 260p 18cm（岩波ジュニア新書）880円 Ⓘ978-4-00-500770-7 Ⓝ304

『世界を知る力』

寺島実郎著

内容 世界同時不況のさなか、日本には民主党新政権が誕生した。冷戦が終結して20年が過ぎ、長く続いた戦後体制は名実ともに変わろうとしている。日本と世界は今どこへ向かっているのか？長く世界潮流を観測してきた著者が、“時空を超える視座”“相関という知”を踏まえて、“分散型ネットワーク時代”の新たな展望と日本の針路、いま最も必要とされる「全体知」のあり方を提示する。米中二極体制をどう考えるか？極東ロシア、シンガポールの地政学的な意味とは？「友愛」なる概念は日本の未来を拓くのか。

目次 第1章 時空を超える視界―自らの固定観念から脱却するということ（戦後という特殊な時空間―アメリカを通じてしか世界を見なくなった戦後日本人, ロシアという視界, ユーラシアとの宿縁, 悠久たる時の流れを歪めた戦後60年）, 第2章 相関という知―ネットワークのなかで考える（ネットワーク型の視界をもつ, 大中華圏, ユニオンジャックの矢, ユダヤネットワーク, 情報技術革命のもつ意味, 分散型ネットワーク社会へ）, 第3章 世界潮流を映す日本の戦後―そして、今われわれが立つところ（2009年夏、自民党大敗の意味, 米中関係―戦後日本の死角, 日本は「分散型ネットワーク革命」に耐えられるか,「友愛」なる概念の現代性）, 第4章 世界を知る力―知を志す覚悟

PHP研究所 2010.1 206p 17cm（PHP新書）720円 Ⓘ978-4-569-77478-7 Ⓝ304

続刊

『**世界を知る力 日本創生編**』2011.9

『大統領でたどるアメリカの歴史』

明石和康著

内容 大国アメリカを率い、世界に強い影響力を及ぼすアメリカ大統領はどのように指導力を発揮してきたのだろうか。「建国の父」と呼ばれる初代ワシントンから、リンカーン、ルーズベルト、レーガン、ブッシュそして初の黒人大統領オバマまで、歴代大統領の足跡をたどりながらアメリカの歴史をわかりやすく解説します。

目次 序章 大統領が導くアメリカ, 第1章 独立からフロンティア拡大の時代—1776-1860年, 第2章 分裂の危機と南北戦争—1860-1896年, 第3章 欧州列強に並ぶ大国への道—1896-1932年, 第4章 ルーズベルト連合と民主党の時代—1932-1968年, 第5章 アメリカの復活とレーガンの時代—1968-2008年, 第6章 変わるアメリカ、オバマの登場—2008年-現在

岩波書店 2012.9 245,15p 18cm（岩波ジュニア新書）880円 Ⓘ978-4-00-500723-3 Ⓝ312.5

『戦争を止めたい—フォトジャーナリストの見る世界』

豊田直巳著

内容 破壊される生活、奪われる命…。塾講師からフォトジャーナリズムの世界へ飛び込んだ著者は、さまざまな紛争地を訪れ、戦場の現実を目にする。怒り、悲しみ、悩みながら、そこに生きる人々の願いを写真に託し、世界をめぐる。自らの取材体験をもとに、平和の意味、日本のいまを問う。

目次 第1章 いま、戦争を撮るということ, 第2章 フォトジャーナリストの世界に飛び込んで, 第3章 戦場と私たちの距離, 第4章 戦争の犠牲者とは誰か, 第5章 平和な未来をつくれるか

岩波書店 2009.4 234p 18cm（岩波ジュニア新書）780円 Ⓘ978-4-00-500621-2 Ⓝ319.8

『国際機関ってどんなところ』新版

原康著

内容 世界各地で紛争が頻発し、国際金融システムが不安定さを増し、地球環境問題が大きくなった。そんな21世紀は、地球規模での統治力が要求される時代だ。100を超える国際機関はどんな課題に取り組んでいるのだろうか。その取り組みから、現代の世界がかかえる課題がくっきりと見えてくる。21世紀対応の新版。

目次 1 21世紀は国際機関の時代, 2 世界平和を守るために, 3 世界政治・経済の円滑な運営を求めて, 4 地球規模の豊かさを求めて, 5 一つの世界に向けた地域統合のために, 6 かけがえのない地球を守るために, 7 地球規模の共生のために, 8 人間らしい生き方を求めて, 9 国際機関で働こう

岩波書店 2007.6 231p（岩波ジュニア新書）18cm 780円 Ⓘ978-4-00-500570-3 Ⓝ329

『国際協力の現場から―開発にたずさわる若き専門家たち』

山本一巳, 山形辰史編

内容 貧困削減、難民支援、紛争解決、開発援助、環境保全…。世界各地で起きている問題に最前線で取り組む若きフィールド専門家たちによる現場報告。開発途上国が抱えるさまざまな困難や国際的な支援の方法を現場の視点から具体的に語ります。現在の国際開発の課題を理解するうえで最適の国際協力入門。

目次 1 逆境に立ち向かう（貧困削減, 食糧, ジェンダー, セックスワーカー, 難民）, 2 子どもたちの未来のために（子どもの権利, 子どもとエイズ, 教育, 児童労働）, 3 平和な世界を目指して（紛争, 武器と兵士, 犯罪防止）, 4 国際協力のアプローチ（開発援助, 技術協力, 農業開発, 環境保全, 法制度改革支援, 開発のための調査）

岩波書店 2007.5 206,4p 18cm（岩波ジュニア新書）780円 Ⓘ978-4-00-500564-2 Ⓝ333

『地球経済のまわり方』

浜矩子著

内容 いつの世も、風が吹けば桶屋が儲かる。そのカラクリにさえ気が付けば、経済はとても面白い。古今東西の物語をまくらにしながら、経済の根本原理と地球経済の「今」を大胆・明快に描きだす。中学生からわかる超入門・グローバル経済。

目次 第1章 経済を動かすもの、働かせるもの（経済活動の黄金の正三角形, 経済活動の大波小波, 物価が上がる時、物価が下がる時, 経済は生かすも殺すも金融次第）, 第2章 モノやお金が国境を超えるとき（米も醤油も道を渡れば貿易になる, 通貨と経済, 犬とシッポの奇妙な関係, 経済政策、それは卵とさそりの鑑定術）, 第3章 痩せるニッポン（日本の経済三角形,「失われた10年」の悲劇, フローの日本からストックの日本へ, いよいよ狂う政策の鑑定眼）, 第4章 グローバル・ジャングルの住人たち（かつての王者、今は何者？―アメリカはいずこへ, 一人は一人のため、皆も一人のため？―分裂する欧州経済, 新種の住人たちの生態は？）, 第5章 グローバル・ジャングルの全体図（グローバル・ジャングルの履歴と歴史的位置づけ, グローバル・ジャングルの基本構造とその危険的現実, グローバル・ジャングルの内なるよそ者たち）

筑摩書房 2014.4 190p 18cm（ちくまプリマー新書）780円 Ⓘ978-4-480-68914-6 Ⓝ333.6

『国際協力ってなんだろう―現場に生きる開発経済学』

高橋和志, 山形辰史編著

内容 貧困削減や開発援助、感染症対策、平和構築、紛争予防、環境保全、ジェンダーなど、国際協力に関わる24のテーマを取り上げて解説。現場の研究者の目に映った開発途上国の厳しい現状や課題を伝えるとともに開発経済学の視点から、ダイナミックに変化している開発途上国の姿や国際開発の取り組みを紹介する。

目次 1 開発のめざすもの, 2 平和と公正を実現するために, 3 宇宙船地球号の舵取り, 4 開発への取り組み, 5 開発途上国でのイノベーション, 6 国境を越えよう

岩波書店 2010.11 188p 18cm（岩波ジュニア新書）780円 Ⓘ978-4-00-500668-7 Ⓝ333.8

『アフガニスタンの未来をささえる―国際機関職員の仕事』

石原陽一郎, 茅和伊, 長岡正哲, 石川かおり著

内容 世界銀行、国際移住機関、国連人口基金、ユネスコ。アフガニスタンの国際機関職員として働く4人の日本人が、それぞれの職場から見たアフガニスタンの国と人、援助の実状と将来について熱くレポート。危険と隣り合わせの仕事を選ぶまでの道のりと、これからの国際機関職員をめざす人たちへのメッセージを語ります。

目次 第1章 アフガニスタンってどんな国？, 第2章 アフガニスタンの貧困削減, 第3章 国を追われる人々, 第4章 文化の復興と国の再建, 第5章 アフガニスタンと女性, 第6章 アフガニスタンの将来と国際開発援助の役割

岩波書店 2009.4 222p 18cm（岩波ジュニア新書）780円 Ⓘ978-4-00-500620-5 Ⓝ333.8

『日系人の歴史を知ろう』

高橋幸春著

内容 いま日本で暮らす日系ブラジル人の数は31万人を超えるといわれています。私たちは彼らとどのような社会をつくっていけばよいのでしょうか。本書では、かつて日本から南米大陸に渡った移民たちの足跡をたどり、その歴史を学ぶと同時に、異なる文化をもつ人々と今後、共に生きていくための道を探ります。

目次 第1章 帰ってきた日系人, 第2章 日系人のルーツ, 第3章 欺かれた移民, 第4章 苦闘の大地, 第5章 日系社会の混乱と戦後移民, 第6章 自立と出稼ぎ

岩波書店 2008.9 186p 18×11cm（岩波ジュニア新書）780円 Ⓘ978-4-00-500605-2 Ⓝ334.4

『フォト・ドキュメンタリー 人間の尊厳―いま、この世界の片隅で』

林典子著

内容 独裁政権と闘うジャーナリスト、難民キャンプで暮らす少女、配偶者から硫酸で顔を焼かれた女性、震災で家族を失った被災者、誘拐され結婚を強要された女子大生―。世界最大規模の報道写真祭で最高賞を受賞した気鋭の写真家が、世界各地で生きぬく人びとに寄り添い、その姿を報告する。カラー写真多数。

目次 第1章 報道の自由がない国で―ガンビア, 第2章 難民と内戦の爪痕―リベリア, 第3章 HIVと共に生きる―カンボジア, 第4章 硫酸に焼かれた女性たち―パキスタン, 第5章 震災と原発―日本, 第6章 誘拐結婚―キルギス

岩波書店 2014.2 254p 18cm（岩波新書）1040円 Ⓘ978-4-00-431471-4 Ⓝ360.4

『多文化世界』

青木保著

内容 イデオロギー対立、少数者への抑圧・攻撃など、苛酷な経験を重ねてきた現代の世界は、宗教・民族問題の先鋭化と同時に、グローバル化に伴う画一化・一元化に直面している。真の相互理解や協調は可能なのか。その鍵となる「文化の多様性」の擁護と「文化の力」をめぐって、理念・現状・課題を、文化人類学者としての豊富な経験から説く。

目次 序章 世界は、いま, 第1章 文化という課題（文化とは対立するものなのか, 宗教・民族の課題, 理想の追求）, 第2章 文化の力（ソフト・パワーの時代とは, 現代都市と文化の力, 魅力の追求）

岩波書店 2003.6 228p 18cm（岩波新書）700円 Ⓘ4-00-430840-2 Ⓝ361.5

『緒方貞子—難民支援の現場から』

東野真取材・構成

内容 冷戦後の10年間、国連人道機関の一つであるUNHCRのトップとして世界の難民支援を指揮し、国際的に高い評価を得ている緒方貞子・前国連難民高等弁務官。頻発する危機や武力紛争の中で、彼女はどのように考え、決断し、行動したのか。同時多発テロ事件のあと世界はどこに向かおうとしているのか。「人間の安全保障」という考え方にはどんな可能性があるのか。—長時間のインタビューに関係者の証言をまじえて、その人と思想を生き生きと描き出す。自らの生い立ちを日米関係史に重ね、人道主義を力強く提唱した、アメリカでの講演『日本、アメリカと私—世界の課題と責任』を巻末に収録。

目次 序章 怒りを原動力にして, 第1章 国連難民高等弁務官への道, 第2章「冷戦後」の始まり—クルド難民, 第3章「民族浄化」の中で—旧ユーゴ紛争1, 第4章 国際政治と人道援助—旧ユーゴ紛争2, 第5章 厳しさを増す人道援助—ルワンダ難民, 第6章 紛争地域の再生に向けて, 第7章 同時多発テロとアフガン難民支援, 第8章「人間の安全保障」に向けて, 終章 イラク戦争、そして日本

集英社 2003.6 219p 18cm（集英社新書）660円 Ⓘ4-08-720199-6 Ⓝ369

社会系統

『創造的福祉社会—「成長」後の社会構想と人間・地域・価値』

広井良典著

内容「限りない経済成長」を追求する時代は終焉を迎えた。私たちは、人類史上3度目の「定常期」に直面している—。飽和した市場経済のもと、われわれの社会は「平等と持続可能性と効率性」の関係をいかに再定義するべきか。「拡大・成長」のベクトルにとらわれたグローバル化の果てに、都市や地域社会のありよ

うはどう変化するのか。そして、こうした「危機の時代」に追求される新たな価値原理とは、人間と社会をめぐる根底的思想とは、いかなるものか。再生の時代に実現されるべき社会像を、政策と理念とを有機的に結びつけ構想する。

目次 時間軸／歴史軸―私たちはどのような時代を生きているか（創造的定常経済システムの構想―資本主義・社会主義・エコロジーの交差），空間軸―グローバル化とローカル化はどのような関係にあるか（グローバル化の先のローカル化―地域からの“離陸”と“着陸”（コミュニティとしての都市―コミュニティ感覚と空間構造，地域の「豊かさ」とは何だろうか）），原理軸―私たちは人間と社会をどのように理解したらよいか（進化と福祉社会―人間性とコミュニティの進化（はじめに―「人間についての探求」と「社会に関する構想」をつなぐ，ケア／コミュニティの進化―人間社会の起源 ほか））

筑摩書房 2011.7 277p 18cm（ちくま新書）860円 Ⓘ978-4-480-06619-0 Ⓝ364.1

『老いるということ』

黒井千次著

内容 これまでにない長い老後を生きる時代が到来した現代、人は老いとどのように向き合えばいいのか。さりげない表現の中に現代日本人の老いを描く幸田文。老いの悲惨な側面から目を逸らさず生きた耕治人。島崎藤村が綴る老後の豊富さと老いることの難しさ。伊藤整が光を当てた老いの欲望と快楽。伊藤信吉が記す90代の老年詩集…。文学作品・映画・演劇に描かれたさまざまな老いの形をとおして、現代に生きる者にとっての“老い”の意味と可能性を追究する。

目次 老いの長さ・老いる場所，古代ローマの老い―キケロー『老年について』をめぐって，20世紀イギリスの老い―E.M.フォースター「老年について」の発想，老いの伝承―深沢七郎「楢山節考」の伝えるもの，老いと時間―「ドライビング・ミス・デイジー」の場合，老いの年齢―マルコム・カウリー『八十路から眺めれば』の示唆，老いの形―幸田文の随筆から，老いの現在・老いの過去―映画「八月の鯨」の表現するもの，老いと病―耕治人の晩年の三作より，老いの完了形と老いの進行形―芥川龍之介「老年」、太宰治『晩年』の視点，老いる意志―島崎藤村の短文から，老いと性―伊藤整『変容』の問題提起，老いの温もり―萩原朔太郎のエッセイと伊藤信吉の老年詩集から，老いのまとめ

講談社 2006.11 232p 18cm（講談社現代新書）720円 Ⓘ4-06-149865-7 Ⓝ367

『孤独死のリアル』

結城康博著

内容 「孤独死はもはや身近な問題」。地方自治体の高齢者福祉担当職を経て研究者になった著者が、経験や現場の本音をふまえて語る。

目次 プロローグ ケアマネジャー時代の経験から，第1章 検視医や援助職の立場から―遺体発見の現場，第2章 孤独死問題はどう考えられてきたか，第3章 葬儀業者や遺品整理業者からみた孤独死，第4章 家族と地域社会の変容と孤独死，第5章

家で亡くなる、病院で亡くなる, 第6章 いま、地域で独り暮らし高齢者を見守るということ, エピローグ

講談社 2014.5 209p 18cm（講談社現代新書）760円 Ⓘ978-4-06-288264-4 Ⓝ367.7

『老いの才覚』

曽野綾子著

内容 年の取り方を知らない老人が急増してきた！超高齢化の時代を迎える今、わがままな年寄こそ大問題。自立した老人になり人生を面白く生きるための7つの才覚の持ち方。

目次 第1章 なぜ老人は才覚を失ってしまったのか, 第2章 老いの基本は「自立」と「自律」, 第3章 人間は死ぬまで働かなくてはいけない, 第4章 晩年になったら夫婦や親子との付き合い方も変える, 第5章 一文無しになってもお金に困らない生き方, 第6章 孤独と付き合い、人生をおもしろがるコツ, 第7章 老い、病気、死と馴れ親しむ, 第8章 神様の視点を持てば、人生と世界が理解できる

ベストセラーズ 2010.9 172p 18cm（ベスト新書）762円 Ⓘ978-4-584-12295-2 Ⓝ367.7

『福祉ってなんだ』

古川孝順著

内容 高齢化が進み社会格差の問題などが深刻化する現代において、社会福祉に対する関心が高まっています。いま必要とされる福祉とはどのようなものなのでしょうか、そして現場ではどのような援助がなされているのでしょうか。本書は社会福祉の意義やしくみをわかりやすく紹介します。社会福祉を学ぶ若い世代の必読入門書です。

目次 第1章 社会福祉をときほぐす, 第2章 社会福祉の成り立ち, 第3章 社会福祉が必要とされるわけ, 第4章 社会福祉のしくみ, 第5章 社会福祉のサービスプログラム, 第6章 社会福祉を利用する, 第7章 社会福祉を支える

岩波書店 2008.1 224p 18×11cm（岩波ジュニア新書）780円 Ⓘ978-4-00-500583-3 Ⓝ369

『ソーシャルワーカーという仕事』

宮本節子著

内容 ソーシャルワーカーは、社会の中の居場所を見失った人を、支え育てて、暮らしてゆく環境を整える仕事。困っている事情、家族関係や社会関係は多岐にわたるので、具体的な行動はさまざまですが、でも大切なことはひとつです。今後ますます必要とされるこの仕事に、ほんとうに大切なこと、教えます。

目次 第1章 ソーシャルワーカーが対象とする人々（人生を見直すきっかけをつくる, 守備範囲は非常に広い ほか）, 第2章 ソーシャルワーカーがやっていること（“なかなか死ねない、のですか？”, “その人、確かに放火はしたけど、でも、手加減してます！” ほか）, 第3章 ソーシャルワーカーの力（相手を動かす3つの要

件, 知識と技術が重なり合って ほか）, 第4章 ソーシャルワーカーの仕事の広がり（ソーシャルワーカーの起源, 1945年という転換期 ほか）

筑摩書房 2013.2 184p 18cm（ちくまプリマー新書）780円 Ⓘ978-4-480-68894-1 Ⓝ369.1

『ルポ高齢者ケア―都市の戦略、地方の再生』

佐藤幹夫著

内容 「高齢者ケア」は、いま正念場を迎えている。超高齢社会となった現在、大都市圏では独居高齢者や生活困窮高齢者の増加、地方では人口減と市街地の限界集落化などの深刻な問題を抱えている。そのような切迫した事態に対応し、利用者にとって最善のケアとは何か。本書は、各地で奮闘した先進的な取り組みを進めている人びとを取材し、その答を追い求めていく。また、東日本大震災の被災地では、困難な状況下で、新しい取り組みが果敢に進められている。その取材を通して、地域医療、生活困難者支援の未来を考える。

目次 第1部 都市の戦略（超高齢社会の未来を創る,「死に至る孤立」を防ぐ,「高齢弱者」という課題）, 第2部 地方の再生（認知症ケアと「地域の介護力」, 過疎地域の再生モデル, もう一つの「石巻の記録」）

筑摩書房 2014.5 254p 18cm（ちくま新書）800円 Ⓘ978-4-480-06777-7 Ⓝ369.2

『さわっておどろく！―点字・点図がひらく世界』

広瀬浩二郎, 嶺重慎著

内容 口絵の白いページを見て、「あれっ？」と思ったら、ぜひさわってみてください。眼で見るのではなく触覚で感じ取ってみると今まで気づかなかった新しい世界が広がります。「さわる文化」を提唱する文化人類学者と点図教材の普及にたずさわる天文学者の二人が、みなさんを「さわる宇宙の旅」にご招待します。

目次 1 したたかな創造力―点から宇宙へ（ブラインドサッカーは視覚障害者文化なり！, さわる文化を育むユニバーサル・ミュージアム, “点字力”の可能性）, 2 しなやかな発想力―点図の魅力（眼で見えないものを探究する, 誰もが楽しめる点図）

岩波書店 2012.5 179p 18cm（岩波ジュニア新書）880円 Ⓘ978-4-00-500713-4 Ⓝ369.2

『ルポ 生活保護―貧困をなくす新たな取り組み』

本田良一著

内容 現在、生活保護受給者は全国平均で80人に1人。雇用、教育、年金制度など社会のさまざまな矛盾が貧困の連鎖を生み、厳しさを増す地方財政がその困難な生活に拍車をかける。しかし今、生活保護こそを貧困から抜け出すステップにしようとの動きが生まれている。自立プログラムの「先進地」釧路など数多くの例を引きながら、経済偏重に陥らない、本来の自立とは何かを問い、貧困をなくすために何が必要かを探る。

目次 第1章 生活保護とは何か, 第2章 母子家庭と貧困の連鎖, 第3章 こぼれ落ちる人々, 第4章 格差と貧困, 第5章 負担ではなく投資, 第6章 自立支援プログラム, 第7章 どう改革するか

中央公論新社 2010.8 244p 18cm (中公新書) 780円 Ⓘ978-4-12-102070-3 Ⓝ369.2

『認知症を知る』

飯島裕一著

内容 30年近く認知症を取材してきたベテラン医療記者の実母が発病した。その経験もまじえて語る、いちばんわかりやすい認知症の本。糖尿病の人は危ない‼予防の最新情報も。薬の用い方もアドバイス。周辺症状には漢方薬も。

目次 第1章 母の発病—そして要介護5へ, 第2章 早期受診の大切さ, 第3章 ところで認知症とは?, 第4章 検査と診断、告知の難しさ, 第5章 認知症にはさまざまな病気がある, 第6章 認知症の予防をめぐって, 第7章 介護の周辺

講談社 2014.6 266p 18cm (講談社現代新書) 800円 Ⓘ978-4-06-288269-9 Ⓝ493.7

『自宅で大往生—「ええ人生やった」と言うために』

中村伸一著

内容 自宅で逝くためには何が必要か。家がもつ不思議な力とは。住民の日常に寄り添う医療を展開する総合医が在宅での看取りを綴る。自宅で見事な大往生を遂げた人々のエピソードも多数収録。

目次 第1章 自宅で逝くということ (人生のゴールで,「家」をめぐること, 看取りのいま・むかし), 第2章 在宅看取りを支えるために (私が看取りにこだわるワケ, 医療の限界から行政との愉快な連携へ), 第3章 地域=コミュニティーの医療を考える (地域医療の抱える問題, 医療崩壊から医療再生へのヒント), 第4章 お互い様とおかげ様—名田庄における医療危機と患者 - 医師関係 (名田庄の地域医療、三つの逆風, 支えるつもりが支えられ), 第5章「先生」を看取る (いつだって、患者さんが先生だった, もしも家逝きを決めたなら, 医者泣かせの逝き語録)

中央公論新社 2010.6 210p 18cm (中公新書ラクレ) 760円 Ⓘ978-4-12-150352-7 Ⓝ498

情報問題

『情報のさばき方—新聞記者の実戦ヒント』

外岡秀俊著

内容 インターネットの発達でケタ違いの情報が氾濫している今、現代人は「情報力」を鍛えることが欠かせない。情報を扱う場面を、「つかむ=収集」「よむ=分析・加工」「伝える=発信」の3つに切り分け、豊富な事例をもにそれぞれのポイントを解説し、対処法へのヒントを紹介する。

目次 第1章 情報をつかむ（必要な情報を探すコツ, 全体像の中の「自分」を知る, メモこそ命 ほか）, 第2章 情報をよむ（分析に役立つ基本技, 情報のプロの習性, だまされないための技術 ほか）, 第3章 情報を伝える（誰に何を伝えるか, 書くためのヒント, IT社会と情報）

朝日新聞社 2006.10 295p 18cm（朝日新書）720円 Ⓘ4-02-273110-9 Ⓝ002.7

『自分と未来のつくり方―情報産業社会を生きる』

石田英敬著

内容 情報産業社会を生きる人間を考えるための、やさしいレッスン。話はエンデの『モモ』からはじまり、ヴェーバーやケインズ、プラトンやデカルト、フッサールにまで広がります。人類の知の蓄積からヒントを得て、君はメディア社会にどんな未来を描きますか。

目次 第1回『モモ』で読み解く労働と産業社会（この授業で扱うこと, 100年間の急激な変化 ほか）, 第2回 欲望をつくる文化産業（アメリカの新しい資本主義, 労働者を消費者にする「フォーディズム」ほか）, 第3回 意識を生み出すテクノロジー（時代を先取りした宮沢賢治, テレビのしくみ ほか）, 第4回 メディアという洞窟（ソクラテスとプラトン, 洞窟の囚人という設定 ほか）, 第5回 自分と未来のつくり方（『モモ』の世界と現代, 自分と未来の「つくり方」ほか）

岩波書店 2010.6 194p 18cm（岩波ジュニア新書）780円 Ⓘ978-4-00-500656-4 Ⓝ007.3

『ネットとリアルのあいだ―生きるための情報学』

西垣通著

内容 現代は、デジタルな情報がとびかう便利な情報社会である。にもかかわらず、精神的に疲れ、ウツな気分になるのはなぜか。悲鳴をあげているのは、リアルな「生命」そのものであろう。人間の身体と心をやさしく包んでくれるITの未来を考える。

目次 第1章 ITが私を壊す？（私にとってのリアル, デジタル・ニヒリズム）, 第2章 生きることは創りだすこと（心と脳とコンピュータ, 情報処理機械としての私, 心はなぜ閉じているの？）, 第3章 未来のネット（自由平等という落とし穴, タイプ3コンピュータとは）

筑摩書房 2009.12 166p 18cm（ちくまプリマー新書）760円 Ⓘ978-4-480-68825-5 Ⓝ007.3

『世界が変わるプログラム入門』

山本貴光著

内容 現代人の基礎教養?!新しいプログラムを書くことは新しいコンピュータの使い方を発見すること。難解な数式不要！まずは紙と鉛筆と頭で入門しよう。

目次 第1章 プログラムを身につけるコツを少々（人はどんな時、プログラムしたくなるか, どうすればいい？ ほか）, 第2章 設計しよう―プログラムをプログラムする（なにから始める？，まずはアイディアのメモから ほか），第3章 コンピュータにできること？（コンピュータでコーヒーを淹れるには，コンピュータそのものにできること ほか），第4章 プログラムしよう（まずは日本語でOK，ゲーム画面を用意する ほか）

筑摩書房 2015.4 206p 18cm（ちくまプリマー新書）820円 Ⓘ978-4-480-68938-2 Ⓝ007.6

『18歳の著作権入門』

福井健策著

内容 基礎的な知識からデジタル化が揺さぶる創作と著作権の現況まで。著作権を考えることは未来を創造すること！おとなになる前に読みたい、教養としての著作権の話。

目次 第1部 基礎知識編（「著作物」って何？―まずはイメージをつかもう，著作物ではない情報（1）―ありふれた表現や社会的事件は？，著作物ではない情報（2）―アイディア、実用品は？，著作物ってどんな権利？―著作権侵害だと何が起きるのか，著作物を持つのは誰か？―バンドの曲は誰のもの？ ほか），第2部 応用編（ソーシャルメディアと著作物―つぶやきに気をつけろ！，動画サイトの楽しみ方―違法動画を見てよい？「歌ってみた」は？，JASRACと音楽利用のオキテ，作品を広めるしくみ―噂の「CCマーク」を使ってみる，青空文庫を知っていますか？―著作権には期間がある ほか）

筑摩書房 2015.1 202,4p 18cm（ちくまプリマー新書）820円 Ⓘ978-4-480-68928-3 Ⓝ021.2

『新聞記者―現代史を記録する』

若宮啓文著

内容 冷戦の終焉、「55年体制」の解体、そして「3・11」。軋む日本はジャーナリストの目にどう映ったのか。大変貌と向き合った新聞記者の40年。

目次 第1章 震災報道の現場から―ニュース報道の原点（3月11日のこと，88年前は東京本社が焼失 ほか），第2章「差別」の中を歩く―長野で体験したこと（偶然の出会い，これぞ「いじめ」ほか），第3章 ロッキード、消費税、冷戦後―永田町の内と外（「総理番」は疲れる，夜討ち、朝駆け、ハコ乗り ほか），第4章 アジアの戦争は終わったか―分断と領土・歴史と（初めての韓国，北朝鮮で見たもの ほか）

筑摩書房 2013.9 234,4p 18cm（ちくまプリマー新書）860円 Ⓘ978-4-480-68903-0 Ⓝ070.1

『社会の真実の見つけかた』

堤未果著

内容 メディアが流す情報を鵜呑みにしていては、社会の真実は見えてこない。9・11以後のアメリカで、人々の恐怖心と競争を煽ってきたメディアの実態を実際に

体験し、取材してきた著者が、「情報を読み解く力」を身につける大切さを若い世代に向けて解説する。同時にそこにこそ“未来を選ぶ自由”があると説く。

目次 第1章 戦争の作りかた―3つの簡単なステップ（恐怖が判断力を失わせる, 現れた敵 ほか），第2章 教育がビジネスになる（奇妙な出来事, 全米に広がる教師のインチキ合戦 ほか），第3章 メディアがみせるイメージはウソ？ホント？（テレビは信用できない, マスコミは出演者とお金の流れを見る ほか），第4章 社会は変えられる（「人生で1番ワクワクしたオバマ選挙」, 社会を変える高齢者たち ほか）

岩波書店 2011.2 227p 18cm（岩波ジュニア新書）820円
Ⓘ978-4-00-500673-1 Ⓝ361.4

『街場のメディア論』

内田樹著

内容 テレビ視聴率の低下、新聞部数の激減、出版の不調―、未曾有の危機の原因はどこにあるのか？「贈与と返礼」の人類学的地平からメディアの社会的存在意義を探り、危機の本質を見極める。内田樹が贈る、マニュアルのない未来を生き抜くすべての人に必要な「知」のレッスン。神戸女学院大学の人気講義を書籍化。

目次 第1講 キャリアは他人のためのもの, 第2講 マスメディアの嘘と演技, 第3講 メディアと「クレイマー」, 第4講「正義」の暴走, 第5講 メディアと「変えないほうがよいもの」, 第6講 読者はどこにいるのか, 第7講 贈与経済と読書, 第8講 わけのわからない未来へ

光文社 2010.8 211p 18cm（光文社新書）740円 Ⓘ978-4-334-03577-8 Ⓝ361.4

『高校生のためのメディア・リテラシー』

林直哉著

内容 身の回りにあふれるメディアや情報を使いこなし、自分の表現を仲間や社会に発信していく方法とは？教育現場から新しい「学び」の形を提案する画期的レポート。

目次 関係性 1 調べる取材する―自分と社会の関係性（カメラとマイクの威力とは？, 取材は「あたま」、作品は「しっぽ」ほか），関係性 2 伝わる表現のために―メディアとの関係性（イメージはモノにならないとわからない, 形がない「人柄」を映像で撮る？ ほか），関係性 3 葛藤が力になる―自分の中の他者との関係性（「自分の中の他者」とはなにか, 臆病であることの大切さ ほか），関係性 4 作品がコミュニティを変える―循環する関係性（卒業式や入学式の意味を考えたことありますか？, 放送部のある番組が学校の雰囲気を変えた ほか），関係性の定成形「青木湖」その後（一本のビデオが動かしたもの,「全国大会のホールで…」と願った夢が現実に ほか）

筑摩書房 2007.10 175p 18×11cm（ちくまプリマー新書）760円 Ⓘ978-4-480-68770-8 Ⓝ361.4

『「ケータイ時代」を生きるきみへ』

尾木直樹著

内容 ケータイをただ禁止すればいいの？思春期真っただ中の中・高生時代は、親や先生に反発したり、友達とつるんだりして自立への模索を重ねる時。だからこそ、ケータイには、特別な魅力を感じるのです。この便利で危険なメディアとどう付き合うか。3000人のアンケート調査をもとに、きみたちと一緒に考えます。付録「トラブル撃退法」。

目次 第1章 思春期の心と体―その変化の激しさ, 第2章 中・高生、ケータイ生活の実態―3000人調査から, 第3章 “バーチャル劇場”の主役―ケータイ大好き中・高生, 第4章「ケータイ依存」と揺らぐ自立心, 第5章 ケータイが友達をつくる, 第6章「世の中はこうなのか？」と錯覚, 第7章 だましの「ネット大人」たち―その危険な魅力, 第8章 きみたちが築け！“ケータイ文化”―誰もが安心・共生できる関係をめざして

岩波書店 2009.3 244,4p 18cm（岩波ジュニア新書）780円 Ⓘ978-4-00-500617-5 Ⓝ371.4

『社会の今を見つめて―TVドキュメンタリーをつくる』

大脇三千代著

内容 日常に潜む現代社会のひずみをていねいにすくい取り、TVドキュメンタリーに仕上げ問題提起をしてきた著者。報道記者として夜の町、事故現場、かつての戦場や産科病棟等で見たもの、聞いたことを通し、今社会で何が起き、私たちの暮らしとどう関わっているかを語る。いかに生きるかを考えさせられる一冊。

目次 プロローグ 一人前の記者になりたい！, 1章 わたしの隣に, 2章 大人の説明, 3章 なぜ戦争体験を語り継ぐのだろう？, 4章 SOS！人が足りない!?, 5章 報道記者として何を伝えるか, エピローグ わたしはあなただったかもしれない

岩波書店 2012.10 210,5p 18cm（岩波ジュニア新書）840円 Ⓘ978-4-00-500725-7 Ⓝ699.6

理学系統

『まず歩きだそう―女性物理学者として生きる』

米沢富美子著

内容 アモルファス（非結晶物質）研究の第一人者として国際的に知られ、女性初の日本物理学会の会長になり、数々の賞に輝いた物理学者・米沢富美子氏の自伝。その成功の陰には、あれこれとりこし苦労をせず「まず歩きだそう」という人生のモットーがあった！行動力あふれる著者の生きる姿勢を通して科学の楽し

さを伝え、理系の研究を志す若い読者に熱いメッセージを贈る。

目次 第1章 原点は空だった―夢は果てしなく（蓄音機解体,「なぜ？」を連発していた毎日 ほか）, 第2章 物理までの道のり―理科好き少女、発進！（数学部, 補助線を探す ほか）, 第3章 物理にまっしぐら―「両方選ぶ」人生へ（物性物理学を選ぶ, 最初の研究テーマ ほか）, 第4章 物理を楽しむ―世界への挑戦（アモルファスで勝負, 仕切り屋全開 ほか）, 第5章 物理をいつまでも―若い人たちへのメッセージ（時間の始まりと宇宙の果て, まず歩きだそう ほか）

岩波書店 2009.3 188p 18cm（岩波ジュニア新書）740円 Ⓘ978-4-00-500616-8 Ⓝ289.1

『探検と冒険の物語』

松島駿二郎著

目次 1 博物学の世紀（ダーウィンと進化論, ウォレスと進化・分岐の発見, フンボルト、オリノコ川をさかのぼる）, 2 大航海時代（コロンブスの大西洋横断, マゼランによる世界周航, クックの南太平洋探険, クックの北太平洋航海）, 3 極地探検（南極点初到達めざして, フラム号とナンセン, ユア号の冒険）

岩波書店 2010.3 240p 18cm 780円 Ⓘ978-4-00-500650-2 Ⓝ290.9

『科学的とはどういう意味か』

森博嗣著

内容 科学―誰もが知る言葉だが、それが何かを明確に答えられる人は少ない。しばしば「自然の猛威の前で人間は無力だ」という。これは油断への訓誡としては正しい。しかし自然の猛威から生命を守ることは可能だし、それができるのは科学や技術しかない。また「発展しすぎた科学が環境を破壊し、人間は真の幸せを見失った」ともいう。だが環境破壊の原因は科学でなく経済である。俗説や占い、オカルトなど非科学が横行し、理数離れが進む中、もはや科学は好き嫌いでは語れない。個人レベルの「身を守る力」としての科学的な知識や考え方と何か―。

目次 第1章 何故、科学から逃げようとするのか（いつから避けるようになったのか, 向いていないと思い込む ほか）, 第2章 科学的というのはどういう方法か（科学と非科学, 非科学的な習慣 ほか）, 第3章 科学的であるにはどうすれば良いのか（「割り切り」という単純化, 科学は常に安全を求める ほか）, 第4章 科学とともにあるという認識の大切さ（ごく普通に接すれば良い, 数字にもう少し目を留めてみよう ほか）

幻冬舎 2011.6 197p 18cm（幻冬舎新書）760円 Ⓘ978-4-344-98220-8 Ⓝ401

『天才たちの科学史―発見にかくされた虚像と実像』

杉晴夫著

内容 ガリレオは恩知らずで、ニュートンは20代で余生を迎えた!?フランス革命の断頭台に倒れたラボアジエ、不遇の天才ラマルクに比べ、ダーウィンは凡庸だった―。宇宙の仕組み、生物の謎、数学の論理に果敢に挑んだ天才たちの「知られざる素顔」に迫りながら、その偉大な業績のツボを、わかりやすく解説する。人柄までが生き生きと甦る天才たちの「意外な」科学史。

目次 第1章 天体運行の謎を解いたケプラーの生涯―30年戦争を生き抜いた不屈の意志, 第2章 物体運動の秘密を明らかにしたガリレオの素顔―名声と富を求めつづけた生涯, 第3章 万有引力の発見者、ニュートンの虚像と実像―歴史的発見を20年間も公表しない不思議, 第4章 断頭台に消えた、近代化学の創始者ラボアジエ―文豪の戯曲に取り上げられた悲劇, 第5章 巨人ラマルクと凡庸なダーウィン―「進化論」確立の裏面史, 第6章 遺伝の法則の発見者、メンデルの孤高の生涯―死後、20数年たって再発見された偉大な法則, 第7章 ナポレオン3世をめぐる科学者たち―科学者の活動を擁護した君主と、科学の発展

平凡社 2011.5 228p 18cm（平凡社新書）780円 Ⓘ978-4-582-85587-6 Ⓝ402.8

『科学は未来をひらく―中学生からの大学講義 3』

桐光学園, ちくまプリマー新書編集部編

内容 宇宙ってなんだろう？生き物や人間はどうして生きているんだろう？自然とは？自分とは？科学は長い時間をかけて、それらの疑問を考え続けている。第一線で活躍する著者たちが、科学の奥深い世界に誘う。

目次 科学の二つの顔（村上陽一郎）, 私のなかにある38億年の歴史―生命論的世界観で考える（中村桂子）, 宇宙はどのように生まれたか―現代物理学が迫るその誕生の謎（佐藤勝彦）, 宇宙から観る熱帯の雨―衛星観測のひもとくもの（高藪縁）, 社会の役に立つ数理科学（西成活裕）, ヒトはなぜヒトになったか（長谷川眞理子）,「共生の意味論」きれい社会の落とし穴―アトピーからガンまで（藤田紘一郎）, 生命を考えるキーワード それは“動的平衡”（福岡伸一）

筑摩書房 2015.3 233p 17cm（ちくまプリマー新書）860円 Ⓘ978-4-480-68933-7 Ⓝ404

『高校生のための科学キーワード100』

久我羅内著

内容 サイエンスは知れば知るほどおもしろい。たとえば、惑星と準惑星、ニュートン力学と相対性理論、天気予報でよく耳にするエルニーニョとラニーニャは、何が違うのか。身近なところでは、太陽電池はどうやって発電するのか。あるいは、犯人を追い詰めるDNA鑑定の方法とは…。常識として知っておきたい基本から、最新の科学ニュースの凄さまで、100のキーワードで解説。理科アレルギーは、もったいない。

目次 1 宇宙論, 2 相対性理論, 3 量子力学, 4 一般物理学, 5 自然現象, 6 遺伝子と進化, 7 脳科学, 8 医療, 9 テクノロジー

筑摩書房 2009.10 238p 18cm（ちくま新書）740円 Ⓘ978-4-480-06507-0 Ⓝ404

『はじまりの数学』

野崎昭弘著

内容 どうして数学を学ばなければいけないのか。その経緯を人類史から問い直し、数学の本質を明らかにし、その面白さを体験してもらう。画期的に欲張りな数学の入門書。

目次 数学嫌いはなぜ多い？，第1部 数学とは、なにものか―数学の歴史（人類の曙, エジプトと数学, バビロニアと数学, ギリシャと数学, 現代と数学, 日本人と数学），第2部 数学と、どうつきあうか―数学の面白さと効用について（できたよろこび、わかるうれしさ, 適切な表現で「わかる」ようになる, 論理的に考える, 手を動かすのはよいこと, 数学はしっかり使えば役に立つ），数学者は頭がわるい

筑摩書房 2012.10 190p 18cm（ちくまプリマー新書）780円 Ⓘ978-4-480-68889-7 Ⓝ410

『楽しむ数学10話』新版

足立恒雄著

内容「私は考える。だから私はある」のデカルト、「人間は考える葦である」のパスカル。二人の哲学者は数学者でもありました。かれらが考えることを楽しんだ数学、また18世紀の数学王オイラーの数学は、いまの数学の重要な基礎となっています。1996年にようやく解決された「フェルマーの大定理」とともに存分に味わってください。

目次 第1話 発見のための方法, 第2話 無限へかける橋, 第3話 文字記号の歴史, 第4話 フェルマーの大定理, 第5話 ピュタゴラス数の話, 第6話 朝ねぼうのデカルト, 第7話 信心ぶかいパスカル, 第8話 数学王オイラー, 第9話 フェルマーの大定理に挑戦, 第10話 フェルマーの大定理が解けた！

岩波書店 2012.11 213p 18cm（岩波ジュニア新書）820円 Ⓘ978-4-00-500729-5 Ⓝ410.2

『力学の発見―ガリレオ・ケプラー・ニュートン』

高野義郎著

内容 力学は美しい。それは人間による知的創造の典型だからだ。地上の運動である落下運動の法則を発見したガリレオ、宇宙の運動である惑星運動の法則を発見したケプラー、2つの運動法則を万有引力によって統合したニュートン。自然の中に存在する力学をどのように発見していったのか―3人の著作や足跡をたどり、創造の源をさぐる。

目次 第1部 ガリレオの発見（ピサの斜塔と落下運動, 慣性の発見, 地動説と天文観測），第2部 ケプラーの発見（宇宙には美しい幾何学的な調和がある, 円から楕

円へ, 宇宙の和音を求めて）, 第3部 ニュートンの発見（ニュートンのりんご, 美しい力学の理論体系, 万有引力、時間、空間）

岩波書店 2013.3 246p 18cm（岩波ジュニア新書）860円 Ⓘ978-4-00-500738-7 Ⓝ423

『素粒子はおもしろい』

益川敏英著

内容 物質を構成するもっとも小さい要素は何か？古代ギリシアの原子論にはじまり、近現代の科学的探究により、さまざまな素粒子像が描かれてきた。そして科学者たちはついに、究極の基本粒子をとらえた。素粒子像はこれまでにどんな変遷をしてきたのか、最新像はどんなものか、2008年ノーベル物理学賞の著者が自在に語る。

目次 第1章「6」という数, 第2章 原子から素粒子へ, 第3章 素粒子はいろんな性質をもっている, 第4章 クォークとレプトンとボソン, 第5章 素粒子をどうやって見るか, 第6章 CP対称性の破れ, 第7章 科学の役割と私たちの学び方

岩波書店 2011.11 153,17p 18cm（岩波ジュニア新書）780円 Ⓘ978-4-00-500697-7 Ⓝ429.6

『宇宙はこう考えられている―ビッグバンからヒッグス粒子まで』

青野由利著

内容 急速に解明されつつある宇宙の成り立ちの謎。それらをもっと深く理解し楽しむために、宇宙論や天文学、素粒子物理学の、歴史的発展や全体像をおさらいしてみよう。

目次 第1章 ヒッグス粒子って何？どうやって発見したの？（映画にも登場するCERN, 物質をどんどん分けていくと？ ほか）, 第2章 宇宙はどのように始まったのか（宇宙膨張の発見, ハッブルを支えた「宇宙の灯台」ほか）, 第3章 見えない暗黒物質（ヴェラ・ルービンの発見, 不足する銀河の質量 ほか）, 第4章 宇宙の運命と暗黒エネルギー（加速膨張がノーベル賞, 謎の暗黒エネルギー ほか）, 第5章 宇宙の謎は解けるか（ウロボロスの蛇, 相性の悪い天文学と素粒子論 ほか）

筑摩書房 2013.4 206p 18cm（ちくまプリマー新書）820円 Ⓘ978-4-480-68896-5 Ⓝ443.9

『地学のツボ―地球と宇宙の不思議をさぐる』

鎌田浩毅著

内容 地震、火山など災害から身を守るには？地球や生命、宇宙の起源に迫る「私たちとは何か」？実用的知識と、本質的な問いを一挙に学ぶ。カラー口絵とともに理解のツボが一目でわかる図版資料満載。

目次 第1章 地球は生きている―地震と火山, 第2章 地面は動く！地学におけるコペルニクス的転換, 第3章 地球の歴史, 第4章 地球変動による生物の大絶滅と進化, 第5章 大気と海洋の大循環, 第6章 地球の外はどうなっているか―太陽系と地球, 第7章 進化し続ける宇宙への探求

筑摩書房 2009.2 171,4p 18cm（ちくまプリマー新書）860円 Ⓘ978-4-480-68804-0 Ⓝ450

『天気ハカセになろう―竜巻は左巻き？』

木村龍治著

内容 昨日はどしゃぶり、今日は快晴―私たちは毎日、天気シェフのおまかせ料理につきあわされる運命。天気シェフはどうやって雨や雷、台風、竜巻などの「天気料理」を作っているのでしょうか。ベテラン気象学者がみなさんを天気の厨房へとご案内します。天気シェフのレシピを知れば、天気ハカセになれること、まちがいなし！

目次 1 天気の素材―空気, 2 天気の背景―大気圏, 3 天気の現場―対流圏, 4 天空の発電所―雷雲, 5 すべてを破壊する風―竜巻, 6 災害をもたらす雨―集中豪雨, 7 海が育む嵐―台風, 8 日常の天気を支配するもの―高低気圧

岩波書店 2013.5 182,3p 17cm（岩波ジュニア新書）840円 Ⓘ978-4-00-500743-1 Ⓝ451

『地球の中心で何が起こっているのか―地殻変動のダイナミズムと謎』

巽好幸著

内容 東日本大震災で、日本列島は一瞬にして5メートルも東へ移動した。なぜ大地は動き、火山は噴火するのか。そのエネルギーの根源は地球の中心部にある。地下6400キロにある「核」は、6000℃もの高温だが、地表の気温は平均15℃しかない。地球は、このすさまじい温度差を解消しようとして、表層部と核の間の「マントル」内でたえず物質をグルグル回し、マグマを作って、熱を地表に運んでいる。その結果、大陸を支えるプレートが動き、その継ぎ目（沈み込み帯）で地震が起きるのだ。世界が認める地質学の第一人者が解き明かす、地球科学の最前線。

目次 第1章 地球内部の構造とプレートテクトニクス, 第2章 46億年前に誕生した原始地球, 第3章 火山列島と沈み込み帯の密接な関係, 第4章 火山列島はどうしてできるか？, 第5章 海で生まれる大陸, 第6章 地球は自らリサイクルしている, 第7章 地球における炭素と水の大循環

幻冬舎 2011.7 211p 18cm（幻冬舎新書）780円 Ⓘ978-4-344-98227-7 Ⓝ455.8

『生物と無生物のあいだ』

福岡伸一著

内容 生きているとはどういうことか―謎を解くカギはジグソーパズルにある!?分子生物学がたどりついた地平を平易に明かし、目に映る景色をガラリと変える。

目次 ヨークアベニュー、66丁目、ニューヨーク, アンサング・ヒーロー, フォー・レター・ワード, シャルガフのパズル, サーファー・ゲッツ・ノーベルプライズ, ダークサイド・オブ・DNA, チャンスは、準備された心に降り立つ, 原子が秩序を生み出すとき, 動的平衡とは何か, タンパク質のかすかな口づけ, 内部の内部

は外部である, 細胞膜のダイナミズム, 膜にかたちを与えるもの, 数・タイミング・ノックアウト, 時間という名の解けない折り紙

講談社 2007.5 285p 18cm（講談社現代新書）740円 Ⓘ978-4-06-149891-4 Ⓝ460.4

『ミクロにひそむ不思議—電子顕微鏡で身近な世界を見る』

牛木辰男, 甲賀大輔著

内容 電子顕微鏡で身のまわりのものを観察しよう。数倍から数十万倍まで拡大できて、立体的に見える走査電顕の像は、ふしぎな世界です。同じ糸でも木綿と絹はちがい、毛糸やカシミヤにはキューティクルが見えます。チョウのリンプンは美しいうちわ、ツバキの花粉はおいしいパンのよう。食べもの、生活用品、小さな生きもの、そして私たちのからだの、ミクロの実体像を楽しんでください。

目次 1 顕微鏡について知ろう, 2 身近な生活用品のミクロをのぞく, 3 食べもののミクロをのぞく, 4 植物のミクロをのぞく, 5 虫のミクロをのぞく, 6 からだのミクロをのぞく

岩波書店 2008.2 190p 18×11cm（岩波ジュニア新書）780円 Ⓘ978-4-00-500582-6 Ⓝ460.8

『生物多様性と私たち—COP10から未来へ』

香坂玲著

内容 2010年10月、名古屋で開かれたCOP10で議題となった生物多様性を、私たちの暮らしを通して考えてみよう。すると、危機にある生物と暮らしとの関連、多様性がなぜ大切なのかが、はっきりわかってくる。同時におこなわれた子ども会議やユース会議で議論されたこと、10年後に向けて若者たちがはじめた活動も興味深い。

目次 1 COP10子ども会議・ユース会議で, 2 多様性はなぜ大切なのだろう？, 3 衣食住をめぐる生物多様性, 4 生物多様性を維持するために, 5 動きだした若者たち, 付録1 ベスト・プラクティス, 付録2 五感を使った環境学習・キャンペーン

岩波書店 2011.5 210p 18cm（岩波ジュニア新書）820円 Ⓘ978-4-00-500682-3 Ⓝ468

『生態系は誰のため？』

花里孝幸著

内容 生息するプランクトンの種類や数で湖を観察すると、タフで豊かな生態系のようすが見えてくる。自然環境について、手前勝手な思い込みは捨てよう。人類が生き残るための、目からウロコの生態系論。

目次 序章 生態系ということばの誤解を解く（生態系ということば, 生き物の体をつくっている物質 ほか）, 第1章 プランクトンから生態系を学ぶ（湖の生態系, 湖と森林の生態系の違い ほか）, 第2章 生態系の中の生き物たち（湖での生態系研究が有効な理由, 小さなゾウミジンコはなぜ増える？ ほか）, 第3章 生物多様性

を考える（トキの保護・放鳥は何をもたらすか, トキには棲みにくい場所になった ほか）, 第4章 生態系のバランスを考える（外来種と漁業, アユの放流は許されるのに ほか）

筑摩書房 2011.3 185p 18cm（ちくまプリマー新書）780円 Ⓘ978-4-480-68857-6 Ⓝ468

『カラー版 海と親しもう―遊ぶ・観察する・学ぶ』

伊藤勝敏著

内容 干潟や潮溜りへ行ってみませんか。チゴガニやコメツキガニのハサミ振りダンス、ハコフグやハリセンボンのかわいい表情。生物たちを見ているだけで、飽きることがありません。海中写真家の伊藤さんが、安全で楽しい海とのつきあい方を手ほどきします。ウミガメの産卵、ウミウシ、サンゴ、ジンベエザメなど、写真満載です。

目次 1 海に近づいてみよう, 2 海辺で生物観察, 3 海中の生物を見よう, 4 生きものたちのドラマに触れよう, 5 姿も行動も愉快だ, 6 汚れる海に生きる

岩波書店 2007.5 180p 18cm（岩波ジュニア新書）980円 Ⓘ978-4-00-500565-9 Ⓝ468

『カラー版 草花のふしぎ世界探検』

ピッキオ編著

内容 春、金や黄緑の芽生え、色とりどりの花で野山はわきかえる。夏、虫たちが花の蜜を吸い、受粉を助ける。秋、ツルツルやギザギザのタネができる。草花たちに一歩近づいて見てみよう。そのかわいさとともに、生きぬくための巧みなしくみにも驚かされる。草花たちの不思議ワールドを、美しい写真とともに楽しんでください。

目次 1 芽生えはかわいい, 2 驚きのアズマイチゲ, 3 マムシのような？マムシグサ, 4 きれいな花と地味な花の生き残り戦略, 5 タネは芸術だ, 6 草花たちの危機を救え！, 7 草花観察の手びき

岩波書店 2005.3 198p 18cm（岩波ジュニア新書）980円 Ⓘ4-00-500499-7 Ⓝ470

『動物を守りたい君へ』

高槻成紀著

内容 動物が好き、動物のためになることがしたい、と思っている人は多いでしょう。でも、私たちが「動物のため」と思っていることは、本当に正しいのでしょうか。ペットに人間の価値観を押しつけていませんか。絶滅しそうな野生動物を救うには、ただ保護してあげればよいと思っていませんか。動物たちとともに生きるための、大きな視野を与えてくれる一冊。

目次 序章 動物と私たちのかかわり, 1章 ペットとどうつきあうか（ペットと人間の価値観, ペットの運命, ペットとの関係, 外来種としてのペット）, 2章 家畜をどうみるか（動物を食べるということ, 家畜の生活, 家畜のこれから）, 3章 野生動

物をどう調べるか（観察・調査の重要性, フクロウと森林伐採, 鼻つまみ者の偉大な働き, 花と虫のリンクと過放牧, 絶滅種タヒの復活）, 4章 野生動物をどう守るか（二つの絶滅, なぜ猛獣が絶滅するか, 君にもトキは守れる, つながりをこそ守る）, 5章 動植物とともに生きるために（東日本大震災と動物, 人間のためだけではない, 動物と地球のほうから考えよう）

岩波書店 2013.10 226p 18cm（岩波ジュニア新書）840円 Ⓘ978-4-00-500755-4 Ⓝ480.9

『人を幸せにする目からウロコ！研究』

萩原一郎編著

内容 折り紙にヒントを得た画期的な工法や、柑橘の風味のする鮎、かけるだけで痩せられる（？）ダイエットめがねなど、ユニークな発想による目からウロコの研究を紹介します。人の幸せに貢献するため、創造的な研究にたずさわる知的探究者たちの熱意に満ちた研究開発物語です。

目次 ネタバレ防止ブラウザの研究（中村聡史）, 柑味鮎の開発（赤壁善彦）, 対話型顔画像美観化システムの研究（荒川薫）, 食べたつもりになるARダイエットメガネ（鳴海拓志）, かわいいの系統的研究（大倉典子）, 芋エネルギーが地球を救う（鈴木高広）, 建築の音づくり（上野佳奈子）, やわらかボディーのEV（升島努）, 工学部機械系の心理学者（葭田貴子）, 大学の知財を活用して起業しよう（鈴木堅之）, 自らの感性を生かした「人間の幹」サイエンス（跡見順子, 折紙工学から折紙工法へ（萩原一郎）

岩波書店 2014.1 233p 17cm（岩波ジュニア新書）860円 Ⓘ978-4-00-500765-3 Ⓝ507

工学系統

『自然災害からいのちを守る科学』

川手新一, 平田大二著

内容 地震、津波、火山噴火、集中豪雨、豪雪、台風、竜巻、雷…。これら自然現象がひとのいのちを脅かす。日本には、なぜ自然災害が多いのか？そのメカニズムを知り自分たちの住む地域の地盤や地形を調べ、防災・減災を考えよう。自分の判断で、自分や家族のいのちを守れるようになろう！

目次 序章 自然災害が多くおこった2011年, 第1章 日本の地理的条件と自然災害, 第2章 日本におこる自然災害, 第3章 自分の住む地域の地盤や地形を知ろう, 第4章 身の回りを知り、いざというときに備えよう, 終章 最後は自分で考える

岩波書店 2013.5 230,2p 17cm（岩波ジュニア新書）840円 Ⓘ978-4-00-500744-8 Ⓝ369.3

『1秒って誰が決めるの？―日時計から光格子時計まで』

安田正美著

内容 時を計ること、その道具（時計）を作ること、そしてその精度を高めることは、政治や産業、科学技術と常に関わり大きな影響を及ぼしてきた。時代と共に1秒の定義も変化している。1秒を計る技術の最前線に迫る。

目次 第1章 時はどのように計られてきたか―時計の歴史（時間とは何か, 暦の誕生から「1秒」を刻む振り子時計まで, クォーツ時計で機械と電気が融合した,「計る基準」を定義する）, 第2章 時を計る技術の最前線―光格子時計ができるまで（原子時計の仕組み, 原子を捕まえて時計にする―原子本来の色を求めて, マイクロ波から光へ, 光格子時計の仕組み）, 第3章 時間計測の精度を求めると？（光格子時計のその先へ, 高精度の時計はどう応用できるか）

筑摩書房 2014.6 167p 18cm（ちくまプリマー新書）780円 ①978-4-480-68918-4 Ⓝ449.1

『ご当地電力はじめました！』

高橋真樹著

内容 地域の電力は自分たちでつくる！「おひさまの町」飯田市、上田市の屋根借りソーラー、岐阜県いとしろの小水力、福島県会津地方で発電事業を進める会津電力、東京多摩市で活動する多摩電力、北海道から広がる市民風車、各地でさまざまな工夫をこらして、市民主導の「ご当地電力」が力強く動き出しています。

目次 第1章 エネルギーをとりもどす, 第2章 誤解だらけのエネルギー, 第3章 コミュニティパワーで国を動かす, 第4章 福島が変わった, 第5章 全国に広がるご当地電力, 第6章 ご当地電力ネットワークでエネルギーシフト！, 第7章 はじめよう！一人一人にできること, エネルギーを賢く使うため、あなたにできる15のこと

岩波書店 2015.1 221p 18cm（岩波ジュニア新書）840円 ①978-4-00-500795-0 Ⓝ501.6

『知っておきたい自然エネルギーの基礎知識―太陽光・風力・水力・地熱からバイオマスまで地球にやさしいエネルギーを徹底解説！』

細川博昭著

内容 福島第一原発の放射能漏れ事故、中東情勢の緊迫による石油の高騰、電力各社の電気料金の値上げと、エネルギー問題は切実になっています。そこでがぜん注目を集めているのが、太陽光や風力、水力、地熱、バイオマスといった地球にやさしい自然エネルギーです。本書ではこれらの発電の仕組みとその可能性について、写真と図でわかりやすく解説します。

目次 第1章 自然エネルギーとは, 第2章 太陽光発電, 第3章 風力発電, 第4章 バイオマス発電, 第5章 地熱発電, 第6章 小水力・マイクロ水力発電, 第7章 自然エネルギーの未来

ソフトバンククリエイティブ 2012.5 206p 18cm（サイエンス・アイ新書）952円 ①978-4-7973-6722-5 Ⓝ501.6

『世界に勝てる！日本発の科学技術』

志村幸雄著

内容 逆風に揺らぐ「ものづくり大国」をいかに立て直すか？従来路線の強化や事業の再編成が指摘されるが、それだけでは新興国にも勝てない！残された解決策は、いまや他国の追随を許さない「サイエンス型革新技術の創出」である。本書では、アンドロイドロボット、スピントロニクス、ナノカーボン、高温超電導、光触媒…など日本が世界に誇る最新成果を取材し、明日への展望を示す。

目次 第1部 日本型イノベーションの新たな座標（イノベーションの源泉としてのサイエンス，サイエンス型イノベーションの日本の実力度，サイエンス型イノベーションの方法論），第2部 21世紀を担う日本発の科学技術（アンドロイドロボット―認知科学・心理学との接点，ブレイン・マシン・インターフェース―「第二の身体」としての機械，量子デバイス―超格子構造から出発した次世代素子，スピントロニクス―磁気デバイスの新しい地平，垂直磁気記録―「ヨコからタテへ」の技術革新 ほか）

PHP研究所 2011.2 277p 18cm（PHPサイエンス・ワールド新書）800円 Ⓘ978-4-569-79434-1 Ⓝ502.1

『ダムの科学―知られざる超巨大建造物の秘密に迫る』

ダム工学会近畿・中部ワーキンググループ著

内容 わが国は山がちで雨が多いのが特徴です。降った雨はすぐ低い平野に流れ込み、海へ流れでてしまいます。このため大雨が降れば洪水に、雨が降らなければ水不足になります。これらを軽減するのがダムの大きな役割です。また、ダムは太陽の恵みである水の循環から、再生可能な水力エネルギーを生みだしています。本書では、日本と世界のダムを取り上げながら、ダムの基本と歴史、最先端技術、運用管理、環境対策などを解説しています。

目次 第1章 ダムとはなにか，第2章 ダムの歴史，第3章 ダムの基本と特徴，第4章 ダムの最先端技術，第5章 ダムの運用と維持管理，第6章 ダムと環境，第7章 新しいダムのかたち

ソフトバンククリエイティブ 2012.11 222p 18cm（サイエンス・アイ新書）952円 Ⓘ978-4-7973-6201-5 Ⓝ517.7

『若者のためのまちづくり』

服部圭郎著

内容 車のためとか、高齢者のためとか、いろんなまちづくりがあるけれど、若者のためって聞いたことありませんよね。でも、欧米ではそんな動きが活発になっています。生態系の象徴としての妖怪を感じられたり、自転車に安心して乗れたり、創造性や活動性が存分に発揮できたり、そんなまちづくりをいっしょに考えてみませんか。

目次 道路は誰のため, 自転車で自由自在に移動できる, 鉄道やバス、路面電車で自在に移動する, 自由なレジャー空間はあるか, 自分の居場所を確保する, 自然と触れあえる, 妖怪がすむ, 不確実性の魅力, ゴミをあまり出さない, エネルギーを自前でつくる, 好きなもの・ほしいものを探せる, 若者の可能性を発揮させる

岩波書店 2013.8 242p 18cm（岩波ジュニア新書）840円 Ⓘ978-4-00-500752-3 Ⓝ518.8

『フジモリ式建築入門』

藤森照信著

内容 建築ってなんだろう？日本とヨーロッパでの、ダイナミックな進化の歴史をたどり、その本質に迫る。

目次 第1章 建築とは何か（建築は長持ち, 思想と社会を映す鏡 ほか）, 第2章 人類最初の建築（火から始まる, 内部空間の誕生 ほか）, 第3章 ヨーロッパ建築のはじまり（始まりは古代ギリシャ, 最初の建築ルール ほか）, 第4章 ヨーロッパ建築の成熟と死（ロマネスク様式の誕生, ビザンチンVSロマネスク ほか）, 第5章 日本の住宅（住宅とはなにか？, 竪穴式住居にはじまる ほか）

筑摩書房 2011.9 235p 18cm（ちくまプリマー新書）860円 Ⓘ978-4-480-68862-0 Ⓝ520

『カラー版 世界遺産の建築を見よう』

古市徹雄著

内容 建築の基礎的な知識があると、建物を見る楽しみが広がります。世界遺産の建築を時代を追って見ていくことで、その土地の歴史や風土ともかかわりの深い建築の魅力に触れてみませんか。西洋建築と最近注目度の高いイスラム建築を、わかりやすいオリジナル画像や美しい写真とともに紹介します。付録に日本の世界遺産もあります。

目次 第1部 西洋建築の流れ（ピラミッド（エジプト・ギザ）, アクロポリスとパルテノン神殿（ギリシャ・アテネ）, パンテオン（イタリア・ローマ）ほか）, 第2部 イスラム建築の流れ（ウマイヤド・モスクとダマスカス旧市街（シリア・ダマスカス）, メスキータ（スペイン・コルドバ）, アラビアの集落（イエメン・サナアとシバーム）ほか）, 付録 日本の世界遺産建築（法隆寺（奈良）, 東大寺（奈良）, 龍安寺（京都））

岩波書店 2007.3 196p 18cm（岩波ジュニア新書）980円 Ⓘ978-4-00-500561-1 Ⓝ520.2

『お城へ行こう！』

萩原さちこ著

内容 城郭だけでなく、お城を支え守る石垣も、敵を阻む堀や櫓も、時代や地域、武将のこだわりなどによって千差万別。歴史をたどりながらそんなお城の魅力と楽しみ方を、天守・櫓から、窓・破風・狭間といったパーツまで丁寧に解説。巻

頭カラー頁では、松本城・姫路城・松山城・熊本城など全国各地に残る個性的な8城を紹介。お城めぐり必携の一冊。

目次 第1章 お城のココがおもしろい！（お城はこんなに身近だった！, お城はテーマパーク, お城には「十城十色」の個性がある ほか）, 第2章 お城を楽しむための基礎・基本（お城の歴史, 天守の構造と種類, 天守の装飾 ほか）, 第3章 お城へ行こう‼（「五稜郭」—幕末につくられた、スター型のお城,「会津若松城」—波乱万丈に生きた、東北随一の名城,「江戸城」—江戸幕府の栄華を支えた、日本一の巨城 ほか）

岩波書店 2014.8 218p 18cm（岩波ジュニア新書）900円 Ⓘ978-4-00-500782-0 Ⓝ521.8

『東京スカイツリーの科学—世界一高い自立式電波塔を建てる技術』

平塚桂著, たかぎみ江イラスト

内容 東京スカイツリーは、高さ634mという世界一高い自立式電波塔です。前代未聞の高さを誇るこの電波塔は、地震の多いわが国で、どうやって建てられたのでしょうか？本書ではそんな素朴な疑問を解決するために、わかりやすいイラストを豊富に用いながら、トコトン解説します。

目次 第1章 東京スカイツリーってなに？（なんのために建てたの？,「自立式電波塔として世界一」ってどういうこと？ ほか）, 第2章 どうやって設計したの？（どうしてねじれて見えるの？,「五重塔」がモデルって本当？ ほか）, 第3章 どうやって建てたの？（工期が3年半って、短くなかったの？, あんなに狭い場所でどう工事したの？ ほか）, 第4章 設備はどうなってるの？（どんなエレベータを使っているの？, どんな省エネルギー対策をしているの？ ほか）

ソフトバンククリエイティブ 2012.8 222p 18cm（サイエンス・アイ新書）952円 Ⓘ978-4-7973-5956-5 Ⓝ526.5

『カラー版 電車のデザイン』

水戸岡鋭治著

内容 新幹線800系つばめや787系リレーつばめ、883系ソニック、885系かもめから「たま電車」まで。話題の車両デザインを手がけ、数々の賞を受賞した水戸岡鋭治の人と仕事を一冊で紹介する。

目次 第1章 作品集（九州旅客鉄道, 岡山電気軌道, 和歌山電鐵, 富士急行, 駅舎 ほか）, 第2章 仕事の現場（仕事する日常, 仕事への態度）

中央公論新社 2009.12 205p 18cm（中公新書ラクレ）980円 Ⓘ978-4-12-150336-7 Ⓝ536

『カラー図解でわかるクルマのメカニズム―なぜ車輪が回るとクルマは進むのか？基本的なしくみをわかりやすく解説！』

青山元男著

内容 いまさら聞けない…クルマが走るしくみをゼロから理解。クルマ好きとその予備軍が知っておきたい知識を、本書では基礎のキソから解説した。構造からさらに一歩踏み込み、どうして、どうやってといった原理から説明している。

目次 序章 メカニズムを知るその前に, 第1章 クルマが進むメカニズム, 第2章 エンジンの基本メカニズム, 第3章 エンジンを作動させるメカニズム, 第4章 エンジンをアシストするメカニズム, 第5章 車輪に回転を伝えるメカニズム, 第6章 クルマを止めたり曲がらせたりするメカニズム, 第7章 車輪とそれを支えるメカニズム, 第8章 電気自動車とハイブリッド自動車

ソフトバンククリエイティブ 2013.1 222p 18cm（サイエンス・アイ新書）952円 Ⓘ978-4-7973-6527-6 Ⓝ537.1

『宇宙就職案内』

林公代著

内容 宇宙を職場にしているのは、宇宙飛行士や天文学者ばかりじゃない！地球の生活圏は上空36000キロまで広がっている。仕事場、ビジネスの場としての宇宙案内。

目次 第1章 宇宙を知る―想像し、観測し、解明する天文学者（さほどロマンティックでない天文学者の仕事, 天文学者の日常1 観測屋の場合―1日は30時間／南の島、たった一人の天文台 ほか）, 第2章 宇宙空間で働く―宇宙飛行士とサポート・チーム（みんな宇宙を目指した, 宇宙ステーションは「ミニ地球」ほか）, 第3章 宇宙を拓く―未知の領域に挑み続けるロケット、探査機（ロケット開発の歴史, 世界と並ぶ日本のロケット ほか）, 第4章 宇宙を使う―地球を見守る人工衛星（暮らしの中の宇宙, 宇宙から津波を早期予測 ほか）, 第5章 宇宙ビジネス―もっと新しい世界へ（宇宙旅行時代、始動！, 日本の宇宙ビジネスを世界に売り込め ほか）

筑摩書房 2012.5 186p 18cm（ちくまプリマー新書）780円 Ⓘ978-4-480-68880-4 Ⓝ538.9

『原子力災害からいのちを守る科学』

小谷正博, 小林秀明, 山岸悦子, 渡辺範夫著

内容 放射線は、私たちのからだにどう影響するのだろう。そもそも「原子力」とはどういうエネルギーか。放射線物質の性質、半減期や除染の本当の意味などを、中学までの理科の知識をもとに、原子の構造や周期表、DNAの基礎からやさしく解説。

目次 序章 東日本大震災のもたらしたもの, 第1章「原子力」とはどういうエネルギーか（原子力のエネルギーとは何だろう？, 放射性物質と放射線の発見, ウランの原子核からエネルギーを取り出す, 半減期とは？, 単位の話―ベクレル（bq）とシーベルト（Sv））, 第2章 放射性物質とはどんなものか（元素の周期表で元素の

位置を確認する，放射性物質と元素の周期表，原子爆弾と原子力発電と元素，元素の周期表と化学結合），第3章 放射線は生物にどのように影響するか（遺伝子の本体DNAへの影響，今おきていること、子孫に受け継がれること，毒も薬になる、薬も毒になる，身を守るために物質の性質をもっと知ろう），第4章 どうしたら科学で身を守ることができるか（放射性物質はどのように飛散し濃縮するか，ゴミを減らす方法と放射性物質を減らす方法の違いは何か ほか），終章 科学は何ができるか

岩波書店 2013.2 232p 18cm（岩波ジュニア新書）840円 Ⓘ978-4-00-500735-6 Ⓝ539.6

『ハンドブック原発事故と放射能』

山口幸夫著

内容 福島第一原発の原子炉は「格納容器の小ささが重大な欠陥になる」と技術者が警告していたマーク1型だった。日本の原発には同じタイプが多い。今回の事故の実態、構造の欠陥、制御の困難さを述べ、放射能と被曝、エネルギーについての基礎知識を解説する。事故からこれだけはしっかりと学んでおきたい。

目次 第1章 事故はどういうものだったのか（地震、津波、そして、すべての電源を失った，情報が混乱し、対応ができなくなった ほか），第2章 放射能とはどんなものか（X線の発見—放射能の背景，放射能の発見 ほか），第3章 被曝とはどういうものか（ヒロシマ・ナガサキの被爆，スリーマイル島、チェルノブイリ、JCO事故 ほか），第4章 エネルギーについて知っておきたいこと（電気という便利なエネルギー，エネルギーのフローチャート ほか）

岩波書店 2012.11 159,3p 18cm（岩波ジュニア新書）820円 Ⓘ978-4-00-500727-1 Ⓝ543.5

『光が照らす未来—照明デザインの仕事』

石井幹子著

内容 東京タワーや明石海峡大橋のライトアップで知られる世界的照明デザイナーから若い世代に向けたメッセージ。進路に悩んだ学生時代、ヨーロッパ留学の体験、照明デザインとの出会い、各地のプロジェクトでのエピソードなど、新しい世界を切り拓いてきた道のりをたどり、照明デザインの魅力とその可能性を語る。

目次 序章 照明デザインの仕事とは？，第1章 将来を考え続けた学生時代，第2章 やりたいことを仕事にする，第3章 明かりを求めて世界に旅立つ，第4章 照明デザイナーとして生きる，第5章 日本の夜の街に光を！，終章 明かりの未来とあなたの未来

岩波書店 2010.10 211p 18cm（岩波ジュニア新書）960円 Ⓘ978-4-00-500666-3 Ⓝ545.6

『実験でわかるインターネット』

岡嶋裕史著

内容 「インターネットのしくみなんて知らなくても使える！」と思っていませんか。実は、しくみを知ることで、危険から身を守り、自由に使いこなせるのです。パソコンで簡単にできる実験を通して、ネットワークの構造をやさしく解説。

暗記ではなく、手を動かして知識が身につくネットワーク／インターネット入門書です。

目次 第1章 ネットワークにつないでみよう（ネットワークの全体像はどうなっている？―OSI基本参照モデル，コンピュータはどうやって相手を見分けるか―MACアドレス，遠くのコンピュータにつなぐには―IPアドレス，ソフトどうしはどうやってつながるのか―ポート番号），第2章 つながったコンピュータで何ができるか（インターネット上の「電話帳」の使い方を覚えよう―DNS，手動でホームページを作ってみよう―HTML，手動でホームページを手に入れてみよう―HTTP，手動でメールを受け取ってみよう―POP3，手動でメールを送ってみよう―SMTP），第3章 インターネットをもっと使いこなす（メールは盗聴される！，個人ページの情報はどうやって漏れる？，IPアドレスを水増しする魔法のふくらし粉―プライベート・アドレス）

岩波書店 2010.3 202,2p 18cm（岩波ジュニア新書）780円 Ⓘ978-4-00-500651-9 Ⓝ547.4

『ロボット創造学入門』

広瀬茂男著

内容 地雷探知除去ロボットをつくるとき、アフガニスタンの現場でつい地雷原に入りこんでしまった！そんな危険な体験をしながら、つくりあげた実用ロボットはどんなものになったか？さまざまな用途のヘビ型や四足歩行ロボットを開発してきた著者が、それぞれどのようにつくったかを解説し、ロボットの形や心の未来も語る。

目次 1 地雷探知除去ロボットをつくろう，2 いろいろなロボットをつくる，3 創造的思考法，4 未来のロボットの形はどうなるか，5 未来のロボットの心はどうなるか，6 ロボット・クリエーターになるには

岩波書店 2011.6 211p 18cm（岩波ジュニア新書-“知の航海”シリーズ）840円
Ⓘ978-4-00-500687-8 Ⓝ548.3

『はじめる！楽しい電子工作―カラー図解を見ながらつくれる！電気のしくみもよくわかる！』

小峯龍男著

内容 電子工作に興味をもった初心者が、工作を好きになる一番のきっかけは、「完成して動いた」という体験を知ることだと筆者は考えています。本書では、みなさんがすぐ工作をしなくても記事を読むだけで楽しんでいただけるように、図と写真を多用しました。どのような形でも電子工作を楽しめるようになることが、手で考える“ものづくり”のはじめの一歩です。

目次 第1章 電子工作はじめの一歩（電気が通る道すじを回路と呼ぶ，部品はガッチリとつなごう ほか），第2章 簡単な工作でもここまで楽しめる（電気の流れる向きを整える―ダイオード，3つの端子をもつ代表的な半導体部品―トランジスタ ほか），第3章 デジタル工作を楽しもう（2つの信号のうち先の入力を優先する―

インターロック回路, 早押しゲームの回路をつくる―回路基板の工作 ほか), 第4章 ともかく工作を楽しもう (LEDを簡単に点滅させたい―LED点滅IC, 一番簡単なピカピカLED―自己点滅LED ほか)

ソフトバンククリエイティブ 2012.9 206p 18cm (サイエンス・アイ新書) 952円
Ⓘ978-4-7973-7007-2 Ⓝ549

『5アンペア生活をやってみた』

斎藤健一郎著

目次 1章 省エネ、エコってなんだろう (あなたのエコは本当にエコですか?, 誰もがエネルギー消費の責任者 ほか), 2章 福島での震災・原発被災体験 (初めての福島勤務, 幸せだった福島生活 ほか), 3章 5アンペア生活を決意する! (日本の中心は東京, 東京での家選び ほか), 4章 電気を見えるようにしてみた (ブレーカー落ちが怖い, 洗濯機を動かすのが怖い ほか), 5章 エアコンなしで夏を過ごしてみた (住宅密集地の夏にエアコンがないとどうなるのか, 自然の恵みから隔離された部屋 ほか), 6章 家電を手放してみた (家電って必要ですか, 掃除機をやめてみた ほか), 7章 エアコンなしで冬を過ごしてみた (テレビ102台 全部つけっぱなし, あったかグッズの実力は? ほか), 8章 自然エネルギーを味方につける (ベランダ発電を目指して, エネルギー依存症の家 ほか)

岩波書店 2014.9 217p 18cm (岩波ジュニア新書) 840円 Ⓘ978-4-00-500784-4 Ⓝ590

『新幹線50年の技術史―高速鉄道の歩みと未来』

曽根悟著

内容 1964年に誕生した新幹線は、大量の高速輸送を安定に実現するために、重量オーバー対策での線路の作り直し、ダイヤの改訂など、さまざま試行錯誤を繰り返してきた。開発された技術が海外に大きな影響を及ぼした一方で夜行列車や貨物新幹線など、実現しなかった構想もある。本書では、新幹線50年の歩みを技術中心に振り返り、整備新幹線やリニアなどの将来像を展望する。新幹線と人生を共にした筆者による渾身作。

目次 第1章 高速鉄道の元祖, 第2章 新幹線の建設と開業, 第3章 JR発足と速度記録への挑戦, 第4章 列車ダイヤとサービスの変遷, 第5章 リニア中央新幹線の建設, 第6章 世界的に見た新幹線の技術, 第7章 新幹線の近未来像

講談社 2014.4 231p 18cm (ブルーバックス) 900円 Ⓘ978-4-06-257863-9 Ⓝ686.2

農学系統

『21歳男子、過疎の山村に住むことにしました』

水柿大地著

内容 「見とれ！」74歳のみっちゃんは僕からクワをとりあげると、田んぼの畦を泥できれいに塗っていく！―地域おこし協力隊員として村に入った大地は、お年寄りの元気と技に驚く毎日だ。都会から若者たちが入り込み、地元の人に学びながら、棚田再生、米つくり炭焼きに取り組む。8300枚の棚田の里に輝きがよみがえってきた。

目次 1 上山の夜明け, 2 僕は協力隊になった！, 3 おもろい仲間たちと元気な地元の人たち, 4 入ってくる若者と地元の人たちの交流, 5 学びの場から暮らしの場へ, 6 つぎつぎと動きだす新プロジェクト, 7 集楽のはじまり、はじまり

岩波書店 2014.5 211p 18cm（岩波ジュニア新書）780円 Ⓘ978-4-00-500773-8 Ⓝ318.6

『食べるって何？―食育の原点』

原田信男著

内容 ヒトは生命をつなぐために「食」を獲得してきた。それは文化を生み、社会を発展させ、人間らしい生き方を創る根本となった。いま、人間性の原点である食について考え直す。

目次 第1章 食と文化―生命と文化をつなぐもの, 第2章 地球と生命―食物連鎖ということ, 第3章 狩猟と牧畜の文化―人間と動物の関係, 第4章 農耕という文化―豊かさと貧しさ, 第5章 ムギとコメの文化―牧畜と漁撈との関連, 第6章 日本の食文化―コメと肉と料理文化, 第7章 家庭と集団の食―共食の構造

筑摩書房 2008.8 174p 18cm（ちくまプリマー新書）760円 Ⓘ978-4-480-68793-7 Ⓝ383.8

『はじめての植物学―植物たちの生き残り戦略』

大場秀章著

内容 身近な植物を観察してみよう。からだの基本的なつくりや営みを知るとその巧みな改造の実際が見えてくる。植物とは何かを考える。

目次 第1章 植物らしさは、葉にある, 第2章 大地に根を張って暮らす―植物が生きる条件, 第3章 光合成―葉で何が起きているのか？, 第4章 炭水化物工場としてのかたち, 第5章 植物の成長を追う―胚軸のふしぎ, 第6章 草原をつくる単子葉植物, 第7章 巧みな貯蔵術, 第8章 木とはなんだろう, 第9章 植物たちの生存戦略, 第10章 種子をつくる, 第11章 花は植物の生殖器官

筑摩書房 2013.3 202p 18cm（ちくまプリマー新書）820円
Ⓘ978-4-480-68895-8 Ⓝ471

『日本人は植物をどう利用してきたか』

中西弘樹著

内容 和紙に使うコウゾやミツマタ、藍染めに使うアイ、畳にするイ、どれも植物だ。食材や家屋にはもちろん、日常の道具や年中行事にも、植物は用いられてきた。エネルギー・材料両面での石油依存や原子力からの脱却を考えるためにも、自然を暮らしの中に取り込んできた先人の知恵を学びたい。

目次 1 食材として，2 健康のために，3 日常の道具として，4 成分を利用する，5 家の構成要素として，6 年中行事との関わり

岩波書店 2012.6 210p 18cm（岩波ジュニア新書）820円 Ⓘ978-4-00-500718-9 Ⓝ471.9

『おいしい和食のキホン―高校生レストランまごの店』

村林新吾，相可高校調理クラブ著

内容 「これが高校生のつくった料理!?」と驚きの声が上がる「高校生レストラン」の秘密は？まずは、だしのとり方、ごはんの炊き方、味噌汁のつくり方から。つぎに、野菜や魚の下ごしらえ、そして、だし巻き卵、肉じゃが、カレーライスなどのつくり方を、相可高校調理クラブ員の実践でしめす。オリジナル料理とお弁当もおいしそう！

目次 1「まごの店」こだわりの基本（一番だしをとる，煮干しだしをつくる ほか），2 調理のキホン（ダイコンの下ごしらえ+ゆでる，カボチャの下ごしらえ+煮る ほか），3 調味料と包丁（牛刀の使い方，薄刃包丁の使い方 ほか），4 基本料理をつくろう（だし巻き卵，肉ジャガ ほか），5 私の一品（ポトフ，カキの味噌汁 ほか），6 お弁当をつくろう，7 松田昌也の長い長い2日間

岩波書店 2015.3 198p 18cm（岩波ジュニア新書）1000円 Ⓘ978-4-00-500800-1 Ⓝ596.2

『地球を救う新世紀農業―アグロエコロジー計画』

吉田太郎著

内容 石油が枯渇すれば、食糧危機が訪れる。私たちを包囲する食糧問題の嘘をあばき途上国から発信される持続可能な農業で石油にかわる「人類資源補完計画」を。

目次 第1章 楽しい旅のための情報お料理法（旅の乗り物、パソコンとネットのおさらい，ネット・ワールドの歩き方，渡る世間は嘘ばかし），第2章 経済封鎖が産みしもの（有機農業から化学肥料農業へ，化学肥料と農薬の誕生，「緑の革命」の正体，資源枯渇とピーク・オイル），第3章 アグロエコロジーが地球を救う（開発途上国は先進国，中米の空中窒素固定農法，甦る古代インカ農法，ケニアのゴキブリホイホイ農法，田んぼの学校とバリの女神さま，マダガスカルの怪奇農法，アグロエコロジーとデビルマン），第4章 もうひとつの世界は可能だ（「ミートリックス」のエージェントの正体とは，アグロエコロジーか遺伝子組換えか，アグロエコロジー学校で自給を目指す国々）

筑摩書房 2010.3 185,6p 18cm（ちくまプリマー新書）780円 Ⓘ978-4-480-68834-7 Ⓝ610.1

『農は過去と未来をつなぐ―田んぼから考えたこと』

宇根豊著

内容 イネを植えるのに、なぜ田植えって言うんだろう？田んぼの生きものを数えてみたら、5700種もいることがわかった。田んぼはイネを育てるだけでなく、多くの生きものを育てているのだ。環境稲作を提唱してきた著者が、生産者減少や食料自給などの問題を考えながら、「農」が本来もっている価値を1つ1つ拾いあげていく。

目次 1章 私の田んぼの四季と仕事, 2章 子どもたちの発見, 3章 田んぼの生きもの調査, 4章 自給するのは食べものだけじゃない, 5章 農の価値を考えてみよう, 6章「日本農業」という見方, 7章 農は過去と未来をつなぐ, 8章 風景をとらえてみよう

岩波書店 2010.8 228p 17cm（岩波ジュニア新書）820円 Ⓘ978-4-00-500662-5 Ⓝ610.4

『いのちをはぐくむ農と食』

小泉武夫著

内容 1年間に農業に就く後継者が5000人を割り、食料自給率も40%を割った。しかも、食品の安心・安全にも不安が大きい。そんな日本の農と食に未来はあるのだろうか。各地で活性化策をアドバイスしてきた小泉先生が、再生へのカギをにぎる取り組みを紹介してくれる。小学生からお年寄りまで、しっかりと道を切り開いているよ。

目次 1章 日本の農業は崖っぷちにある, 2章 食料生産を外国に委ねたら, 3章 農業を活性化するために―さまざまな取り組みから, 4章 食べるものが変わった, 5章 食べものを選ぶ基準, 6章 地産地消と食育

岩波書店 2008.7 178p 18×11cm（岩波ジュニア新書）780円 Ⓘ978-4-00-500596-3 Ⓝ612.1

『土の科学―いのちを育むパワーの秘密』

久馬一剛著

内容 草木が生えている土を手のひらにとり、触ってみよう。軟らかい感触としっとり感。土は、その中に空気や水を含むから、生命を育む。土のパワーの秘密にさまざまな角度から迫り、世界のさまざまな土を紹介。地球は「土の惑星」、地表面を土がヴェールのようにおおう。水から陸へ上がってきた生物が関与し、長い時間をかけて、いのちを育む土をつくってきた。ところがいま、土が急速に消える事態が進行している。

目次 第1章 土とつながるいのち, 第2章 呼吸する土, 第3章 土はどうやってできたのだろう, 第4章 モンスーンアジアの水田とその土, 第5章 日本の畑の土が水田を広めた？, 第6章 いま土が危ない, 第7章 土の中の生きものたち, 第8章 土を肥やす, 第9章 土を生かす

PHP研究所 2010.7 206p 18cm（PHPサイエンス・ワールド新書）800円
Ⓘ978-4-569-77961-4 Ⓝ613.5

『人とミルクの1万年』

平田昌弘著

内容 氷河期が終わり、約1万年前、家畜の飼育が始まった。やがて“搾乳”の発明により、家畜のミルクに大きく依存する、牧畜という生活様式が西アジアで始まった。ミルクを保存食にするための工夫から、ヨーグルトやチーズ、バターなど乳製品も生まれた。ユーラシア大陸の各地に牧畜民をたずね歩いてきた人類学者が、読者を牧畜と乳文化の雄大な歴史へと案内する。

目次 1章 動物のミルクは人類に何をもたらしてきたか, 2章 人類はいつからミルクを利用してきたか, 3章 ミルクの利用は西アジアの乾燥地で始まった, 4章 都市文化がひらいた豊かな乳文化—インドを中心に, 5章 ミルクで酒をつくる—寒く、乾燥した地域での乳加工, 6章 ヨーロッパで開花した熟成チーズ, 7章 ミルクを利用してこなかった人びと, 8章 乳文化の1万年をたどり直す

岩波書店 2014.11 204p 18cm（岩波ジュニア新書）880円 Ⓘ978-4-00-500790-5 Ⓝ648.1

『樹木ハカセになろう』

石井誠治著

内容 サルスベリの幹が冷やっとするのは？落葉するハンノキが紅葉しないのは？銀座にヤナギなのは？葉や枝、幹や根の構造やはたらきなどの基本を学び、いろいろな木を見、触れながら、種類による個性に注目すると、動かない木たちがいきいきと見えてきます。Q&Aを楽しみ、木の見方とうんちくを学べる本。

目次 1 木のこと、どれくらい知っていますか？（木はどんな姿をしているでしょうか。紙やノートに、根、幹、枝、葉を描いてみてください。, 知っている木の名前はいくつありますか？ ほか）, 2 木の生き方を知ろう（芯の強い木は大木になる, 葉で考える木たち ほか）, 3 木たちがかわいそう（都会の巨樹たち, 悪者になったスギ ほか）, 4 樹木ハカセになるために, 5 木がもつ不思議な力（樹齢1000年といわれる木は、何時代に芽生えたのでしょうか？, 巨樹は、人があまり行かない山の上に多いのでしょうか？下のほうに多いのでしょうか？ ほか）

岩波書店 2011.3 175p 18cm（岩波ジュニア新書）940円 Ⓘ978-4-00-500677-9 Ⓝ653.2

環境・総合科学系統

『光触媒が未来をつくる—環境・エネルギーをクリーンに』

藤嶋昭著

内容 毎日、地球に届く太陽エネルギーを利用して、空気清浄にはじまり、防汚・防曇、水の浄化、抗菌・殺菌など、私たちの暮らしのあらゆる場面で活躍する最新技術、光触媒。その発見から、しくみ、応用技術までを第一人者である著者が数々の実験や豊富なデータをもとにわかりやすく解説する。

目次 感動の瞬間, 触媒と光触媒, まず環境問題への応用から, 酸化チタンのはたらき, 汚れない家, 空気がきれいになる, 光触媒の広がり, 部屋のなかで使いたい, 医療にも使えそう, エネルギー問題へのチャレンジ, ほんものの光触媒へ

岩波書店 2012.1 207p 18cm（岩波ジュニア新書-"知の航海"シリーズ）820円
Ⓘ978-4-00-500705-9 Ⓝ431.5

『生きた地球をめぐる』

土屋愛寿著

内容 世界秘境・ギアナ高地の神の山に登り、2枚のプレートがわき出てくる割れ目ギャオを歩き、大陸を引き裂くアフリカ大地溝帯の壁を下った。活動する地球は表面に多彩な地形を刻み、私たちに生きた姿を見せてくれる。地球のすみずみを訪ね、現場を目の前にして、ダイナミックな活動の歴史と地形をうみだすメカニズムがわかる本。

目次 1 ギアナ高地―ウェゲナーが大陸移動説の根拠にした「神の住む山」, 2 地球の息吹を感じる, 3 プレート移動がつくった地形, 4 地表は変化する, 5 オーストラリアは地史の宝庫, 6 ファンタスティック！北極と南極

岩波書店 2009.11 202p 17cm（岩波ジュニア新書）840円 Ⓘ978-4-00-500643-4 Ⓝ450.9

『日本らしい自然と多様性―身近な環境から考える』

根本正之著

内容 里山や川の土手には多くの草花が生えています。それらは日本に古くからある植物、それとも近年外国から入ってきたもの？人の手が加わると在来植物に、ほったらかしにすると外来植物になり、多様性が失われていきます。それはなぜ？多様性を保つには何が必要なのでしょうか。各地の実践例も紹介しながら考えます。

目次 はじめに 豊かな自然と出会った, 1章 日本らしい自然ってどんなもの？, 2章 美しいふるさとづくりの決め手, 3章 日本人は自然をどのように利用したか, 4章 多様性のエコロジー, 5章 植物は人間の行為をどう受けとめたか, 6章 半自然を再生して生物多様性をとりもどす

岩波書店 2010.5 215p 18cm（岩波ジュニア新書）780円 Ⓘ978-4-00-500654-0 Ⓝ471.7

『地球温暖化の最前線』

小西雅子著

内容 絶滅の危機に瀕したホッキョクグマ、溶解するヒマラヤの氷河…。世界各地で温暖化の被害が深刻化している。温暖化をくい止めるために、国際社会の一員として私たちは何をするべきなのだろうか。国と国との利害を越えて合意をめざす国際交渉の過程をたどりながら、各国の温暖化対策や日本の取り組みをわかりやすく解説します。

目次 第1章 地球温暖化の科学（加速する地球温暖化, 予測される温暖化の影響と適応, 地球温暖化を防止するために）, 第2章 温暖化をめぐる国際交渉の現状（気候変動に関する国際条約の歴史と京都議定書, 京都議定書と気候変動枠組条約の運用ルール, 温暖化をめぐる経済, 広がる世界の温暖化対策）, 第3章 2013年以降の次期枠組みの交渉（次期枠組みの交渉の歩み, バリ行動計画からコペンハーゲンへ, 先進国の削減約束について, 途上国の削減行動について, 次期枠組みの仕組みを動かす大規模資金メカニズム, 国際交渉を進めていくためには）, 第4章 日本の温暖化対策の歩みと国際交渉への取り組み（日本の温室効果ガスの排出量, 日本の温暖化政策の歩み, 日本の温暖化政策の特徴, 国際交渉における日本のポジションについて, 国際交渉において日本に求められること）, 第5章 温暖化防止の行動に参加して、変化を起こそう！（私たちに何ができるか？何が求められているか？, 温暖化の科学、経済、国際交渉について“積極的に”知ろう！, 知ったことを元にして“行動”しよう, 自分のいる場所で、温暖化防止の意識で“変化”を起こそう！）

岩波書店 2009.11 209p 17cm（岩波ジュニア新書）780円 Ⓘ978-4-00-500640-3 Ⓝ451.8

『これからのエネルギー』

槌屋治紀著

内容 石油の終わりが近づき、原子力の危険性が再確認された現在、私たちは真剣に未来のエネルギーを考えなければならない。世界でつぎつぎ発表されている再生可能エネルギー100%シナリオをながめ、いまの技術レベルと今後の展開予測をあわせて、どんな形が可能なのかを検討する。いっそう必要な省エネにも新しい技術が登場している。

目次 1 再生可能エネルギー100%シナリオが多数出てきた, 2 省エネルギーの取り組み, 3 輸送のエネルギー, 4 再生可能エネルギーのいま, 5 原発をどうする, 6 地球温暖化, 7 日本のシナリオ, 8 エネルギーと暮らし

岩波書店 2013.6 197p 18cm（岩波ジュニア新書）820円 Ⓘ978-4-00-500746-2 Ⓝ501.6

『環境問題の基本のキホン―物質とエネルギー』

志村史夫著

内容 科学的根拠があるとは到底思えない、当節の「環境問題」。真の解決を求めるのなら、まず「物質とエネルギー」の基礎を知ろう。この宇宙・自然界の現象が数式なしでも面白くわかり、科学的思考のセンスが身につく超入門書。

目次 1 序論, 2 物質の構造, 3 さまざまなエネルギー, 4 力学的エネルギー, 5 熱エネルギー, 6 電気エネルギー, 7 化学エネルギー, 8 核エネルギー, 9 太陽エネルギー, 10 未来志向エネルギー

筑摩書房 2009.3 190p 18cm（ちくまプリマー新書）780円 Ⓘ978-4-480-68809-5 Ⓝ501.6

『いのちと環境―人類は生き残れるか』

柳澤桂子著

内容 環境問題と言われるけれど、そもそも環境とは何だろう。なぜ環境が問題になってしまったのだろう。私たち人類が環境にはたしている役割とは何だろうか。生命40億年の流れの中から環境の本当の意味を考える。

目次 第1章 地球という環境, 第2章 人間と環境, 第3章 成長の限界, 第4章 人間と気候変動, 第5章 人類は生き残れるか, 第6章 行く手をはばむもの, 第7章 人類の未来へ向けて

筑摩書房 2011.8 222p 18cm（ちくまプリマー新書）840円 Ⓘ978-4-480-68867-5 Ⓝ519

『カンタン実験で環境を考えよう』

篠原功治著

内容 ペットボトルやプラカップを使って、簡易浄水器やエコ充電器をつくろう。できた浄水器に牛乳、コーラ、水道水を通してみたら、出てくる液体はどうなるだろうか。ちりめんじゃこに入っている「チリモン」たちを探してみよう。タコやタツノオトシゴが入っていたりするぞ。楽しく実験や観察をしながら、環境への興味が広がるよ。

目次 1 水の安全を考える（雲ができるまで, 雲の正体 ほか）, 2 エネルギーを考える（太陽光発電とは, 太陽電池の構造 ほか）, 3 ごみの処理とリサイクル（ごみとは, 一人が出すごみの量は ほか）, 4 食の安全を考える（食品偽装とは, 賞味期限と消費期限 ほか）

岩波書店 2011.7 211p 18cm（岩波ジュニア新書）940円 Ⓘ978-4-00-500689-2 Ⓝ519

『海はゴミ箱じゃない！』

眞淳平著

内容 北海道から沖縄まで、日本各地の海辺に大量のゴミが流れ着いています。いったいどこから、どんなゴミが流れてくるのでしょうか？生態系への影響はないのでしょうか？増え続ける漂流・漂着ゴミの実態をレポートし、それらをへらすための様々な取り組みも紹介します。深刻化する海のゴミ問題について一緒に考えてみましょう。

目次 第1章 沖縄・西表島の海岸にごみが流れ着く, 第2章 ヒグマが漂着ごみの上を歩く 北海道・知床, 第3章 特殊車両を使ってごみを回収する 神奈川・湘南海岸, 第4章 漂流・漂着ごみってどんなもの, 第5章 ごみの原因をさがして荒川をさかのぼる, 第6章 海洋を漂うごみが生き物を傷つける, 第7章 漂流ごみが瀬戸内海の海底にたまっていく, 第8章 それじゃあ一体どうすればいいの―佐渡市立内海府中学校のみんなと考えた

岩波書店 2008.7 208p 18×11cm（岩波ジュニア新書）780円 Ⓘ978-4-00-500601-4 Ⓝ519.4

『さとやま―生物多様性と生態系模様』

鷲谷いづみ著

内容 かつては身近だった草花や昆虫たちが、いま絶滅しようとしています。彼らのすみかだった「さとやま」とは、ヒトの節度ある自然の利用や管理によってつくられた、水田やため池、茅場や雑木林などがパッチワークのような模様を生む、変化に富んだ半自然です。衰退の危機にあるさとやまの歴史や価値をさまざまな角度から描き、再生の道を考えます。

目次 序章 サクラソウから見たさとやまの変化（サクラソウに惹かれて，サクラソウから保全生態学へ ほか），第1章 ヒトの歴史とさとやまの成立（ヒトの誕生と人類，ヒトの移動と植生 ほか），第2章「さとやま」の生物多様性と生態系模様（「さとやま」とは，さとやまの「ヤマ」ほか），第3章 地球規模の生物多様性とさとやまの危機（「人間中心世」とヒトの持続可能性，人為活動と富栄養化 ほか），第4章 さとやまの再生―持続可能な地域社会にむけて（COP10とSATOYAMAイニシアティブ，さとやまのもつ現代的な価値 ほか）

岩波書店 2011.6 192p 18cm（岩波ジュニア新書-"知の航海"シリーズ）840円
Ⓘ978-4-00-500686-1 Ⓝ519.8

『高校生、災害と向き合う―舞子高等学校環境防災科の10年』

諏訪清二著

内容 全国で唯一「環境防災科」をもつ舞子高等学校の生徒たちが被災地で活動を続けている。瓦礫の運び出し、床下にもぐっての泥かき、写真のクリーニング、仮設住宅での茶話会…。被災者と心を通わせ、災害と向き合う若者たちの姿を通して、これからの防災教育やボランティアのあり方を考える。

目次 1 被災地で，2 夏休みに，3 全国で唯一の環境防災科，4 こんなボランティアをやってきた，5 ボランティアの経験から，6 活動はこれからも続く

岩波書店 2011.11 210p 18cm（岩波ジュニア新書）820円
Ⓘ978-4-00-500700-4 Ⓝ519.9

医療・看護・薬学系統

『悲しんでいい―大災害とグリーフケア』

高木慶子著

内容 自分が抱えた悲しみから目をそむけず、人の悲しみからも目をそらさず、悲しみを希望に変えるにはどうしたらいいのか？人間の弱さに共感し、相手の人生を全面的に肯定するグリーフケア。日本社会全体が喪失感に覆われている今、阪神・淡路大震災から東日本大震災までの、悲嘆の現場に寄り添い続ける第一人者が、その限りない可能性をやさしく説く。

目次 はじめに―涙一滴、流せないあなたへ, 第1章「癒しびと」なき日本社会, 第2章 心の傷は一人では癒せない, 第3章 弱っている自分を認める勇気―悲しみとのつきあいかた, 第4章「評価しないこと」と「口外しないこと」―悲しみへの寄り添いかた, 第5章 老若男女、それぞれの喪失体験, 第6章 小さな希望でいい―三つのことばと三つのモットー, 終章 ほんとうの復興のために

NHK出版 2011.7 216p 17cm（NHK出版新書）740円 Ⓘ978-4-14-088355-6 Ⓝ146.8

『国境なき医師が行く』

久留宮隆著

内容 「医者としての原点に立ち返りたい！」。勤務先の病院を辞して「国境なき医師団」のミッションに参加した外科医師が自らの体験を語る。赴任したアフリカ・リベリアで見たものは、紛争や貧困の中で充分な医療を受けられずに命を落としていく患者たちの姿だった。劣悪な環境の下で困難に立ち向かった壮絶な医療活動の記録。

目次 プロローグ, 1章 ミッションはじまる, 2章 痛い経験, 3章 スタッフの面々, 4章 リベリアでの生活, 5章 体調を崩す, 6章 忘れられない患者, エピローグ

岩波書店 2009.9 177p 18cm（岩波ジュニア新書）740円 Ⓘ978-4-00-500635-9 Ⓝ329.3

『こんな夜更けにバナナかよ―筋ジス・鹿野靖明とボランティアたち』

渡辺一史著

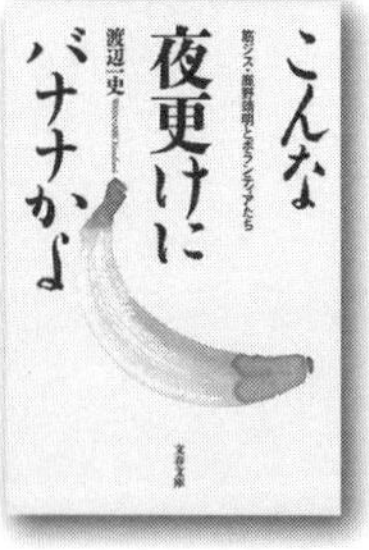

内容 ボランティアの現場、そこは「戦場」だった―筋ジストロフィーの鹿野靖明さんと、彼を支える学生や主婦らボランティアの日常を描いた本作には、現代の若者の悩みと介護・福祉をめぐる今日的問題のすべてが凝縮されている。講談社ノンフィクション賞、大宅壮一ノンフィクション賞をダブル受賞した名著。

目次 プロローグ 今夜もシカノは眠れない, 第1章 ワガママなのも私の生き方―この家は、確かに「戦場」だった, 第2章 介

助する学生たち―ボランティアには何があるのか 1，第3章 私の障害、私の利害―「自立生活」と「障害者運動」，第4章 鎖につながれた犬じゃない―呼吸器をつけた自立生活への挑戦，第5章 人工呼吸器はわれなり―筋ジス医療と人工呼吸療法の最前線，第6章 介助する女性たち―ボランティアには何があるのか 2，第7章 夜明け前の介助―人が人と生きることの喜びと悲しみ，エピローグ 燃え尽きたあとに残るもの

文藝春秋 2013.7 558p 15cm（文春文庫）760円 Ⓘ978-4-16-783870-6 Ⓝ369.27

『ヒトはどうして死ぬのか―死の遺伝子の謎』

田沼靖一著

内容 地球上に生命が誕生してから約20億年間、生物は死ななかった。ひたすら分裂し、増殖していたからだ。ではなぜ、いつから進化した生物は死ぬようになったのか？ヒトは誕生時から「死の遺伝子」を内包しているため、死から逃れることはできない。「死の遺伝子」とはいったい何なのか？死の遺伝子の解明は、ガンやアルツハイマー病、AIDSなどの治療薬開発につながるのか？細胞の死と医薬品開発の最新科学をわかりやすく解説しながら、新しい死生観を問いかける画期的な書。

目次 まえがき 私がなぜ「死」の謎を追うのか，第1章 ある病理学者の発見，第2章「死」から見る生物学，第3章「死の科学」との出合い，第4章 アポトーシス研究を活かして、難病に挑む，第5章 ゲノム創薬最前線，第6章「死の科学」が教えてくれること

幻冬舎 2010.7 173p 18cm（幻冬舎新書）720円 Ⓘ978-4-344-98181-2 Ⓝ463.6

『詩と死をむすぶもの―詩人と医師の往復書簡』

谷川俊太郎，徳永進著

内容 ホスピスに携わる医師が、臨床のエピソードを手紙に託し、詩人は詩と散文で応える。若者と老人、孤独な人と家族に囲まれた人で、訪れる死は違うのだろうか？深い考察とユーモアに溢れた、心震える2年間の往復書簡。文庫化に寄せて「7年後の往復書簡」を収録。

目次 朝の申し送り，夜の場所，ラウンジ語り，ラウンジの次元，意味ないじゃーん，感度良好です，なかなおり、至難，困ります，3号室の生徒たち，消えようとするとき〔ほか〕

朝日新聞出版 2015.3 243p 15cm（朝日文庫）640円 Ⓘ978-4-02-264768-9 Ⓝ490.1

『はじめて学ぶ生命倫理―「いのち」は誰が決めるのか』

小林亜津子著

内容 医療が高度に発達した現在、自分の生命の決定権を持つのは、自分自身？医療者？家族？それとも法律？生命倫理学が積み重ねてきた、いのちの判断をめぐる「対話」に、あなたも参加してみませんか。

目次 第1章 いのちの「終わり」は誰が決めるのか, 第2章 子どもの医療は誰が決めるのか, 第3章 判断能力は誰が決めるのか, 第4章 いのちの「質」は誰が決めるのか, 第5章 双子の生死は誰が決めるのか, 第6章 いのちの「優先順位」は誰が決めるのか, 第7章 いのちの「始まり」は誰が決めるのか

筑摩書房 2011.10 191p 18cm（ちくまプリマー新書）780円 Ⓘ978-4-480-68868-2 Ⓝ490.1

『ビックリするほどiPS細胞がわかる本―ES細胞やiPS細胞といった万能細胞の基礎知識から再生医療の可能性まで』

北條元治著

内容 2007年、京都大学の山中伸弥教授が中心となって開発に成功した人工多能性幹細胞（iPS細胞）のニュースは、世界中を驚かせました。このiPS細胞によって、臓器再生や難病治療など、再生医療や創薬の可能性が大きく前進するからです。本書はこのiPS細胞について、基礎のキソからわかりやすく解説しています。

目次 序章 iPS細胞と再生医療（iPS細胞と再生医療が拓く夢,「夢」の医療の正体とは？ ほか）, 第1章 生命の基本単位である遺伝子と容器としての細胞（無限（遺伝子）と有限（生命）の境界, DNAは生命の「基本的計画」ほか）, 第2章 人体を構成する細胞の特殊性とは？（人体は約60兆個もの細胞の集合体, 人体を構成する細胞の種類 ほか）, 第3章 細胞を用いる医療とその可能性（再生医療の定義―再生させる医療と再生医療の違い, 再生医療の歴史 ほか）, 第4章 iPS細胞と再生医療の未来（臓器の作製―万能細胞による究極の再生医療, 難病への決定打―アルツハイマー、脊髄損傷 ほか）

ソフトバンククリエイティブ 2012.9 190p 18cm（サイエンス・アイ新書）952円
Ⓘ978-4-7973-6528-3 Ⓝ491.1

『君も精神科医にならないか』

熊木徹夫著

内容 精神科臨床についてどのようなイメージをお持ちだろうか。精神科医は、刃物の代わりに言葉というメスを使って治療を行う。精神科医は、薬を処方するとき患者の何を見つめているのか。あなたの先入観を覆し、道なき“臨床道”を温かく照らす誘いと挑発の書。

目次 第1章 精神科臨床の「場」に来ないか, 第2章 精神科医はどんなことを考えているんだろう, 第3章 治療はどのように展開するんだろう, 第4章「専門家」になるとはどういうことだろう, 第5章 症例検討会をのぞいてみよう, 第6章 言葉は精神科医のメスだ, 第7章「薬」を恐れ、「身体」を畏れよ

筑摩書房 2009.12 174p 18cm（ちくまプリマー新書）760円 Ⓘ978-4-480-68828-6 Ⓝ493.7

『いのちはどう生まれ、育つのか―医療、福祉、文化と子ども』

道信良子編著

内容 本書には今を生きる子どもたちのさまざまな姿が描かれています。家族や地域社会における子どもの多様性や、医療や福祉の現場を中心とした子どもを支えるしくみなどを紹介します。いのちの意味について考え、すべての子どもが尊厳ある存在として生きられる社会のあり方を探ります。

目次 さまざまな体、さまざまな文化, 手のひらの大きさの赤ちゃんを守る, 私たちの選択, 病気と向き合う, いのちと世界観,「食べる」力を引き出そう, 優貴にとって「動く」ということ, 予防接種で守るいのち、守られるいのち, 子どもも親もみんなで育てる, 暮らしのなかの子育て, 島のいのち, 被災後の「今」を生きる, 歌と踊りでつなぐいのち, 子どものいのちとみとり

岩波書店 2015.3 172p 18cm（岩波ジュニア新書）800円 Ⓘ978-4-00-500799-8 Ⓝ493.9

『がんを生きる』

佐々木常雄著

内容 告知、治療、緩和とどう向き合うか。2000人を担当した名医が患者や家族にやさしく問いかける。

目次 プロローグ がんと向き合わなくてはいけない時代, 第1章 がん告知の歩み, 第2章 寿命なんて知らないほうがいい, 第3章 緩和医療で気になること, 第4章 日本人としての心, 第5章 死を考える, 第6章 自分の死、他人の死, 第7章 絶望の奈落から這い上がるヒント, 第8章 短い命の宣告で心が辛い状況にある方へ―奈落から這い上がる具体的方法

講談社 2009.12 222p 18cm（講談社現代新書）720円 Ⓘ978-4-06-288030-5 Ⓝ494.5

『医療のこと、もっと知ってほしい』

山岡淳一郎著

内容 長野県にある佐久総合病院では、ドクターヘリを飛ばして高度な救急医療を行う一方、家庭での介護を見守る地域ケアを日々地道に行っている。各現場で医療に従事する人たちは、どんな思いで毎日仕事をしているのだろうか。現在の医療制度の問題点も解説しながら、あるべき医療の姿を探っていく。

目次 第1章 ドクターヘリ（佐久総合病院,「農民とともに」ほか）, 第2章 地域医療の最前線（地域密着医療の第一線, 地域ケア科のカンファレンス ほか）, 第3章

なぜ医者になるの？（医師が足りない，遠くが見えない ほか），第4章 医療の土台「国民皆保険」（お金からみる医療，病院に行けない！ ほか）

岩波書店 2009.10 191p 18cm（岩波ジュニア新書）780円 Ⓘ978-4-00-500637-3 Ⓝ498

『看護師という生き方』

宮子あずさ著

内容 不況下でも、安定して勤め続けられる資格職として人気の看護職。その仕事は働く人の人間性に強く働きかけ、特有の人生を歩むことになる。長く勤めるほど味わいが増すこの仕事の奥深い魅力に、看護師歴26年の現役ナースが迫る。

目次 第1章 看護師っぽい人（裏紙の魔力，必死は滑稽，やさしくあるための闘い），第2章 私が看護師っぽくなるまで（稼ぐ女になりたい。その一心で看護師を目指しました，できない分やさしく、と思い詰めた新人時代，3年目以降は、イケイケとイライラの時期で，5年目あたりでとらわれた、徒労感と無力感，精神科で働き、「できること」より「わかること」、そして「考えること」が大事と気づく），第3章 看護師は、生き抜く力が身につく仕事（寛容さが大事と、身に染みる仕事，やけにならずに「しょうがない」と思えるようになる仕事，わかることも、わからないことも大事にしよう！）

筑摩書房 2013.9 191p 18cm（ちくまプリマー新書）780円 Ⓘ978-4-480-68904-7 Ⓝ498.1

芸術系統

『音のない世界と音のある世界をつなぐ―ユニバーサルデザインで世界をかえたい！』

松森果林著

内容 10代で失聴した著者は、あるできごとをきっかけに「音のある世界と音のない世界をつなぎたい！」とユニバーサルデザイン（UD）の道を志す。生活用品から公共施設、情報のUD化まで幅広く手がけるのは、だれもが暮らしやすい社会の実現を目指してのこと。その仕事ぶりからは、UDの「今」だけでなく、著者の熱い思いが伝わってくる。

目次 第1章 静かな大惨事―音のない世界から（震災から見えたこと，障害者の死亡率 ほか），第2章 音のない世界から見た社会（「音のある世界」と「音のない世界」，情報は目から入ってくる ほか），第3章 ユニバーサルデザインで世界をかえたい（「普通」って何？自分らしさって何？，少しずつ聞こえなくなる ほか），第4章「聞こえない」と「聞こえる」をつなげていく（「共用品ネット」で広がる世界，新しい体験 ほか），第5章「私だからできる」を仕事に（「聞こえないこと」が強み，当事者の実体験を提案する ほか）

岩波書店 2014.6 223p 17cm（岩波ジュニア新書）860円 Ⓘ978-4-00-500776-9 Ⓝ369.2

『ファッション・ライフの楽しみ方』

高村是州著

内容 ファッションにはオンとオフの2つのスイッチがある。オンに挑戦すると学校生活が前向きになる。オフを充実させると放課後の楽しみが増える。時と場所に応じてスイッチを切り替え、ちょっと大人な自分になってみよう。部屋着からスーツまで、高校生からのメンズスタイル。『ファッション・ライフのはじめ方』のステップアップ編。

目次 序章 もう一度。ファッションって、なんだろう？，第1章 ファッションのスイッチ，第2章 学生服は社会への入り口，第3章 お出かけファッションに挑戦，第4章 スーツで学ぶ社会との関わり方，終章 ファッションから社会が学べる

岩波書店 2015.4 202,41p 18cm（岩波ジュニア新書）860円 Ⓘ978-4-00-500802-5 Ⓝ589.2

『表現する仕事がしたい！』

岩波書店編集部編

内容 漫画家、音楽家、映画監督など「表現する仕事がしたい！」と夢見る若者は多い。人と違う個性をいかに発揮するかが勝負の世界で、どのような壁にぶつかり、乗り越えながら10代を過ごし、今の表現や仕事にたどりついたのかをさまざまな分野で活躍する個性豊かな13人が熱く語る。進路や生き方に悩む若者の道標となる一冊である。

目次 表現するということは（安野モヨコ（漫画家）），ヴァイオリンを演奏する仕事（江口有香（ヴァイオリニスト）），声にみちびかれて（おおたか静流（シンガー&ボイス・アーティスト）），孤独は絶好のトレーニング（岡康道（CMプランナー）），映画を作る（荻上直子（映画監督）），変わった人形劇、あります（沢則行（人形劇師）），「あー、なんかオモロいことしたいなぁー」（茂山童司（狂言師）），表現したくて、いろいろ困る（関口光太郎（現代芸術家）），人との出会い・音楽（長谷川陽子（チェリスト）），無理解と対峙し続ける、ということ（丸田祥三（写真家）），私とギター（村治佳織（ギタリスト）），会社員から映像の道へ（安田真奈（映画監督・客他）），私ではなく、私の性質が選んだ（横尾美美（画家））

岩波書店 2009.6 214p 18cm（岩波ジュニア新書）780円 Ⓘ978-4-00-500631-1 Ⓝ702.1

『西洋美術史入門―実践編』

池上英洋著

内容 美術品の「物理的側面」と「精神的側面」を鑑賞しその社会性を読み解く、これが美術史の実践です。本書ではエジプト美術から現代絵画まで多くの実践例を紹介。前著『西洋美術史入門』から、もう一歩奥の世界へ誘います。

目次 第1章 ひとつの作品をじっくりと読んでみよう（サンティニャーツィオ教会の天井画，4つの大陸のイメージ ほか），第2章 美術作品の何を見るか――次調査と「主題と社会」（美術作品とはなにか，「いつ、どこで、誰が」ほか），第3章

さまざまな視点—美術品と社会の関わりをみる実践例から（比較からわかること—ツタンカーメンとネフェルティティ，絵画はどのように見られたか—鑑賞方法が生み出す違い ほか），第4章 まとめ—より深い鑑賞のために（一枚の絵を前にして、何をすべきか，推薦文献と参考資料）

筑摩書房 2014.3 201p 18cm（ちくまプリマー新書）950円 Ⓘ978-4-480-68913-9 Ⓝ702.3

『美術館へ行こう』

草薙奈津子著

内容 個性的な展覧会や多彩なワークショップは、どのようにつくられているの？学芸員は何をするの？美術館の表の仕事から舞台裏、さらにはその楽しみ方までを、現役の学芸員でもある著者が、豊富な写真を交えていねいに解説、芸術と人の出会いを橋渡しする美術館の魅力を堪能できる一冊。

目次 序章 美術館へ行こう（美しいものと出会う，10代のための美術館活用法 ほか），1章 展覧会をつくるプロセス（誰もが楽しめる展覧会，鑑賞教育の場、そして社会教育の場でもある ほか），2章 美術館でつながる（ワークショップも大きな仕事，ある試み—ムービング・デッサン ほか），3章 美術館の仕事—舞台裏編（紙面版バックヤードツアーで美術館の裏側を体感，ミュージアムホール ほか），終章 くらしのなかにある美術館を目指して（美術館の歴史，美術鑑賞とは ほか）

岩波書店 2013.3 176,12p 18cm（岩波ジュニア新書）820円 Ⓘ978-4-00-500737-0 Ⓝ706.9

『誰も知らない「名画の見方」』

高階秀爾著

内容 「名画」には、絵画鑑賞をより楽しく充実させるための、「見方」があります。本書では、8つのテーマに分類された「名画の見方」に基づき、日本を代表する美術史家である著者が、巨匠たちの手になる名画の数々を例に、具体的にわかりやすく解説。「名画」は、なぜ「名画」と呼ばれるのか？「巨匠」は、いかにして「巨匠」になったのか？本書を読めば、名画と巨匠にまつわるそれらの疑問が、目から鱗が落ちるように、解決します。美麗な図版満載。

目次 第1章「もっともらしさ」の秘訣，第2章 時代の流れと向き合う，第3章「代表作」の舞台裏，第4章 見えないものを描く，第5章 名演出家としての画家，第6章 枠を越えた美の探求者，第7章 受け継がれるイメージ，第8章 新しい時代を描き出す

小学館 2010.10 191p 18cm（小学館101ビジュアル新書）1100円 Ⓘ978-4-09-823011-2 Ⓝ720.7

『イメージを読む』

若桑みどり著

内容 絵画は美しいのみならず、描かれた時代の思想・宗教観を密かに映し出している。ミケランジェロのシスティーナ礼拝堂の天井画、レオナルド・ダ・ヴィンチの『モナ・リザ』、デューラーの『メレンコリア』、ジョルジョーネの『テンペスタ（嵐）』。世界の名画のなかでもとくに謎に満ちたこれらの作品から、絵画の隠された謎をさぐる。画家が本当に描きたかったのは何か、何に託してその意図を伝えたか？美術研究の成果を存分に駆使しながら、絵画に描かれた思想や意味を鮮やかに読み解くスリリングで楽しい美術史入門。

目次 第1日 ミケランジェロのシスティーナ礼拝堂の天井画について，第2日 レオナルド・ダ・ヴィンチの『モナ・リザ』について，第3日 デューラーの『メレンコリア1』について，最終日 ジョルジョーネの『テンペスタ（嵐）』あるいは“絵画の謎”について

筑摩書房 2005.4 254p 15cm（ちくま学芸文庫）880円 Ⓘ4-480-08907-1 Ⓝ723

『デザインの教科書』

柏木博著

内容 デザインがわかれば生活はもっと豊かになる。消費のためのデザインから生活のためのデザインへ。

目次 第1章 デザインって何？，第2章 20世紀はどのようなデザインを生んだか，第3章 心地良さについて，第4章 シリアスな生活環境のためのデザイン，第5章 デザインによる環境問題への処方，第6章 デザインを決める具体的な要素，第7章 趣味とデザイン，第8章 デザインの百科事典—デザイン・ミュージアムの展示

講談社 2011.9 221p 18cm（講談社現代新書）720円 Ⓘ978-4-06-288124-1 Ⓝ757

『音楽家をめざす人へ』

青島広志著

内容 音楽とは、はたして才能か、それとも努力か、環境か？音大には行くべきか、何を学ぶのか、仕事はあるのか？音楽家をめざす若い読者の疑問や悩みに答える、入門書。音楽必修事項の解説、現在活躍中の音楽家との対談も収録。

目次 第1章 音楽と環境について，第2章 音楽を選ぶということ，第3章 音楽を学ぶということ，第4章 音大受験までの道のり，第5章 音大受験本番，第6章 音大で何を学ぶか，第7章 藝大ってどういうところ？，第8章 音大でどの方向をめざすか，第9章 音楽を職業にする

筑摩書房 2011.8 203,4p 18cm（ちくまプリマー新書）800円 Ⓘ978-4-480-68866-8 Ⓝ760.7

『棒を振る人生―指揮者は時間を彫刻する』

佐渡裕著

内容 「一万人の第九」や音楽番組「題名のない音楽会」などで知られ、日欧で活躍する著者。現在の「指揮者・佐渡裕」を育んだ数々の知られざるエピソードとともに音楽観、人生観を綴る。2015年9月より音楽監督に就任する、オーストリアで100年以上の伝統を持つトーンキュンストラー管弦楽団についても、オファーを受けてからの葛藤や「新しい挑戦」について告白する。名指揮者たちとのエピソードや名曲についての解説は、「思わずオーケストラを聴きたくなる！コンサートホールに足を運びたくなる！」そんな音楽の魅力に溢れた一冊。

目次 第1章 楽譜という宇宙, 第2章 指揮者の時間, 第3章 オーケストラの輝き, 第4章「第九」の風景, 第5章 音楽という贈り物, 終章 新たな挑戦

PHP研究所 2014.10 233p 18cm（PHP新書）760円 Ⓘ978-4-569-82059-0 Ⓝ762.1

『宮崎アニメは、なぜ当たる―スピルバーグを超えた理由』

斉藤守彦著

内容 現在の日本映画の興行収入の1位から3位までをすべてを占める宮崎アニメ。映画を宣伝する3つの方法、アドバタイジング・パブリッシング・プロモーションに注目し、宮崎アニメが牽引してきた、この20年間の日本映画界をひもとく。

目次 1988ゴールデン・ウィーク―「となりのトトロ」「火垂るの墓」／「太陽の帝国」, 1989夏―「魔女の宅急便」／「インディ・ジョーンズ／最後の聖戦」, 1992夏―「紅の豚」／「フック」, 1997夏―「もののけ姫」／「ロスト・ワールド／ジュラシック・パーク」, 2001夏―「千と千尋の神隠し」／「A.I.」, 2005正月―「ハウルの動く城」／「ターミナル」, 2008夏―「崖の上のポニョ」／「インディ・ジョーンズ／クリスタル・スカルの王国」

朝日新聞出版 2008.7 205p 18cm（朝日新書）700円 Ⓘ978-4-02-273221-7 Ⓝ778.7

体育系統

『ルールはなぜあるのだろう―スポーツから法を考える』

大村敦志著

内容 サッカーのオフサイドやフィギュア・スケートの採点基準など、スポーツにつきもののルールは競技をおもしろくするためにあるのだ、といったらあなたは驚くかもしれない。ルールを通してスポーツが求めるものを探り、さらに私たちの生き方と法の関係を考えていく。著者の説明にスポーツマンの息子が鋭くつっこむ親子対話形式。

目次 第1部 スポーツと法の関係を見てみよう（スポーツから法へ，スポーツにかかわる法，スポーツを支える法），第2部 ルールはどんな性質をもっているのだろう？（ルールはどこにあるのか，ルールは何を決めているのか，ルールは何のためにあるのか，ルールはどこまでおよぶのか），第3部 スポーツは何を求めているのだろう？（競争を考えてみよう，公平を考えてみよう，評価の基準とは，国際化すると），第4部 スポーツと法から社会を見てみよう（観衆とアマチュアがはたす役割，クラブは民主主義の学校，スポーツから裁判を見ると，新しい社会を考える）

岩波書店 2008.12 208p 18×11cm（岩波ジュニア新書）780円 ⓘ978-4-00-500610-6 Ⓝ320

『スポーツを仕事にする！』

生島淳著

内容 スポーツには「する・みる・ささえる」の3つの側面がある。今や「ささえる」のプロが多く活躍する時代になった。気鋭のスポーツジャーナリストが、急増する大学のスポーツ関連学科や、急成長する職業の「今」をレポートする。

目次 第1章 大きく変化するスポーツの仕事（「知恵」がモノをいうプロスポーツビジネス，台風に巻き込まれたスポーツマスコミ，日本のスポーツビジネスはどうなっているのか？），第2章 大学でスポーツを学ぶ（スポーツ系学部は新たなチャンスか？，体育大学で学ぶ意義），第3章 スポーツの世界で働く人たち（海外プロモーションの仕事，トレーナーの仕事，広報の仕事，メンタルトレーナーの仕事，スポーツの仕事の未来像）

筑摩書房 2010.9 155p 18cm（ちくまプリマー新書）720円 ⓘ978-4-480-68848-4 Ⓝ780

『スポーツ教養入門』

高峰修編著

内容 部活や地域のクラブでスポーツに打ち込む若きアスリート必読の一冊。スポーツマンシップとは何かという議論をはじめ、メンタルトレーニングの方法、ケガとの向き合い方、進路選択、スポーツビジネスの魅力、ドーピングや体罰の問題など、スポーツをするうえで身につけておくべき基礎的な知識をわかりやすく解説します。

目次 メッセージ編（スポーツマンシップとは？，オリンピックの意義ってなんだろう，スポーツビジネスには夢があふれている，パラリンピックの世界），実用編（メンタルトレーニングの意味，ケガと向き合う，将来、どんな人生を歩むのか，スポーツ指導者になるということ），倫理編（ドーピング問題，スポーツの場で起きているハラスメント）

岩波書店 2010.2 198p 18cm（岩波ジュニア新書）780円 ⓘ978-4-00-500648-9 Ⓝ780

『スポーツ科学の教科書―強くなる・うまくなる近道』

谷本道哉編著, 石井直方監修

内容 スポーツ競技で、より強く・うまくなるためにはどうしたら良いのでしょうか？運動生理学、機能解剖学、スポーツバイオメカニクス、トレーニング科学、スポーツ栄養学、健康科学の観点から、スポーツの現場で生じる疑問に一問一答式で答え、わかりやすく解説します。

目次 1章 運動生理学, 2章 機能解剖学, 3章 スポーツバイオメカニクス, 4章 トレーニング科学, 5章 スポーツ栄養学, 6章 運動と健康の科学

岩波書店 2011.12 225p 18cm（岩波ジュニア新書）840円 Ⓘ978-4-00-500702-8 Ⓝ780.1

『勝負食―トップアスリートに学ぶ本番に強い賢い食べ方』

石川三知著

内容 毎日口にするものが勝てる体を作る。機能する体は食事から。選手が証明する誰でもできる勝つ食べ方。

目次 第1章 スポーツと栄養の密接な関係, 第2章 この栄養素はこんな食べ物から, 第3章 勝つために必要な食事と食事法, 第4章 症状別!!賢い栄養のとり方・食べ方, 第5章 正しいサプリメントの使い方, 第6章 目的別、これぞあなたの勝負食

講談社 2008.3 205p 18×12cm（講談社プラスアルファ新書）800円 Ⓘ978-4-06-272488-3 Ⓝ780.1

『メンタル・コーチング―流れを変え、奇跡を生む方法』

織田淳太郎著

内容 ポジティブ・シンキングは逆効果!?緊張・不安を味方につける方法とは？優勝やメダル、王座が賭けられた極限の舞台で、アスリートの内面を襲う緊張と不安。これら自己に潜む敵に克つことなくして、他者に勝つことはあり得ない―。身体と心の問題やコーチングに造詣の深い著者が、多くのアスリートやコーチ、研究者への取材をもとに、何事にも動じない「心を強くする」方法を解説する。

目次 第1章 奇跡のバックホームはなぜ生まれたか？, 第2章「単なる偶然」を「意味のある必然」に変えるには, 第3章 指導者への信頼感が選手を伸ばす, 第4章 暗示のパワー, 第5章 恐怖心と対峙する, 第6章「火事場のバカ力」を科学する, 第7章 無心状態をどう作るか

光文社 2007.7 246p 18×11cm（光文社新書）720円 Ⓘ978-4-334-03409-2 Ⓝ780.1

『ライフスキル・フィットネス―自立のためのスポーツ教育』

吉田良治著

内容 ライフスキル・フィットネスとは“自立するための適応能力”のこと。文武両道を重視し、リーダーシップやスポーツマンシップを育むアメリカの大学ス

ポーツ教育を紹介。選手を指導するコーチの役割や手厚い学業サポートの仕組み、セカンドチャンスの理念など、自立した人間を育てるための教育、人生のゲームプランを論じます。

目次 1章 ライフスキルが人生設計を支援する—人生のゲームプラン, 2章 複眼的視点からの発想—Think Outside The Box, 3章 自立をうながす大学スポーツ教育, 4章 リーダーシップを育む—Lessons for Leaders, 5章 過ちからの再生—セカンドチャンス, 6章 地域の発展への責任—Servant Leadership, 7章 日本での実践

岩波書店 2013.4 214p 18cm（岩波ジュニア新書）840円 Ⓘ978-4-00-500742-4 Ⓝ780.7

『上達の技術——直線にうまくなるための極意』

児玉光雄著

内容「うまくなりたい」「できるようになりたい」という切実な思いをもったことがない人は、おそらくいないでしょう。部活動で、受験勉強で、ゴルフで、英語で、仕事で…。しかし、なかなか思うような結果がだせない自分にくやしい思いをした人も多いはずです。でも、それはあなたに才能がないからではありません。伸び悩むのは「努力の仕方」が間違っているからです。本書では、上達するための「正しい努力の仕方」を解説します。

目次 第1章 最高の実力をだす技術, 第2章 結果をだせる練習の技術, 第3章 勝負強くなる技術, 第4章 集中力を高める技術, 第5章 記憶の達人になる技術, 第6章 高いやる気を発揮する技術, 第7章 打たれ強くなる技術, 第8章 創造性を発揮する技術

ソフトバンククリエイティブ 2011.4 206p 18cm（サイエンス・アイ新書）952円
Ⓘ978-4-7973-6310-4 Ⓝ780.7

『走る哲学』

為末大著

内容 25年間走り続けてきた男が、考え、見つめてきたこととは—フォロワー10万人のツイッターを書籍化。

目次 第1章 自分を軸に, 対談 ルールに適応する事, 第2章 社会を軸に, 対談 ツイッターと日本文化, 第3章 コミュニケーション, 対談 スポーツが社会にできる事, 第4章 スポーツ, 対談 撤退の戦略、滅びの美学, 第5章 ふたたび、自分を軸に

扶桑社 2012.7 223p 18cm（扶桑社新書）780円
Ⓘ978-4-594-06644-4 Ⓝ782.3

『夢を跳ぶ—パラリンピック・アスリートの挑戦』

佐藤真海著

内容 19歳のときに骨肉腫を発症し右足膝下を失った著者が、北京パラリンピック陸上競技・走り幅跳び日本代表に選ばれるまでの道のりを語る。辛い闘病生活、

生きる意味を問い続けた日々、競技者としての苦悩…。さまざまな困難を乗り越え、新たに挑戦を続ける若き女性アスリートの涙と夢と希望の手記。

目次 私はどうなってしまうの？, 入院、そして手術, 退院後, アテネパラリンピックへ, 新たな挑戦がはじまった！, サントリーという居場所, 義足に血が通うまで, 未来へかける橋, 命という宝物, 子どもたちから力をもらう, より高みを目指すために, 北京へ

岩波書店 2008.8 183p 17×11cm（岩波ジュニア新書）740円 Ⓘ978-4-00-500604-5 Ⓝ782.4

『アスリートたちの英語トレーニング術』

岡田圭子, 野村隆宏著

内容 オリンピックや国際大会で活躍するアスリートたちは、どうやって英語を身に付けたのだろうか。鈴木大地、増田明美、箕内拓郎、瀬戸利彦、太田章の5人のトップアスリートが、世界の舞台で栄光をつかむまでの道のりと、ユニークな英語学習法、引退後の国際的な活躍について語ります。英語トレーニング術のヒントをもらおう。

目次 はじめに―アスリートと英語学習, 第1章 使える英語のヒントをアスリートから, 第2章 スポーツと英語は人生を豊かにする―水泳・鈴木大地さん, 第3章 挫折はマイナスにはならない―マラソン・増田明美さん, 第4章 インターナショナルなチームをめざして―ラグビー・箕内拓郎さん, 第5章 留学で本当につかんだもの―マラソン・瀬古利彦さん, 第6章 格闘技はカンバセーション―レスリング・太田章さん

岩波書店 2011.8 196p 18cm（岩波ジュニア新書）820円 Ⓘ978-4-00-500692-2 Ⓝ830.7

高校卒業後の進路に向けて

『専門学校とはどのような学校か』

津田敏著

内容 知っておきたい専門学校のあゆみ・実績・課題。関係法や数値データによる大学・短期大学等との比較、職業実践専門課程の内容など、専門学校進学への必読書。

目次 第1章 専門学校を知る, 第2章 専門学校の歴史, 第3章 専門学校の8分野―学科と資格, 第4章 専門学校と他の高等教育機関の比較, 第5章 専門学校の知られざる格差, 第6章 専門学校の今後―文部科学大臣認定「職業実践専門課程」から専門学校をみる

（大阪）風詠社, 星雲社〔発売〕2015.3 174p 21cm 1500円 Ⓘ978-4-434-20391-6 Ⓝ376.7

『全国専門・各種学校案内2015-16』

専門・各種学校研究会編著

目次 専修学校・各種学校ガイダンス（専門学校って、こんな学校, データから見た専修学校と各種学校の現状, あなたはどの分野を選ぶ？, 学校選びとチェックポイント, 資格を取ろう！資格・検定について ほか), 分野別学校案内（ビジネス・実務・語学, 工業, 農業・環境, 教育・福祉, 医療 ほか)

一ツ橋書店 2015.1 862p 21cm 2000円 Ⓘ978-4-565-16551-0 Ⓝ376.7

『君はどの大学を選ぶべきか―国公私立大学・短期大学受験年鑑 2016』

内容 就職率ランキングを掲載。大学探しにこの一冊！

目次 解説編 大学・短大入試情報満載！（大学改革最前線, 話題の大学を徹底研究, キャリアに注目！専門学校, 大学受験入門講座, 2014年就職率ランキング, 資格取得、4年制大学への編入学など短大の魅力教えます, 4年制大学編入でステップアップ！, パーフェクトガイド 大学学部・学科選び入門, 大学の教育力を探る), 学校案内編 学部・学科内容&キャンパスガイドをチェック！, 志望校選びに役立つデータ

大学通信 2015.3 920p 21cm 1400円 Ⓘ978-4-88486-190-2 Ⓝ376.8

『大学図鑑！ 2016 有名大学81校のすべてがわかる！』

オバタカズユキ監修

内容 広告、建て前、裏取引一切なし！入学案内、パンフ、HPのウソにだまされないために受験生必読の1冊。現役学生、OB、OG、5000人超のナマの声で作った真の大学案内。

目次 第1特集 入学前に知っておきたいお金問題―最終的にトクするのはどっち？, 第2特集 入ったあとで「しまった！」と後悔したくないあなたへ贈る―大学選びの絶対にハズせない5つのポイント, 関東私大Aグループ, 関東私大Bグループ, 関東私大Cグループ, 関東私大Dグループ, 関東私大Eグループ, 関東女子大グループ, 関西私大グループ, 国公立大学グループ（東日本編), 国公立大学グループ（西日本編)

ダイヤモンド社 2015.3 511p 19cm 1800円 Ⓘ978-4-478-06508-2 Ⓝ376.8

『最新版 大学の学部・学科がよくわかる本』

四谷学院進学指導部編著

内容 進路選択BOOK全39学部を徹底紹介！

目次 プロローグ 可能性に満ちた大学時代を過ごすために（行きたい大学はあっても行きたい学部がわからない!?, 高校生に社会人となった自分の姿などイメージできるはずもないが ほか), 1 人文科学系―文化的な側面から人間の営みを研究す

る学問です（文学，語学 ほか），2 社会科学系―人間の社会生活に必要なシステムやルールを研究する学問です（法律学，政治学 ほか），3 自然科学系―自然界の原理を研究し、社会に役立てる学問です（理学，工学），4 総合系―従来の学問領域にはない新しいテーマや学際的な分野に取り組む学問です（教育学，人間科学 ほか）

アーク出版 2014.5 314p 21cm 1600円 Ⓘ978-4-86059-139-7 Ⓝ376.8

『高1からの進路教室』

渡邉洋一著

内容 偏差値やブランドだけで学校を選んではいけない。自分の将来を見据えた「いちばん」の大学・短大・専門学校の選び方。どの学校にも「いちばん」がある。あなたの「いちばん」の学校選びで夢をかなえる。

目次 第1章 進路を自分の意志で決めているか，第2章 偏差値やブランドに踊らされない進学選び，第3章 選択した学部によって卒業後の将来が全く異なる―大学の選び方，第4章 社会で役立つ教養や資格を身に付ける―短大の選び方，第5章 仕事に直結する実践的な技術や資格を学ぶ―専門学校の選び方，第6章 大学・短大・専門学校以外の施設で学ぶ―その他教育機関の選び方，第7章 高1は自分の将来を左右する最も重要な岐路

幻冬舎メディアコンサルティング，幻冬舎〔発売〕2013.9 275p 19cm 1400円 Ⓘ978-4-344-97006-9 Ⓝ376.8

『教師が薦める大学』

小園修著

内容 ベテラン進路指導教師がホンネで語る10倍トクする大学選び。

目次 第1章 将来の職業について考えよう―将来社会に出て、どのような仕事や職業につくかは大変重要である（なりたい職業や学びたい学問についてじっくり調べよう，文理選択のポイント ほか），第2章 大学入試のしくみを理解しよう―大学入試は選抜方法によって「一般入試」、「推薦入試」、「AO入試」に分けられる（「一般入試」について，「推薦入試」について ほか），第3章 教師が薦める大学・薦めない大学（大学全入時代がやってくる，少子化にともない定員割れの大学は増え続ける ほか），第4章 現役で志望大学に合格する学習法（授業を大切にすると学力がつく，難関大学に合格した先輩の勉強法 ほか）

エール出版社 2010.3 169p 19cm 1500円 Ⓘ978-4-7539-2931-3 Ⓝ376.8

『大学の実力2016』

読売新聞教育ネットワーク事務局著編

内容 日本最大規模の大学・学部別に独自調査。国公私立678大学を掲載。偏差値や知名度によらない大学選びのための情報提供を目指す。

目次 「本気で育てる大学」を選ぶ―対談，コラム・地域とつ

ながる，データは語る（自立した学習者を育てる／ワンポイントゼミ，退学率・卒業率を読み解く，お金の話をしよう ほか），徹底調査1 キャンパスライフ編，徹底調査2 各大学の学長コメント編，徹底調査3 専門分野別 独自のプログラム編，徹底調査4 卒業後の進路編，「大学の実力」調査って何？

中央公論新社 2015.9 176p 30cm 1650円 Ⓘ978-4-12-004767-1 Ⓝ377.2

『大学ランキング2016年版』

内容 大学の役割である教育、研究、社会貢献の各分野について独自調査によるデータを提示。多様な観点から大学を評価する、日本で最大の大学評価誌。

目次 第1部 日本の大学を徹底評価（入試，総合，教育，就職，研究，財政，社会），第2部 日本の大学762校完全ガイド（都道府県別大学ガイド，政府系大学校、通信制大学ガイド，新設大学ガイド，大学ガイドINDEX ほか）

朝日新聞出版 2015.4 913p 21cm（AERA進学MOOK）2100円
Ⓘ978-4-02-274497-5 Ⓝ377.2

『時間と学費をムダにしない大学選び―最辛大学ガイド2016』

石渡嶺司，山内太地著

内容 偏差値、知名度、立地にイメージ…その基準で後悔しない？重要なのは「卒業後」！就きたい仕事のジャンルから選べる、進路案内の決定版。受験生の「なりたい」「わからない」を徹底サポート！

目次 マスコミ―芸能界やスポーツ界、政界から文壇まで、色んな世界とつながりがある業界。華やかなイメージはあるけれど…？，公務員―「安定している」「残業もなく仕事が楽」…ひと昔前はそう言われていたけど、今はどうなっているんだろう？，司法―弁護士、裁判官、検察官。「法の番人」と呼ばれる職業。なんとなくかっこいいけど、難しいのかな？，教師・教育―勉強を教えるだけでなく、生徒とともに自分も成長していける、やりがいある仕事。実際はどんな感じ？，福祉・心理―高齢化が進み、心のケアの重要性も叫ばれる日本で一躍、注目の業界に。具体的な職種は？待遇は？，観光・航空・鉄道―パイロット、フライトアテンダント、運転士に車掌、ガイドさん。子供の頃からの「憧れの職業」！，金融―よく知られているのは銀行の窓口業務、株や保険のセールスだけど、ほかにも、いろいろな仕事が。，エンジニア―技術大国日本を支えてきた製造業。その中心にいるのが技術職！「ものづくり」の世界とは…？，医師・歯科医師―数ある学部の中で最難関の「医学部」。そこを突破した先に見据えるのはやりがい？高収入？，看護・医療・薬学―医師・歯科医師をサポートする医療職。堅実、かつ需要もある一方で、仕事はそうとう大変だとか聞くけれど？〔ほか〕

中央公論新社 2015.3 910p 21cm 2000円 Ⓘ978-4-12-004710-7 Ⓝ377.2

『大学生になるってどういうこと？―学習・生活・キャリア形成』

植上一希, 寺崎里水, 藤野真著

内容 何を考え、どう学ぶ？力をつける4年間にするために。大学生活とその後のキャリア形成をデザインするための、“問い”（意味）と“方法”の二つを獲得することをねらいとし、青年の学びについて考えている教育学者、学校と社会の関係を考えている教育社会学者、「働くこと」を考えている経営学者の3人が、それぞれの専門分野の知見や立場を持ち寄り、ときには議論を戦わせながら、「大学生になる」ことについて真剣に考えた。

目次 1 大学で学ぶということ（大学生になっていくということ, どのような大学生になるのか, なぜ大学生になったのか？―進路決定過程と進学要求の分析, 大学生の学びの特質）, 2 大学で学ぶための技法（大学での生活, 大学での学習, 学習に対するサポート）, 3 キャリアを考える（なりたい自分になる, 進路を考える, 正社員って何？, 働くこととトラブル）

大月書店 2014.4 185p 21cm（大学生の学びをつくる）1900円 Ⓘ978-4-272-41231-0 Ⓝ377.9

海外留学で世界を学ぼう

『日本で仕事がなくなってもグローバル企業で働ける人になる本』

古川裕倫, ブライアン・ミナハン著

内容 外資はキャリアをシビアに判断する。年下の上司も年上の部下も当たり前。判断の基準は「フェアかどうか」。ビジネス英語は3ヶ月で習得できる。海外勤務経験のある日本人と日本勤務のフランス人が、それぞれの視点からみた日本人が世界に出る方法。

目次 第1章 グローバルに考えると仕事と人生は楽しくなる, 第2章 日本の常識は世界の常識ではない, 第3章 グローバル化は日本の歴史から学べ, 第4章 グローバル化するために世界を知る, 第5章 自分をグローバルな人材に変える方法, 第6章 ビジネス英語は高校英語より簡単だ

中経出版 2012.2 207p 19cm 1400円 Ⓘ978-4-8061-4260-7 Ⓝ159.4

『留学奨学金と節約術―アメリカ留学にかかる費用』

栄陽子著

目次 第1章 留学と費用, 第2章 留学費用の基礎知識, 第3章 留学期間を短くして費用を節約, 第4章 留学奨学金の現実, 第5章 留学のための奨学金獲得作戦, 第6章 体験談―奨学金を得て留学した5人の留学体験記, 資料編 奨学金獲得のチャンスがある大学データ85校

三修社 2008.1 193p 21cm 2000円 Ⓘ978-4-384-02050-2 Ⓝ373.4

『中・高校生の留学』

「地球の歩き方」成功する留学編

内容 留学の検討、計画から出発、現地生活のノウハウ、帰国後の進路、気になる情報をこの一冊が完全ガイド。カリスマ・カウンセラー西澤めぐみが語る海外留学の現状、スタイルの傾向…、国内の有名私立中高一貫校の学校関係者インタビュー掲載。親と子の留学体験記&留学先学校データ全146校掲載。

目次 1 中・高校生の留学とは？，2 卒業留学，3 交換留学，4 短期留学，5 留学後の進路，6 中・高校生留学Q&A，7 スクールデータ

ダイヤモンド・ビッグ社，ダイヤモンド社〔発売〕2012.7 280p 21×14cm（地球の歩き方 成功する留学）1500円 Ⓘ978-4-478-04306-6 Ⓝ376.4

『高校留学アドバイス』

伊藤史子著

内容 考え方は柔軟だが、語学力が十分とはいえない一高校生が、留学先の海外でどうやったら順調な留学生活をおくれるのか。最初の混乱期を乗りきり、英語がわかるようになる「ブレイクスルー」体験を経て、充実した1年を過ごした体験から、留学準備、現地でのトラブル対処法、勉強法のコツなどをていねいに解説した高校留学案内。

目次 1部 留学準備をするには（高校留学決定に一番必要なもの，高校生海外留学のメリット・デメリット，なぜ「高校での海外留学」か？ ほか），2部 充実した留学生活を送るには（混乱期，成長期，充実期），3部 留学体験を未来にいかすには（鍛えた判断力をフル活用しよう，時間を有効活用しよう，適応力を応用しよう ほか）

岩波書店 2010.12 203p 18cm（岩波ジュニア新書）820円 Ⓘ978-4-00-500670-0 Ⓝ376.4

『ハーバード大学はどんな学生を望んでいるのか？―日本人が抱く大いなる誤解』

栄陽子著

内容 ハーバード大学と聞くと、漠然とアメリカの、というか世界の超名門大学、なんとなく日本の東大みたいなものかな、と考えている人が大多数かもしれません。あるいは、『ハーバード白熱教室』でその授業風景を目にした人も多いかもしれません。現実に著者のもとへは、ハーバード大と東大を併願したいという受験生からの相談が増えているといいます。しかし、ハーバード大学がどんな選考を行って入学者を選んでいるのかを知る人は少ないはずです。日本の一般入試のように学力試験のみで合格者を決定しているのではありません。じつは、ハーバードがどんな学生を望んでいるのかを知ることで、アメリカという国家、そして社会の輪郭が明確に見えてくるのです。

目次 序章 東大とハーバードを併願したい，第1章 ハーバード大学とは，第2章

ハーバードが求める人材―そのコンセプトと審査項目, 第3章 アメリカ人が考えるハーバード, 第4章 多様な進学、多様な生きかた, 付録 アメリカの大学の基礎知識

ワニ・プラス, ワニブックス〔発売〕2014.3 252p（ワニブックスPLUS新書）18cm 840円 Ⓘ978-4-8470-6069-4 Ⓝ377.2

『優雅な留学が最高の復讐である―若者に留学を勧める大人に知ってほしい大切なこと』

島岡要著

内容 「なぜ最近の若者は留学しなくなったのか」から始まるおとなの自分探し？医学のあゆみ留学対談8本収載。

目次 第1章 留学はするな―留学のベタ、ネタ、メタ, 第2章 やりたいことのない「普通」のあなたに留学を勧める理由, 第3章 留学というプロジェクト, 第4章 生存戦略としての留学, 第5章 Let It Goの罠と留学, 第6章「グローバル化」という中空構造, 第7章 大人が「グローバル人材育成」に貢献できること, 第8章 大学教師はじまりの物語, 第9章「脳トレ」としての英語―英語で頭を鍛えて賢く長生きする, 第10章 なぜわれわれは若者に留学を勧めるのか, 対談編

医歯薬出版 2015.9 269p 19cm 2400円 Ⓘ978-4-263-20676-8 Ⓝ377.6

『アメリカ留学公式ガイドブック―大学・大学院留学を成功に導く』

日米教育委員会編著

目次 1 アメリカにおける留学生の動向, 2 アメリカの高等教育制度, 3 留学準備Step by Step, 4 渡米前の準備, 5 アメリカ入国後の案内, 6 ビザと留学生の法的義務, 7 アメリカでの学業, 8 同伴家族への案内, 9 アメリカ生活への適応

アルク 2015.6 351p 21cm 1800円 Ⓘ978-4-7574-2635-1 Ⓝ377.6

『留学の真実』

高野幹生著

内容 学生たちに最も信頼されてきた留学エージェントが、あなたの留学に対する先入観を一掃します！

目次 1 英語力をアップするには海外留学が一番の近道, 2 高校留学の真実, 3 語学留学の真実, 4 ワーキングホリデー、インターンシップの真実, 5 海外の大学・大学院進学とディプロマの真実, 6 留学準備と海外生活の真実

IBCパブリッシング 2015.1 205p 19cm 1650円 Ⓘ978-4-7946-0319-7 Ⓝ377.6

『1/2,500,000の留学—それぞれの留学のカタチ』

ジャパンタイムズ編

内容 学べば学ぶほど世界が開けていく感覚。世界は変えることができる。インド、中国、フィリピン、韓国、オーストラリア、トルコ、ロシア、フランス、イタリア、デンマーク、スペイン、ペルー、ケニア、アメリカ、メキシコ、キューバに留学した15人のストーリー。

目次 アジア・オセアニア編（頭の中にある常識を全部壊してくれる国へ—インド・デリー・デリー大学, 私たちは、国同士ではなくひとりの人間として向き合っている—中国・北京・清華大学, 目の前のひとりにとっての真のエンターテインメントを求めて—フィリピン・マニラ・フィリピン大学 ほか）, 中東・ヨーロッパ・アフリカ編（トルコ人との友情が本当の自分らしさを教えてくれた—トルコ・アンカラ・アンカラ大学, 変化を恐れず挑戦した先に希望の光は射してくる—ロシア・モスクワ・モスクワ大学, 幸せを追求する生き方をフランス人から学んだ—フランス・パリ・ノバンシア・ビジネススクール ほか）, アメリカ大陸編（信念を持って自分の目標に全力投球で向かっていく—アメリカ・デラウェア・デラウェア大学, あるがままの自分を認め傷つく強さを持てるようになった—メキシコ・グアナファト・グアナファト大学, 矛盾の多い社会主義国であきらめない強さを手にした—キューバ・ハバナ・ハバナ大学）

ジャパンタイムズ 2014.4 271p 19cm 1200円 Ⓘ978-4-7890-1562-2 Ⓝ377.6

『高校からハーバード大学合格も夢ではない!!—15歳から大学教養16単位を身につける方法がわかる 高校生・大学生・社会人のための留学のすすめ』

吉岡節夫, クロイワ正一共著, 松井啓次監修

目次 序章 留学体験記, 第1章 今、留学が変わろうとしている, 第2章 苦悩する大学, 第3章 両倒見の良い大学が急増している, 第4章 アメリカの大学進学を具現化する, 第5章 飛び級制で技術力・博士号を目指す, 第6章 ハーバード大学の学生たち, 第7章 今からでも、スタートできる

BRLMミリオンセラーズ, (昭島) エコー出版〔発売〕2013.5 142p 19cm 1400円 Ⓘ978-4-904446-21-8 Ⓝ377.6

『世界は君を待っている！—MBA留学とグローバルリーダーシップ』

中野正夫編著

内容 日本人の海外留学者が減っている。留学者の減少は、衰退していく国の歴史の流れの必然かもしれない。このままでは、日本は世界に貢献できる大きな潜在能力を持ちながら、その真価を発揮する前に国が衰えてしまうことになる。このような危機感を抱く各界で活躍する13名の留学経験者が、海外留学のススメを熱く語る。

目次 日本のために世界へ出よ！, SURVIVOR？, グローバルリーダーに求めら

れる戦略的思考と実行力, 異質に飛び込む, 若きサムライたち、冒険心をもって世界に飛び出そう！, 世界のパートナーとしての日本人, 英国大学院でのサバイバル, 留学は自分で判断して生きる人生への登竜門, ゼロからの出発、そして「夢」に向かって,「伝える」ことの重要性, プラグマティズムと“日本”を軸とした留学準備を, 企業のミドルマネージャーとしてMBA留学で何を学ぶか, 新たな自分を発見する旅

中央経済社 2013.3 200p 21cm 1800円 Ⓘ978-4-502-47650-1 Ⓝ377.6

『留学・アメリカ名門大学への道』

栄陽子著

目次 1 アメリカ人が考えるエリートとエリート校（アメリカの教育観, アメリカの教育制度 ほか）, 2 栄陽子が選ぶ超難関校—エリート校ベスト50セレクション（私立総合大学, 州立総合大学 ほか）, 3 エリート校突破のABC（エリート校に入る方法, 入学がやさしくて卒業がむずかしい実態）, 4 挑戦者たちの記録（一歩一歩の努力が実を結んだエリート大学院進学, 異なる二つの留学経験—リベラルアーツ・カレッジから州立総合大学へ ほか）

三修社 2011.11 201p 21cm 2500円 Ⓘ978-4-384-04456-0 Ⓝ377.6

『超★理系留学術—アメリカ大学院で成功を勝ち取る』

青谷正妥著

内容 アメリカ滞在20年、京大での留学相談経験10年、アメリカ高等教育を知り尽くした著者が、とっておきのノウハウを伝授する留学指南書の決定版。豊富なエピソードと最新の情報を交えたわかりやすい解説で、留学前の準備から、留学中の研究生活、留学後の就職まで、アメリカ大学院留学の全体像が一気に読み通せる。

目次 1 留学のすすめ（なぜ留学するのか）, 2 出願から合格へ（日本人はなぜアメリカの有名大学院に入れないか, タダで行けるアメリカの理系大学院 院生だって給料がもらえる！, 失敗しない大学院の選び方（上）百花繚乱の有力校, 失敗しない大学院の選び方（下）群雄割拠の中で穴場を探す, 分け入っても分け入っても書類の山 出願書類を見てみよう）, 3 アメリカの大学院教育（入学から学位取得までの概要, 学位への道 取得要件を中心に, ケーススタディ 正反対の二つの大学）, 4 就職について（日本の企業への就職）, 付説 日米雇用比較, APPENDIX

（京都）化学同人 2008.3 225p 21cm 1900円 Ⓘ978-4-7598-1151-3 Ⓝ377.6

『留学・キャリアコンサルタントが教える 留学帰国者の就活―「就職できない！こんなはずじゃなかった！」をなくす本』

本橋幸夫著

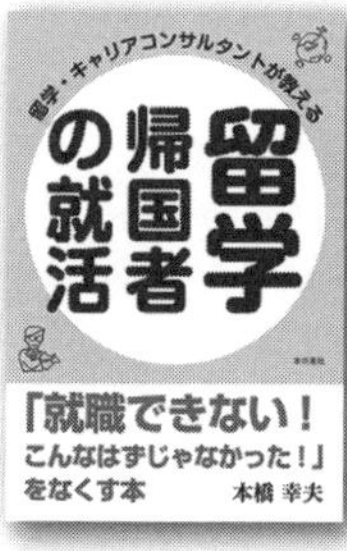

目次 第1章 帰国して就活したら『こんなはずじゃなかった！』という留学帰国者が増えている！（こんなはずじゃなかったその1―面接で留学を否定されてしまう, こんなはずじゃなかったその2―就職先がなかなか決まらない）, 第2章 海外体験者が就活前に知っておくべきこと―留学前に知っておくべき内容を知り、それを海外で実践に移すことで、より充実した留学生活が送れるようになる（企業が海外体験者に期待する能力「ベスト5」。これを知ることで、海外で身に付けるべき力をよりイメージしやすくなる, 海外で獲得できる能力を知り、それを海外で行動することで、習得度に格段の差ができる,「海外体験者に対して求める能力」と「海外生活で身につく能力」, ○○力をつけるために、こんな行動をしてみよう。これまで私が担当した留学生の実際の行動例を紹介します）, 第3章 海外体験を就職活動に活かすための15ステップ―留学前から就職活動は始まっている！（留学前編, 留学中編, 帰国後編）, 第4章 内定がなかなかもらえない留学帰国組の共通点はこれだ！（留学動機があいまい, 海外で得た力、成長した力を、しっかり面接官に伝わる言葉に言語化できていない, 英語を使うことばかりに拘って就活している, 面接の場で権利ばあかり主張しようとする）, 第5章 Q&A集（留学前、留学中、帰国後編）

本の泉社 2015.7 198p 19cm 1500円 Ⓘ978-4-7807-1235-3 Ⓝ377.9

『アメリカ ホームスティ&留学の英会話―CD付』

永野真司著

目次 初対面の会話・個人的情報, ホストファミリー, 学校生活1, 学校生活2（大学のキャンパスライフ）, 趣味&娯楽, スポーツ, 健康, ショッピング, 季節, 友情, 食事, 旅行, パーティー／祝日・行事, 政治, 産業・経済, 社会問題, 日本

三修社 2010.5 140p 19cm 〈付属資料:CD1〉 1800円 Ⓘ978-4-384-02427-2 Ⓝ837.8

『留学&ホームステイのための英会話―最新版』

細井忠俊, バーウィック妙子著

内容 留学生活に必要な心がけ、現地生活や英語の授業の様子がわかる。現地で使える、日本文化の50のトピック、日本料理のレシピ付き。

目次 1 出発前に（準備しなければならないこと, 英語の勉強 ほか）, 2 いろいろな心がけ（一般的な心がけ, ホームステイでの心がけ, 安全についての心がけ）, 3 短期留学の会話:家庭やコミュニティーで（飛行機の中で, 入国審査､税関で ほか）, 4 短期留学の会話；学校で（プログラムの始まり, 開講式 ほか）, 5 日本を紹介す

る（グループで日本を紹介してみよう，パーティーで役立つ日本料理，日本紹介50のトピック）

アルク 2006.5 283p 21cm 1500円 Ⓘ4-7574-1023-9 Ⓝ837.8

『はじめての留学―不安はすべて乗り越えられる！』

堤未果著

内容 高校卒業と同時にアメリカに留学、同時多発テロを体験しいまジャーナリストとして活躍する著者が綴った元気いっぱいのカリフォルニア留学体験記。

目次 第1章 ホームステイでオーマイガッド！，第2章 ニワトリちゃん、いきなり大ピンチ！，第3章 愛しのセリカは金食い虫，第4章 食料求めて釣りバカ日誌，第5章 人気爆発！ M&Mホカホカ弁当，第6章 ロバ留学は長期観光？，第7章 ピンチ！エッセイ盗作事件，第8章 愉快なハウスメイトたち，終章 グッバイC.A.ハローN.Y.

PHP研究所 2009.9 196p 19cm（YA心の友だちシリーズ）
〈『空飛ぶチキン―私のポジティブ留学宣言』再編集・改題書〉1200円 Ⓘ978-4-569-68981-4 Ⓝ916

受験術・アドバイス

受験術・アドバイス

小論文

受験術・アドバイス

大学入試の動向はめまぐるしく変化していますが、日々の学びの積み重ねが大切なことは昔も今も変わりません。第一志望の大学に合格するためには、これから紹介する先輩たちの体験談や先生方の教えを素直に受け入れる姿勢が必要ではないでしょうか。ゴールは人それぞれに違います。自分にあった勉強法を探してください。

受験術・アドバイス

『受験生の心の休ませ方』

加藤諦三著

内容 受験や進路の不安、親や自分へのいら立ち…。人気心理学者が、自らの青春日記とともに受験生の苦しみをほぐします。中学生から。

目次 第1章 進路に悩むとき（偽りの責任感を捨てる, 好きなものを探して ほか）, 第2章 十代の苦しみが活きるとき（ピンポイント方式で「ねばならない」から抜け出す,「もっと」の前に「今」を全力で ほか）, 第3章 落ちこんでいる今から出発しよう（不満の原因は何か？,「楽しめる力」を持つために ほか）, 第4章 悩まない人生なんてありえない（幸せになるために、幸せにするために, 病の効能 ほか）, 第5章 自分を守るための約束（「泣きたい気分」の乗り越え方, 運命を受け入れる ほか）

PHP研究所 2008.7 167p 19cm（YA心の友だちシリーズ）952円 Ⓘ978-4-569-68788-9 Ⓝ159.7

『中高生の勉強あるある、解決します。—現役大学生が書いた勉強の悩みから脱出できる本』

池末翔太, 野中祥平著

内容 「ケアレスミスしちゃう！」「嫌いな科目がある！」「やる気が出ない！」そんなよくある40の悩みがスッキリ解決。悩める中高生に大人気のブログ「中学生・高校生のあるある研究所」を書籍化。

目次 勉強の悩みあるある, 勉強方法あるある, 学校・塾あるある, 心の悩みあるある, 日常生活あるある, 恋のあるある

ディスカヴァー・トゥエンティワン 2011.9 190p 19cm〈付属資料:ふせん〉1300円 Ⓘ978-4-7993-1053-3 Ⓝ375

『できる高校生がやっている超勉強法』新版

受験情報研究会著

内容 東大生が教える、ススメる。部活・バイトをしながら成績はいつもトップクラスでいる秘密。

目次 1「わからない」がひと目でわかるノートのつくり方・使い方（成績が変わるノートのつくり方，勉強がはかどるノートの使い方 ほか），2 基本力と応用力を身につける教科書・参考書のいかし方（教科書を最高の参考書にするには，自分にあった参考書の選び方・使い方 ほか），3 どんどん頭にはいる授業の受け方（授業のうけ方，先生別、授業の受け方 ほか），4 予習・復習のうまいやり方（予習・復習のコツ，「ガッチリ」と「手抜き」の予習・復習 ほか），5 科目別勉強法（英語，国語 ほか）

ごま書房新社 2010.3 134p 21cm 1200円 Ⓘ978-4-341-13192-0 Ⓝ375

『受験必要論―人生の基礎は受験で作り得る』

林修著

内容 テレビでお馴染みの予備校講師・林修先生が、「受験」の利点も欠点も包み隠さずお教えします。ガリ勉せずとも最難関の東大に現役合格した“林修式勉強法”も満載。受験勉強は社会に出たら役に立たないかもしれない。けれど、やり方一つで社会を生き抜く上で不可決な“考える力”を高める。「受験」に関わる全ての人、そして受験を終えた大学生や社会人にもタメになる林修からの熱きメッセージ。

目次 第1章 受験とは何か？，第2章 林修式・超実践的受験術，第3章 僕の受験生時代，第4章 東京大学は一番いい大学か，第5章 予備校講師としての責任，スペシャル対談 木村達哉先生（灘校・英語教諭）×林修「勉強する目的とは何か」

集英社 2015.10 225p 15cm（集英社文庫）500円 Ⓘ978-4-08-745372-0 Ⓝ376.8

『受験計画の立て方』

和田秀樹著

内容 作戦で先行、実践で圧倒！逆転のオリジナル計画をキミの手で！イヤでもやる気にななる！“和田式・計画アプリ”で三日坊主返上！

目次 1 苦痛にならない！計画作成のコツ―“小さな達成感”を味わいながら進もう！（面倒な勉強をサクっと片づけるノルマ消化計画，夜寝る前に「明日やるべきこと」を書き出しておこう！ ほか），2 途中でくじけない！計画作成のツボ―「ムリ・ムダ・ムラ」を追放しよう！（時間感覚を身につけて持続可能な計画を立てる！，今から入試日まで「残されている時間」を週単位で把握する！ ほか），3 勉強効率を高める！計画作成のテクニック―“ダラダラ勉強”から抜け出そう！（“勉強密度"を上げる工夫を日々の計画に盛り込もう！，睡眠時間を過不足なく確保して1日の計画を！ ほか），4 確実に結果を出す！計画作成のセオリー―「残す勉強」をしっかり実践しよう！（やったことを確実に残す和田式・受験計画の真髄！，就寝前の10分、翌朝寝起き15分を復習枠に設定！ ほか），5 志望校を突破する！計画作成のノウハウ―偏差値ハンデを戦術で解消しよう！（志望校に照準を合わせた逆転の受験計画をキミの手で！，受験計画のコマ割フレームを下書きする ほか），巻末付録 和田式・受験計画アプリ

ブックマン社 2015.5 179p 21cm（超明解！合格NAVIシリーズ）1200円 Ⓘ978-4-89308-841-3 Ⓝ376.8

『新・受験技法―東大合格の極意 2016年度版』

和田秀樹著

内容 初版以来20年の実績"受験の神様"和田秀樹と現役東大生の徹底分析に基づく最強・最速・最新の必勝プランで受験生を合格へと導きます。今回も最新傾向と新課程情報を踏まえて充実の改訂！

目次 1章 東大入試を「読み解く」，2章 合格者を「解剖する」，3章 合格目標を「シミュレートする」，4章 合格戦略を「構築する」，5章 科目別・合格ラインを「超える」

新評論 2015.4 338p 19cm 1800円 Ⓘ978-4-7948-1008-3 Ⓝ376.8

『東大合格生の秘密の「勝負ノート」』

太田あや著

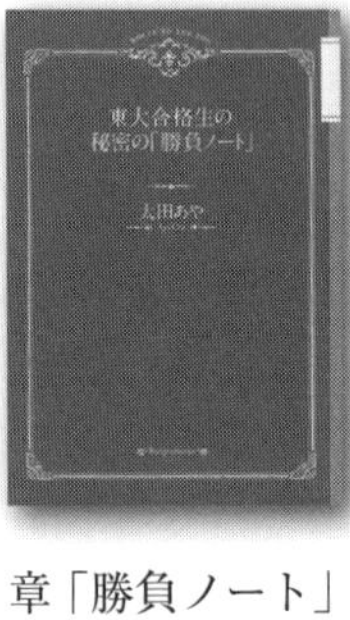

内容 偏差値UP！センター試験満点！東大合格！効率的に苦手克服を可能にする「勝負ノート」のつくり方、教えます！

目次 第1章「勝負ノート」その前に（あなたの「勝負ノート」見せてください！，「勝負ノート」なくして「東大合格」なし，「勝負ノート」ができるまで ほか），第2章「勝負ノート」と東大合格生（私の「勝負ノート」術1 前田真美さん 最小の努力で最大の効果を目指した「勝負ノート」，私の「勝負ノート」術2 廣瀬暁春くん ノートが変わって勉強法も変わった，私の「勝負ノート」術3 廣安ゆきみさん 自分流に育てた最強ノート ほか），第3章「勝負ノート」のつくり方（あなたは、どんな「勝負ノート」をつくりますか？，「授業ノート」誕生物語 倪辰日くん ノートの必要性を感じた日本の授業，東大合格生80人アンケート あなたの「勝負〇〇」教えてください！シャープペン編 ほか）

文藝春秋 2015.3 111p 26cm 1200円 Ⓘ978-4-16-390216-6 Ⓝ376.8

続刊

『東大合格生のノートはかならず美しい』2008.9
『東大合格生のノートはどうして美しいのか？』2009.4

『大学受験のトリセツ』

柴田龍之介著

内容 勉強法・計画表・受験テクニックからメンタル面の鍛え方まで、受験競争を勝ち抜く極意がこの一冊に凝縮。超人気塾講師が教える大学受験ハンドブック。

目次 第1章 合格を確実にする勉強方法（効率のよい勉強方法とは，高校1年生のための勉強法，高校2・3年生のための勉強法，数学分野別勉強法，私立・2次試験直前の勉強法，試験直前期の過ごし方，試験直前当日にすべきこと・してはいけないこと），第2章 入試にまつわる基礎知識（受験の種類について知ろう！，大学・学部選びをしてみよう！），第3章 大学に合格したら…。（高校の時の勉強を完璧にしておこう，英語は、どこに行っても大事，単位をとることだけを考えない）

エール出版社 2012.3 177p 19cm 1500円 Ⓘ978-4-7539-3105-7 Ⓝ376.8

『受験生すぐにできる50のこと』

中谷彰宏著

内容 就活のバイブル『面接の達人』の著者が受験生のやる気を高める方法をアドバイス。

目次 第1章 ストレスをなくして、テンションを上げよう。（ストレスは、学習を妨げる。，テンションの上がる勉強法を見つける。 ほか），第2章 暗記のしかたを、覚えよう。（暗記は、会った回数。，5回でくじけない。ほか），第3章 苦手科目の勉強法を、身につけよう。（好きではない科目の勉強法を考えれば、勝ち。，先に暗記の蓄積量を多くすると、勉強の効率がよくなる。 ほか），第4章 受験勉強は、脳との二人三脚で成功する。（たくさん寝た人が合格する。，眠ることで、脳は頑張れる。 ほか）

PHP研究所 2011.12 123p 19cm （YA心の友だちシリーズ） 1000円 Ⓘ978-4-569-78179-2 Ⓝ376.8

『勉強が得意！になる本』

梅田恵美著

内容 小学生から高校生までを対象にした英会話、進学教室・シャインアカデミーを主宰する著者が、生徒達を勇気づけ応援するために綴った、とっておきの言葉。

目次 1 勉強法，2 英語が得意！になるほんのひと手間，3 英語大好き！になるとっておきのお話，4 国語が得意！になるほんのひと手間，5 日本語大好き！になるとっておきのお話，6 テストで点をとるために，7 受験について，8 夢は、なんですか？，9 子どもを勉強大好き！にする

（大阪）風詠社，星雲社〔発売〕 2011.8 204p 19cm 1500円 Ⓘ978-4-434-15933-6 Ⓝ376.8

『高校生・浪人生の本当に正しい勉強法』改訂新版

児保章亮著

内容 誰も語ろうとしなかった、確実に結果を出す超正攻法の大学受験勉強法を公開。

目次 第1章 正しく進路を決める（個人の脳力の格差, 私が進路を誤った顛末, 大学で感じた大きな挫折感 ほか）, 第2章 大学受験勉強法総論（脳の特性を理解する, 勉強が行き詰まる原因, 古典・漢文の勉強は何故必要なのか ほか）, 第3章 大学受験勉強法各論（参考書・問題集の概要, 基礎英語超マスター法, 英文法の参考書 ほか）

エール出版社 2011.4 191p 19cm 1500円 Ⓘ978-4-7539-3025-8 Ⓝ376.8

『和田式勉強のやる気をつくる本—やれない自分を変えるちょっとしたアイデア75』

和田秀樹著

内容 今日、できることから始めよう！受験の神様が贈る！最新の脳科学にもとづいたノウハウ集。

目次 第1章「明日やればいいや」を追放する習慣術（取っ掛かりをよくする—自然体でスッと勉強に入っていける習慣術, ノルマを強く意識する—ノルマ消化の達成感を勉強の原動力にする習慣術, 危機感を自分に植えつける—自分自身を上手に追い込む習慣術）, 第2章「やる気がしない」ときの自己管理術（誘惑を振り払う—邪魔者をシャットアウトする単純明快な自己管理術, 集中力を切らさない—集中力を持続・アップさせる自己管理術, 無理をしない、完璧を求めない—心の余裕をつくって勉強に集中する自己管理術）, 第3章「これならやれそう」と思わせる心理術（「うまくいく」を体験する—“小さな成功”を足がかりに「やれない自分」を変える心理術,「十分にやれる」ことを感じ取る—「十分にやれそう」と思えるようにする心理術,「迷い」を断ち切る—「これなら納得」と思って前進する心理術）, 第4章「いやでも頑張れる自分」をつくる人間関係術（安心感を得る—勉強に集中できる自分をつくる人間関係術, 同じ目標を共有する—一緒に頑張れる仲間をつくる人間関係術, 連帯感をつくり出す—仲間との一体感を高める人間関係術）, 第5章「勉強が苦にならない自分」をつくる発想術（勉強をおもしろくする—受験勉強と充実感を結びつける発想術, 自分を主役にする—“主役意識”を植えつける発想術, 期待に応える—期待をエネルギーに変える発想術）

学研教育出版 学研マーケティング〔発売〕2010.2 231p 19cm（新・受験勉強法シリーズ）
1,000円 Ⓘ978-4-05-303143-3 Ⓝ376.8

『一生モノの勉強法—京大理系人気教授の戦略とノウハウ』

鎌田浩毅著

内容 テレビ・講演会で引っ張りだこのオシャレな教授が贈る「実践的勉学のススメ」。

目次 第1章 面白くてためになる「戦略的」な勉強法とは, 第2章 勉強の時間を作り出すテクニック, 第3章 効率的に勉強するための情報整理術, 第4章 すべての基

本「読む力」をつける方法，第5章 理系的試験突破の技術，第6章 人から上手に教わると学びが加速する

東洋経済新報社 2009.4 222p 19cm 1500円 Ⓘ978-4-492-55637-5 Ⓝ379.7

『受験脳の作り方―脳科学で考える効率的学習法』

池谷裕二著

内容 「海馬」は記憶を司る部位。だが、脳は蓄えるよりも忘れていくほうが多いのだ。試験前に徹夜で詰め込んだ記憶は、呆気なく消えていく。しかし、興味があるものはすぐに覚えられるし、バイオリズムのタイミングをつかめば、記憶効率は上がる。―海馬、扁桃体、LTP等々、脳の働きを正しく理解して、恐れず受験に挑む！気鋭の脳研究者が考える学習法。

目次 第1章 記憶の正体を見る，第2章 脳のうまいダマし方，第3章 海馬とLTP，第4章 睡眠の不思議，第5章 ファジーな脳，第6章 天才を作る記憶のしくみ

新潮社 2011.12 264p 15cm (新潮文庫)〈『高校生の勉強法』改題書〉490円 Ⓘ978-4-10-132922-2 Ⓝ491.3

小 論 文

『伝え方教室―調べる・発表する』

大重史朗著

目次 第1章 プロの記者はどうやってメモをとっているのだろう（新聞記事のつくられ方，新聞記事の構成は「重要なことは先にいってしまう」のが原則 ほか），第2章「ニュースはヤフージャパンを見れば十分」といえるか（インターネット情報から「正確な」情報を探るスキル，ベストアンサーとは何が「ベスト」なのか ほか），第3章 図書館を利用しよう（自分の町の図書館を利用しよう，図書館の本の配置 ほか），第4章 小論文・レポートの書き方（作文と小論文はどこがちがうのか，小論文はどのように書いたらいいのか ほか），第5章 クラスメートの前で発表するコツ（発表することの意義，グループワークを通して自分の考えをまとめる ほか）

旬報社 2015.12 185p 19cm 1500円 Ⓘ978-4-8451-1427-6 Ⓝ002.7

『大学入試 カンザキメソッドで決める！志望理由書のルール 文系編―国公立大、難関私大完全対応 AO入試・推薦入試対策』

神崎史彦著

内容 Before→Afterで回答例を学ぶ！志望理由書は文系学部（学科）の18の回答例を、自己PR文はアピールポイント別で4つの回答例を掲載。学部・学科ごとに役立つ情報が満載。先生からの適切なアドバイスつき！学部・学科別に推薦図書も掲載！

目次 1 志望理由書編（「攻め」のキャリア形成KDSのルール，K（大学で取り組

みたい研究）を明らかにする, D（研究を志す動機）を示す, S（大学を選択する理由）を伝える, Before→Afterで学ぶ「攻め」の技法 ほか）, 2 自己PR文編（「共感」をよぶアピールTKIのルール, T(自分の長所)を率直に述べる, K(長所を得た経緯)を説明する, I（長所の活かし方）を示す, Before→Afterで学ぶ「共感」の技法 ほか）

文英堂 2014.8 143p 21cm 1100円 Ⓘ978-4-578-24072-3 Ⓝ376.8

続刊

『カンザキメソッドで決める！志望理由書のルール―大学入試 理系編』2014.10

『現役国立大学准教授がそっと教えるAO・推薦入試 面接・小論文対策の極意』

板橋江利也著

目次 第1章「準備」をすればするほど合格から遠ざかる?!, 第2章 試験で大学側が本当に知りたいことって何？, 第3章 あなたは基本的に「良い人」？, 第4章 実際の面接や小論文の試験において必要な「実力」とは, 第5章「自己アピール力」を身につけよう！, 第6章 AO・推薦入試を成功させる秘訣 実践編（面接）, 第7章 AO・推薦入試を成功させる秘訣 実践編（小論文）

エール出版社 2012.12 167p 19cm 1500円 Ⓘ978-4-7539-3170-5 Ⓝ376.8

『推薦入試・AO入試 志望理由書・自己推薦書の書き方』

八木暉雄, 神坂直樹, 山本和男共著

目次 第1章 推薦入試・AO入試の概要, 第2章 志望理由書・自己推薦書とはどんなものか, 第3章 過去と未来から現在をはっきりさせる, 第4章 大学卒業後の姿をどう描くか, 第5章 系統別―学科紹介／志望理由書・自己推薦書サンプル, 第6章 志望理由書・自己推薦書の自己点検・評価

河合出版 2008.9 191p 21cm 952円 Ⓘ978-4-7772-0828-9 Ⓝ376.8

『推薦入試・AO入試の面接・小論文 文系編』

ケーアンドアール推薦入試対策委員会編

内容 推薦入試・AO入試のプロによる渾身の1冊。面接と小論文で「本当に必要な内容」だけを凝縮。面接ではココが聞かれる／よい回答例と悪い回答例つき。出題形式別・合格小論文の書き方／実践予想問題つき。

目次 1 推薦入試制度のガイダンス（推薦入試の種類と選考方法, 推薦入試に出願するには）, 2 面接の受け方と想定問答（面接の形式とマナー, 面接の質問例とその攻略法）, 3 タイプ別小論文の書き方（小論文の形式と書き方の基本原則, 小論文の頻出テーマの攻略法, 出題形式別の書き方テクニック, 出題形式別実践予想問題）

文英堂 2008.6 191p 21cm（シグマベスト）1000円 Ⓘ978-4-578-24033-4 Ⓝ376.8

続刊

『推薦入試・AO入試の面接・小論文 理系編』
『推薦入試・AO入試の面接・小論文 看護医療計編』

『型で習得！中高生からの文章術』

樋口裕一著

内容 学生でも社会人でも、文章力は武器になる。本書で紹介する三つの「型」を意識し応用すればカンタンに、必ず上手な文章が書ける。「小論文の神様」が秘中のテクニックを伝授！

目次 第1章 文章を書くことの意義, 第2章 小論文の書き方, 第3章 記録文の書き方, 第4章 作文・エッセイの書き方, 第5章 読書感想文の書き方, 第6章 レポート・論文の書き方, 第7章 志望理由書・自己PR書の書き方

筑摩書房 2014.12 184p（ちくまプリマー新書）18cm 780円
Ⓘ978-4-480-68927-6 Ⓝ816

『全国大学小論文入試―出題内容5か年ダイジェスト 2016年受験対策』

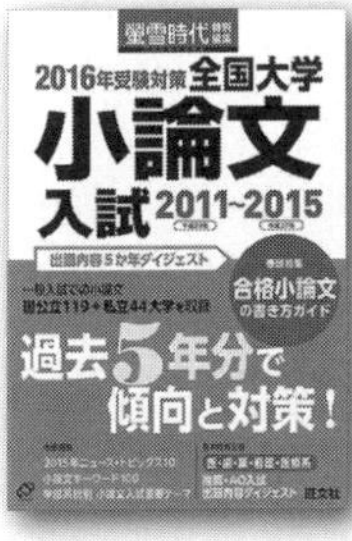

内容 一般入試で小論文を課す国公立大120校と私立大45校分の問題を要約して収録。2015年から2011年まで並べて掲載のため、この5年間の傾向がわかる。志望校の出題傾向とともに、同じ学部系統の他大学の問題もチェックできる（学部系統別インデックス付き）。制限時間・指定字数・配点・課題文の出典もわかり、資料性も抜群。「学部系統別 小論文入試重要テーマ」「小論文キーワード100」「小論文でねらわれる！ 2015年ニュース・トピックス10」「合格小論文の書き方ガイド」など小論文対策記事や「医・歯・薬・看護・医療系 2015年度 推薦・AO入試出題内容ダイジェスト」も掲載。人気系統の推薦・AO入試について小論文試験のほか学科試験についてもダイジェストで紹介。

旺文社 2015.9 465p 26cm 2381円 Ⓘ978-4-01-009073-2 Ⓝ816.5

『大学受験 小論文・面接の時事ネタ本 保育士・幼稚園教諭系編』三訂版

渡辺研著

内容 厳選した頻出テーマだから効率よく学べる！基礎知識や着眼すべきポイントがわかる！最新のデータ・資料もやさしく解説！全テーマに小論文・面接の例題つき！

目次 第1章 発達との関係編（保育士・幼稚園教諭に知ってほしい大事なこと―幼児教育は、学校教育の出発点, 大人になっ

たらなりたいもの（子どものあこがれの変化, 母子健康手帳にみる成長と遊び）ほか）, 第2章 学校との関係編（学習指導要領—学校教育が求めている学力や力, 幼保小連携—子どもの育ちのスムーズな受け渡し ほか）, 第3章 保護者との関係編（親の願い—おやおや、親は…, 母親—手ごわい、自分勝手、一生懸明、どこか切ない ほか）, 第4章 社会との関係編（幼稚園・保育園をとりまく社会環境の変化—幼稚園・保育園で、今、起きていること, 少子化—なぜ子どもを産まなくなったの？）, 第5章 自分を向上させる編（求められる資質—「子どもが大好き」だけじゃだめ？）

学研教育出版, 学研マーケティング〔発売〕 2015.9 199p 21cm 1100円 Ⓘ978-4-05-304398-6 Ⓝ816.5

続刊

『大学受験小論文・面接の時事ネタ本 看護・医療・介護系編』三訂版 森崇子著 2015.8
『大学受験小論文・面接の時事ネタ本 医・歯・薬・福祉系編』三訂版 森崇子著 2015.8

『新小論文ノート—ベストの問題・解答例・解説集 2016』

代々木ゼミナール編集

内容 代々木ゼミナール講師陣を中心に作成された、大学入試の小論文で必要となる「読解力」「思考力」「表現力」を養成するための「ベストの問題・解答例・解説集」。安直な文例や断片的知識の暗記、解答のパターン化を避け、信頼ある解答例と実戦的なわかりやすい解説を通じて、確かな実力を身につけられる。

目次 第1章 小論文の書き方, 第2章 小論文誌上実戦講義, 第3章 入試小論文頻出問題演習（15年度小論文入試問題の分析, 小論文入門, 人文科学系テーマ, 社会科学系テーマ, 自然科学系テーマ, 医学系テーマ, 英文読解型問題, 2015入試小論文出題内容一覧, ワンポイントアドバイス）

代々木ライブラリー 2015.7 427p 26cm 1333円 Ⓘ978-4-86346-619-7 Ⓝ816.5

『こうすればスラスラ書ける！受かる小論文の最速レッスン帳 大学受験』

樋口裕一, 白藍塾著

内容 ステップアップ形式の問題演習で、どんな設問にも対応できる力が身につく実践トレーニング。

目次 1 受かる小論文の基本の基本, 2 これで高得点！四部構成の書き方を徹底マスター, 3 減点されない言葉と文のルール, 4 課題文を読み取る, 5 課題文の付いた小論文を書く, 6 様々な設問の対応法

青春出版社 2014.12 157p 21cm 1280円 Ⓘ978-4-413-11124-9 Ⓝ816.5

『看護・医療系の小論文—4年制大学受験用』新旧両課程対応版

石関直子著

内容 看護・医療系の4年制大学受験者のための、いちばんわかりやすい小論文

の参考書！看護・医療系入試に精通する人気講師が、小論文の書き方を手厚くレクチャーする。ていねいな解説と豊富な演習問題で、小論文が書けるようになる。

学研マーケティング（発売）2014.8 167p 21cm 1200円 Ⓘ978-4-05-304098-5 Ⓝ816.5

『スラスラ書ける小論文の教科書』

牛山恭範著

内容 東大、京大、東大大学院、医師、会計士、博士、難関国立大出身者が集まるMBAコースでTOPレベルの成績優秀者になった秘訣を伝授‼

目次 はじめに（序章）小論文試験でスラスラ発想、スラスラ書いて合格する，第1章 小論文の書き方，第2章 小論文試験で結果を出す為に大事な事，第3章 小論文のよくある勘違い，第4章 論理の原則原理に基づいた発想の為のテクニックでテキパキ発想できる，第5章 考えることについての知識―単に『思う』から、根拠がある『考える』に成長しよう，第6章 論理的で有効な意思決定を行う際の発想の原理

エール出版社 2013.7 231p 19cm 1600円 Ⓘ978-4-7539-3198-9 Ⓝ816.5

『何を書けばいいかわからない人のための小論文のオキテ55』

鈴木鋭智著

内容 小論文には必ず「正解」がある。受験生の“お悩み”を解決するための55のオキテがこの一冊に。

目次 第1章 小論文には「正解」がある，第2章 課題文メッセージ別攻略法，第3章 本番で使える三段落構成，第4章 意外とできない「日本語」のルール，第5章 学校では教えてくれない問題解決のルール，第6章 志望理由書のオキテ，第7章 さあ、過去問に挑もう！

KADOKAWA 2013.10 191p 19cm〈増刷（初刷2011年）〉952円 Ⓘ978-4-04-602507-4 Ⓝ816.5

続刊

『何を準備すればいいかわからない人のためのAO入試・推薦入試のオキテ55』2014.2

『読むだけ小論文 基礎編』4訂版

樋口裕一著

目次 第1部“書く技術”編 小論文は、イエス・ノーとメモで決まる―“樋口式四部構成”なら、だれにでもすぐに書ける，第2部“基礎知識”編 入試でねらわれる知っておくべき現代社会の特質―すぐに役立つ頻出の11テーマ（グローバル化，少子高齢社会，環境・科学技術，人権，教育，女性，ボランティア・福祉，日本文化，豊かな社会のひずみ，現代の医療，家庭と食事）

学研教育出版，学研マーケティング〔発売〕2013.7 183p 15cm
（大学受験ポケットシリーズ）720円
Ⓘ978-4-05-303962-0 Ⓝ816.5

続刊

『**読むだけ小論文 発展編**』3訂版 2013.7
『**読むだけ小論文 医歯薬看護医療編**』3訂版 2013.9

『合格する小論文技術習得講義』改訂4版

牛山恭範著

内容 慶應義塾大学SFCほぼ満点。ダブル合格の講師が教える小論文の衝撃の真実。新しい書き方を公開します。

目次 第1章 予備知識, 第2章 調査分析, 第3章 インプット編, 第4章 アウトプット編, 第5章 書き方編, 第6章 テクニック編, 第7章 補講

エール出版社 2013.5 239p 19cm 1600円 Ⓘ978-4-7539-3199-6 Ⓝ816.5

『「書ける」大学生に育てる―AO入試現場からの提言』

島田康行著

内容 入試「小論文」の限界に大学は気づいている。AO入試の最前線に立ってきた著者が、豊富な経験とデータをもとに現状の「小論文」「志望理由書」、高校の「書く」指導について問題のありかを探り、これからの展望を示す。

目次 第1章「書くこと」に苦慮する大学生（大学初年次生に求められる「書く力」とは, 大学初年次生の語彙力）, 第2章 大学入試における「書くこと」の実態と課題（文章表現を課す大学入試と高校生の学習経験, 大学入試「小論文」の10年―出題傾向の移り変わり ほか）, 第3章 AO入試「志望理由書」はどう書かれ、どう読まれるか（選抜ツールとしての実態と限界, 学習材としての可能性）, 第4章 これからの「書くこと」の指導と大学入試（高校教育課程が目指すもの, 大学の教育プログラムに見る「書くこと」の指導 ほか）

大修館書店 2012.7 191p 19cm 1700円 Ⓘ978-4-469-22223-4 Ⓝ816.5

『「作文」「小論文」の書き方―これだけは知っておきたい』

宮川俊彦著

内容 採点者の視点&合否ポイントがわかる添削例付き。これで絶対合格、頻出テーマ別「書き方」「考え方」のポイント。構成の立て方・書き始め・書き終わり・原稿用紙の使い方…など、模範文例・テクニックでは通用しない、本物の「書く力」が身につく。

目次 第1章 合格する「作文」「小論文」は何が違うのか？, 第2章 読みやすい原稿用紙の使い方・文章表記の基本, 第3章 どんなテーマもスラスラ書ける「考える力」のつけ方, 第4章「書く力」は、「自分自身」について考えることで鍛えられる, 第5章 添削例付 頻出テーマ別「書き方」「考え方」, 第6章「構成」「書き出し」「終わり」で、読みやすく印象に残る文章にする

フォレスト出版 2011.10 203p 19cm 1300円 Ⓘ978-4-89451-462-1 Ⓝ816.5

『実戦的小論文講座―プロが指導する』

島田久美子著

内容 自分を最大にPRする手法を伝授、相手の心を動かす文章作りを指導、社会の動きを取り込むコツを教授、小論文プロの実戦的アドバイス。

目次 第1章 自分を知る（自分をアピールする文章づくり―メモづくりが基本, 目的を持った文章づくり―ファンレターを書いてみる）, 第2章 相手を知る（採用先の状況を調べる, 採点者は何をチェックするのかを知る ほか）, 第3章 書き方を知る（文章を書くルール, 小論文を書く手順 ほか）, 第4章 時代を知る（基本的な知識と問題意識, 環境問題 ほか）

遊友出版 2011.8 213p 19cm 1200円 ⓘ978-4-946510-46-5 Ⓝ816.5

『留学生と日本人学生のためのレポート・論文表現ハンドブック』

二通信子, 大島弥生, 佐藤勢紀子, 因京子, 山本富美子著

内容 日本語のアカデミック・ライティング！265の文型、78の接続表現を解説。すぐに探せて辞書のように便利。実例から書くコツがわかる。

目次 1 レポート・論文を書く前に（レポート・論文のタイプを知る, 課題発見からテーマを絞り込みへ, 全体のアウトラインを考える）, 2 レポート・論文の表現（研究の対象と背景, 先行研究の提示, 研究目的と研究行動の概略, 方法, 結果の説明, 検証型の考察, 論証型の考察, 結論の提示と研究結果の評価, 今後の課題の提示）, 3 レポート・論文の接続表現（研究内容の記述に用いる接続表現, 研究行動の記述に用いる接続表現）

東京大学出版会 2009.12 218p 21cm 2500円 ⓘ978-4-13-082016-5 Ⓝ816.5

『医学部への小論文』

湯木知史著

目次 医系小論文の組み立て方―小論文を書き始める前に（医系小論文の本質, 医系小論文とは何か）, 基礎テーマ編（医師の資質・適性をめぐる問題, 医療における原理原則をめぐる問題）, 実戦テーマ編（人間の出生をめぐる問題, 人間の死をめぐる問題, 先端医療をめぐる問題, 医療と社会をめぐる問題）, 資料編（ヒポクラテスの誓い, 医の国際倫理綱領, ジュネーブ宣言, 患者の権利に関するWMAリスボン宣言, ヘルシンキ宣言）

学研教育出版, 学研マーケティング〔発売〕 2009.11 166p 21×19cm（メディカルVブックス）〈付属資料:別冊1〉 1500円 ⓘ978-4-05-302780-1 Ⓝ816.5

『小論文これだけ！―短大・推薦入試から難関校受験まで』

樋口裕一著

内容 短大・推薦入試から難関校受験まで、書き方も書くネタも、これ1冊だけで大丈夫！直前の人も、じっくり勉強したい人も、小論文の勉強は、まずはこの

1冊から。

目次 第1部「書く技術」編—書き方はこれだけ！，第2部「書くネタ」編—これだけのネタで小論文が書ける！（環境・科学, 国際関係, 日本文化, 福祉・ボランティア, 女性・人権, 情報化社会, 教育, 言語・文化, 近代・ポストモダン, 医療・看護 ほか）

東洋経済新報社 2004.10 262p 19cm 1000円 Ⓘ4-492-04212-1 Ⓝ816.5

続刊

『**小論文これだけ！ 超基礎編**』樋口裕一著 2010.8
『**小論文これだけ！ 医療・看護編**』樋口裕一著 2010.11
『**小論文これだけ！ 人文・情報・教育編**』樋口裕一著 2010.12
『**小論文これだけ！ 法・政治・経済編**』樋口裕一著 2010.12
『**小論文これだけ！ 看護深掘り編**』樋口裕一著 2011.1
『**小論文これだけ！ 教育深掘り編**』樋口裕一, 大原理志, 大場秀浩著 2012.8
『**小論文これだけ！ 法深掘り編**』樋口裕一, 大原理志, 山口雅敏著 2012.8
『**小論文これだけ！ 書き方超基礎編校受験まで**』樋口裕一著 2013.6
『**小論文これだけ！ 経済深掘り編**』樋口裕一, 大原理志, 山口雅敏著 2013.8
『**小論文これだけ！ 書き方応用編**』樋口裕一著 2014.7
『**小論文これだけ！ 看護超基礎編**』樋口裕一, 大原理志著 2014.9
『**小論文これだけ！ 書き方医学・医療編**』樋口裕一,大原理志著 2015.7

『はじめての論文作成術—問うことは生きること』3訂版

宅間紘一著

目次 第1部 問いに出合い、問いを深めよう（自分は何に関心があるのか？，研究領域を決めよう, 情報カードを作ろう, まとめ文を作ろう, 研究テーマの候補を挙げよう, 研究テーマを決めよう, サブテーマ（小課題）を設けよう, 仮説を設けよう），第2部 資料を集め、情報を記録しよう（資料を集めよう, 資料リストを作ろう, 情報を記録しよう），第3部 論文を書き上げよう（結論を書こう, アウトライン（目次 ）を作ろう, 論文の概要を書こう），演習編

日中出版 2008.5 214p 21cm 1800円 Ⓘ978-4-8175-1273-4 Ⓝ816.5

『論文作成デザイン—テーマの発見から研究の構築へ』

細川英雄著

内容 「なぜ私は論文を書くのか」。書くことの意味を考えれば、そのプロセスも見えてきます。対話によって「私」に切りこみ、対話のうちに「私」をひらく。ここから、あなた自身の研究活動が始まります。

目次 第1章 デザインの枠組み（論文は対話活動である,「私」はどこにいるのか—それぞれの専門、それぞれの分野, 何をめざして書けばいいのか），第2章 テーマを発見する（テーマはどのようにして決めるのか, 情報から自由になるために, 問題関心から問題意識へ），第3章 具体例を示す（テーマから具体例へ, 証拠を出す習慣, 具体例の実際），第4章 主張を展開する（主張の宛て先、対話の相手, 結論

とは何か―論文執筆のプロセスと構成，論理と責任），第5章 相手とのルールづくり―推敲と執筆の手引き（推敲という作業，執筆要領とそのルール，仕事・生活と研究を結ぶために）

東京図書 2008.4 172p 21cm 1800円 Ⓘ978-4-489-02032-2 Ⓝ816.5

『推薦・AOの小論文で大逆転できる本』

針谷雅英著

内容 文章を書くのが苦手な人でも、短時間で確実に点数が伸ばせる画期的小論文攻略の裏ワザ紹介。

目次 1章 基礎編―小論文で高得点をとるのは簡単だ!!（なぜ文章が書けないのでしょうか？，思い、感じ、考えましょう，もしも受験生が100人いたら ほか），2章 応用編―推薦・AO入試の小論文はここで差がつく（志望動機を書いてみよう，自己PR文を書いてみよう，推薦入試・AO入試で問われる課題，推薦入試・AO入試で使える結論，小論文の採点基準とは？），3章 実践編―ライバルに勝つ合格答案の書き方（題名だけの問題（基礎レベル）「私の長所・短所」，題名だけの問題（基礎レベル）「自己PR」，題名だけの問題（標準レベル）「私の高校生活」ほか）

エール出版社 2005.10 187p 19cm 1300円 Ⓘ4-7539-2499-8 Ⓝ816.5

『小論文入門テキスト』

小論文QQ舎編著

内容 「小論文」という科目にどのように取り組めばよいのか―多くの高校生や受験生は、戸惑っているのが現状のようです。すなわち、課題文や資料やテーマをどのように読むのか？どのように考えるのか？どのように書くのか？といった、もっとも初歩的な「方法」をほとんど意識化したことがないように思われます。この「小論文入門テキスト」は、そういう人たちのために書かれたもので、小論文のための最も初歩的かつ基本的な方法を提示するのが本書の目的です。

目次 第1部 小論文公式のための解説編（大学入試における小論文とは，小論文試験の実際，小論文試験のための知識について，小論文公式集，第1部付記），第2部 公式活用のための例題編（読むための公式例題，考えるための公式例題，書くための公式例題）

学事出版 2005.6 191p 26cm 1200円 Ⓘ4-7619-1068-2 Ⓝ816.5

『小論文を学ぶ―知の構築のために』

長尾達也編著

内容 大学の出題意図がみごとにわかるホンモノの小論文解説。小論文対策はこの一冊で決まり。小論文のバイブル。

目次 第1部 論文の基本的な作り方（概念化の作業，抽象化の作業，論理化（段落化）の作業 ほか），第2部 20世紀的「知」の構造（20世紀的「知」の概要，近代的“知”

とその反省, 近代的“知”を超えて), 第3部 実践的問題演習(環境問題, 情報化の問題, 異文化理解の問題 ほか)

山川出版社 2001.8 264p 21cm 1200円 Ⓘ4-634-07110-X Ⓝ816.5

『「考える」ための小論文』

西研, 森下育彦著

内容 論文は、なりよりも自分のモヤモヤした考えを明確にするため、またそれを他者に伝えるために書かれる。「自分とは何者か」から「人間の生」「現代社会の在り方」まで幅広いテーマを取りあげて、論文の「かたち」と「なかみ」をていねいに解説する。本書は、大学入試小論文を通して、文章技術の基本を身につけるための、最良の実用参考書である。と同時に、「書く」ことによって自分をつかみ、思考を深めていくための哲学の書でもある。

目次 第1章 論文ってどういうもの?, 第2章 じょうずに「考える」ために, 第3章「読み」と「発想・構成」—原理篇, 第4章「読み」と「発想・構成」—実践篇

筑摩書房 1997.5 238p 17cm (ちくま新書) 660円 Ⓘ4-480-05710-2 Ⓝ816.5

『英語論文の書き方入門』

迫桂, 徳永聡子著

内容 英語論文の書き方を、豊富な例で分かりやすく説明。「問いを見出し、考え、発信する」という学問の基礎から学べる。英語論文作成法の決定版。

目次 1 英語論文について学ぼう (アカデミック・ライティングとは, パラグラフとは, エッセイの構造 (1)), 2 エッセイを書こう (エッセイの枠組みを構想する, 文献資料の扱い方, エッセイの構造 (2), 完成に向けて), APPENDIX

慶應義塾大学出版会 2012.4 175p 26cm 2000円 Ⓘ978-4-7664-1921-4 Ⓝ836.5

索　　引

書名索引

キーワード索引

書名索引

【あ】

【か】

【さ】

【た】

【な】

【は】

【ま】

【や】

【ら】

【わ】

キーワード索引

【あ】

【か】

【さ】

【た】

【な】

【は】

【ま】

【や】

【ら】

【わ】

監修者紹介

佐藤 理絵（さとう・りえ）

茨城キリスト教学園中学校高等学校勤務。図書委員会顧問。
公共図書館、大学図書館で働いた経験を活かした学校図書館運営を行っている。

資格：司書教諭（国語科）・図書館司書・JPIC 読書アドバイザー

所属：茨城県高等学校教育研究会図書館部・同 国語部
　　　学校図書館問題研究会・日本図書館協会

茨城キリスト教学園中学校高等学校 HP　http://www.icc.ac.jp/ich/

中高生のためのブックガイド

進路・将来を考える

2016 年 3 月 25 日　第 1 刷発行
2018 年 3 月 25 日　第 3 刷発行

監　　修／佐藤理絵
発 行 者／大高利夫
編集・発行／日外アソシエーツ株式会社
〒140-0013 東京都品川区南大井6-16-16 鈴中ビル大森アネックス
電話 (03)3763-5241（代表） FAX(03)3764-0845
URL　http://www.nichigai.co.jp/
発 売 元／株式会社紀伊國屋書店
〒163-8636 東京都新宿区新宿 3-17-7
電話 (03)3354-0131（代表）
ホールセール部（営業） 電話 (03)6910-0519

組版処理／有限会社デジタル工房
印刷・製本／株式会社平河工業社

《中性紙H-三菱書籍用紙イエロー使用》

ISBN978-4-8169-2590-0　　*Printed in Japan,2018*

本書はディジタルデータでご利用いただくことができます。詳細はお問い合わせください。